FiNALE Prüfungstraining

Realschulabschluss 2017
Baden-Württemberg

W0380695

Deutsch

Marlene Müller
Usch Pilz

westermann

FiNALEonline.de

Liebe Schülerin, lieber Schüler,

FiNALEonline.de ist die optimale Ergänzung zu diesem Heft.
Hier findest du folgende Zusatzmaterialien:

- die Original-Prüfungsaufgaben 2016 nach Eingabe des Codes: **DEf60vi**
- den kostenlosen FiNALE Online-Test
- allgemeine Tipps zur Prüfungsvorbereitung
- das FiNALE EXTRA-Training Rechtschreibung

Mach den Test!
Mit dem kostenlosen **FiNALE Online-Test** kannst du vorab deinen Leistungsstand ermitteln. Das Testergebnis verweist dann auf bestimmte Seiten in diesem Heft, mit denen du zu deinem Fehlerschwerpunkt üben kannst.

Unser Download-Angebot für Lehrerinnen und Lehrer:
die FiNALE Lehrerhandreichung zum optimalen Einsatz dieses Heftes im Unterricht.

Einfach mal reinschauen: www.finaleonline.de

Druck A[1] / Jahr 2016
Alle Drucke der Serie A sind im Unterricht parallel verwendbar.

Redaktion: omnibooks, Bielefeld
Kontakt: finale@westermann.de
Layout: Druckreif! Sandra Grünberg, Braunschweig
Umschlaggestaltung: Janssen Kahlert Design & Kommunikation, Hannover
Satz: KCS GmbH · Verlagsservice & Medienproduktion, Stelle / Hamburg
Druck und Bindung: westermann druck GmbH, Braunschweig

ISBN 978-3-14-**171766**-2

Inhaltsverzeichnis

Was erwartet dich in diesem Heft? 4

A Die Prüfung im Überblick

A 1 Was kommt in der Realschulabschlussprüfung auf dich zu? 5
A 2 Welche Prüfungsaufgaben gibt es? 6
A 3 Wie bereite ich mich auf die Abschlussprüfung vor? 7
A 4 FAQs rund um die Prüfung 8

B Anleitungen und Übungen zu den Prüfungsaufgaben

B 1 Eine Textbeschreibung (Lyrik) erarbeiten 10
B 2 Angeleitete Prüfungsaufgabe „Texte beschreiben“ (Lyrik) 23
B 3 Eine Textbeschreibung erarbeiten (Erzähltext) 30
B 4 Angeleitete Prüfungsaufgabe „Texte beschreiben“ (Erzähltext) 48
B 5 Ein Kompendium erstellen und damit arbeiten 55
B 6 Angeleitete Prüfungsaufgabe „Texte lesen, auswerten und schreiben“ 66
B 7 Produktiv mit einer Ganzschrift umgehen: „Der Hauptmann von Köpenick“ (Carl Zuckmayer) 77
B 8 Angeleitete Prüfungsaufgabe „Produktiver Umgang mit Texten“ 87
B 9 Produktiv mit einer Ganzschrift umgehen: „Wir tanzen nicht nach Führers Pfeife“ (Elisabeth Zöller) 92
B 10 Angeleitete Prüfungsaufgabe „Produktiver Umgang mit Texten“ 105

C Original-Prüfungsaufgaben 2015 + 2014

C 1 Texte beschreiben: Schule (Heinz Erhardt; 2015) 110
C 2 Texte beschreiben: Der Schritt zurück (Annette Rauert; 2015) 111
C 3 Texte beschreiben: Ein netter Kerl (Gabriele Wohmann; 2014) 113
C 4 Texte beschreiben: Einerlei (Erich Fried; 2014) 115

Anhang: Kopiervorlage, Glossar 116

Was erwartet dich in diesem Heft?

Du bist in der 10. Klasse und vor dir liegt die Abschlussprüfung, das große Finale.
Darauf will dich dieses Heft vorbereiten. Es gibt dir die Möglichkeit,

1. dich in verschiedene Themenbereiche einzuarbeiten und
2. dich mit den Prüfungsaufgaben und ihren Anforderungen vertraut zu machen.

Im **Teil A** erfährst du, was dich in der Prüfung erwartet. Du bekommst außerdem Antworten auf die wichtigsten **FAQs** rund um die Prüfung.

Im **Teil B** wirst du mit gezielten Hilfestellungen (wie **Arbeitstechniken** und **Strategien**) an verschiedene **Schreibaufgaben** herangeführt, wie sie dir auch in der Abschlussprüfung gestellt werden.
Du erhältst wichtige **Lösungshilfen** für die Erschließung von Texten und die Erstellung eines Schreibplans.
Hier bekommst du auch hilfreiche Hinweise zu deiner **Zeiteinteilung** während der Prüfung.

Im **Teil C** erhältst du die Möglichkeit, dein Wissen und deine Fertigkeiten auf **Prüfungsbeispiele** aus den Jahren 2014 und 2015 anzuwenden und zu überprüfen.

Die **Kopiervorlage** zur Überarbeitung eines Textes bietet dir die Möglichkeit, das Wichtigste zu diesem Thema auf einen Blick griffbereit zu haben.

Im **Glossar** kannst du wichtige Grundbegriffe zur Erschließung von lyrischen Texten, epischen Texten und Sachtexten nachschlagen. Zudem findest du eine Übersicht zu den Textsorten der produktiven Schreibaufgabe sowie zu sprachlichen Mitteln.

Im **Lösungsheft** kannst du nachsehen, ob du die Aufgaben richtig bearbeitet hast.

Unter www.finaleonline.de findest du sowohl ein **„EXTRA-Training Rechtschreibung“** mit ausführlichen Regeln und Übungen als auch die **Original-Prüfungsaufgaben 2016** mit Musterlösungen.
Sobald die Prüfungsaufgaben zur Veröffentlichung freigegeben sind, kannst du sie nach Eingabe des Codes DEf60vi herunterladen.

In diesem Arbeitsheft findest du Schreibraum für wichtige vorbereitende Notizen.
Darauf verweist dieses Zeichen:
Auch die Schreiblinien sind für dich gedacht.
Deinen Text zur Schreibaufgabe musst du allerdings auf einem separaten Blatt anfertigen.
Dies gilt auch, wenn du bei bestimmten Aufgaben diesem Zeichen begegnest:
Das Zeichen mit der Uhr findest du in den Teilen B und C:
Damit du ein Gefühl für die zur Verfügung stehende Arbeitszeit bekommst, solltest du dir bei diesen Prüfungsaufgaben eine Uhr stellen.

Wir hoffen, dass du dich nach der Bearbeitung dieses Heftes fit für das Finale fühlst, und wünschen dir für die Prüfung die nötige Sicherheit und viel Erfolg!

A Die Prüfung im Überblick

A 1 Was kommt in der Realschulabschlussprüfung auf dich zu?

Die Realschulabschlussprüfung besteht aus mehreren einzelnen Prüfungsteilen. In den Fächern Deutsch, Englisch und Mathematik schreibst du schriftliche Prüfungen. Die Termine liegen immer nach den Osterferien und werden dir zu Beginn des 10. Schuljahres rechtzeitig bekannt gegeben. Vielleicht klingt das Wort „Abschlussprüfung“ etwas abschreckend für dich? Sieh es einfach so: Es ist im Fach Deutsch nur der letzte große Aufsatz des Schuljahres.
Für diesen Aufsatz hast du volle vier Zeitstunden zur Verfügung, also insgesamt 240 Minuten. Dein Prüfungsaufsatz wird zunächst von deinem Deutschlehrer korrigiert und bewertet und dann an einen Deutschlehrer einer anderen Schule zur Zweitkorrektur weitergegeben. Die Endnote für deinen Aufsatz wird dann gemittelt, d. h., es wird der Durchschnitt aus der Erst- und Zweitbewertung errechnet. Nur für den ganz seltenen Fall, dass Erst- und Zweitnote weit auseinanderliegen, wird ein dritter Korrektor hinzugezogen.
Wenn du mit deinem Ergebnis der schriftlichen Deutschprüfung nicht zufrieden bist, hast du die Möglichkeit, dich durch eine freiwillige mündliche Prüfung zu verbessern. Wie eine solche mündliche Prüfung abläuft, kannst du von deinem Deutschlehrer erfahren.

Deine Deutschnote im Abschlusszeugnis setzt sich wie folgt zusammen:

Jahresleistung	**Schriftliche Prüfung**	**Freiwillige mündliche Prüfung**	**Endnote**
Dies ist der Durchschnitt aus allen Klassenarbeiten, Tests, mündlichen Noten usw. bis zum Prüfungstermin. Die Jahresleistung kannst du ein paar Tage vor dem Prüfungstermin bei deinem Deutschlehrer erfragen.	Die schriftliche Prüfung besteht aus dem Prüfungsaufsatz. Die Note erfährst du etwa Anfang Juni. Dann entscheidest du, ob du eine freiwillige mündliche Prüfung ablegen willst.	In der mündlichen Prüfung werden vorher vereinbarte Themenschwerpunkte und das Überblickswissen aus den Klassen 9 und 10 geprüft. Die Dauer beträgt insgesamt ca. 10 – 15 Minuten.	Sie ist der Durchschnitt aus deiner Jahresleistung und den Prüfungsergebnissen im Fach Deutsch. Es wird auf- bzw. abgerundet zur ganzen Note, z. B. Ø 2,5 → 3 Ø 2,4 → 2 Ø 2,6 → 3
50 %	**50 %**	**Nein, danke!**	→ ☺
50 %	**25 %**	**Ja, bitte: 25 %**	→ ☺

Wie du der Tabelle entnehmen kannst, macht deine Jahresleistung – also alle Noten, die du im Fach Deutsch seit Schuljahresbeginn gesammelt hast – die Hälfte der Endnote aus. Es lohnt sich also, gleich zu Anfang des 10. Schuljahres voll durchzustarten. Wenn du dir hier schon einen kleinen Puffer erarbeitest, reduzierst du den Prüfungsdruck enorm.
Sollte die schriftliche Prüfung nicht so gelaufen sein, wie du es dir vorgestellt hast, kannst du diese Note durch die freiwillige mündliche Prüfung verbessern. Du kannst mit der obigen Tabelle genau ausrechnen, welche Note du in der mündlichen Prüfung mindestens erreichen musst, um eine bessere Note zu bekommen. Mit der Tabelle findest du aber auch heraus, welche Note du mindestens erzielen solltest, um dich nicht zu verschlechtern. Versuche vor dieser Entscheidung, deine Anstrengungsbereitschaft und dein Leistungsvermögen so realistisch wie möglich einzuschätzen.

A 2 Welche Prüfungsaufgaben gibt es?

In der schriftlichen Prüfung erhältst du vier verschiedene Aufgaben zur Wahl, die zentral vom Ministerium für Kultus und Unterricht für alle Realschüler in Baden-Württemberg erstellt werden. Es sind immer folgende vier Aufgabentypen:

1. **Texte beschreiben (Lyrik)**
   Hier sollst du ein vorgegebenes Gedicht, welches du vermutlich nicht kennen wirst, anhand inhaltlicher, sprachlicher und formaler Kriterien untersuchen und in einem zusammenhängenden Text beschreiben. Genaueres erfährst du ab Seite 10.

2. **Texte beschreiben (Erzähltext)**
   Auch hier geht es um die Untersuchung eines vorgegebenen Textes. Allerdings sollst du hier einen kürzeren Erzähltext anhand inhaltlicher, sprachlicher und formaler Kriterien untersuchen und in einem zusammenhängenden Text beschreiben. Genaueres erfährst du ab Seite 30.

3. **Texte lesen, auswerten und schreiben**
   Zu einem Jahresthema, das dir zu Beginn der 10. Klasse mitgeteilt wird, erhältst du Impulstexte, die dir die Bandbreite des Themas aufzeigen. Du sollst im Laufe des Schuljahres weitere Texte recherchieren und eine eigene, sortierte Textsammlung – das sogenannte Kompendium – anlegen, welche du auch in der Prüfung verwenden darfst. In der Prüfung erhältst du oft eine Schreibaufgabe, die einer Erörterung ähnelt und einen argumentativen Text von dir verlangt. Genaueres erfährst du dazu ab Seite 55.

4. **Produktiver Umgang mit Texten**
   Das Kultusministerium sucht jedes Jahr eine Prüfungslektüre aus, die alle Realschüler Baden-Württembergs im Unterricht der 10. Klasse lesen. Im Schuljahr 2016/17 werden wieder zwei Lektüren zur Behandlung in Klasse 10 zur Wahl gestellt. In der Prüfung wird aber nur die Aufgabe zur vorher ausgewählten Lektüre ausgegeben. Die Prüfungsaufgabe verlangt von dir, diese Prüfungslektüre an einer bestimmten vorgegebenen Stelle produktiv zu erweitern bzw. zu ergänzen. Du erfindest z. B. aus der Sicht einer Figur an einer bestimmten Stelle der Handlung einen Brief, einen inneren Monolog oder ein Gespräch mit einer anderen Figur. Das setzt voraus, dass du die Handlung und die Figuren des Buches genau kennst und Zusammenhänge überblickst. Genaueres erfährst du ab Seite 77.

Aus diesen vier Aufgaben wählst du eine aus und bearbeitest sie in der vorgegebenen Form. Im Laufe der Klassen 9 und 10 hast du bestimmt im Deutschunterricht schon viel zu diesen Aufgaben gelernt. Mit dem FiNALE Prüfungstraining kannst du nun selbstständig alles wiederholen, Lücken schließen, dir einen Überblick schaffen und vor allem: viel üben!

INFO Wörterbuch

In der Prüfung steht dir ein Wörterbuch als Hilfsmittel zur Verfügung. Dieses solltest du unbedingt zur Überprüfung nutzen. Deine Rechtschreibung und Zeichensetzung werden bewertet.

A 3 Wie bereite ich mich auf die Abschlussprüfung vor?

Eine gute Vorbereitung beginnt mit einer guten Planung.

- Erste Vorüberlegung: Wie viele Wochen stehen dir bis zum Tag X noch zur Verfügung? Wie viel Zeit kannst du realistisch jeden Tag zur Vorbereitung im Fach Deutsch verwenden?
- Zweite Vorüberlegung: Welche Themen willst du vorbereiten? Es ist empfehlenswert, zwei Themenbereiche sehr gut und einen dritten gut vorzubereiten. So hast du in der Prüfung genügend Auswahlmöglichkeiten. Lege eine Reihenfolge fest. Beginne mit dem Thema, das du am ehesten wählen wirst. Wenn dir diese Festlegung schwerfällt, kannst du nach den Noten entscheiden, die du in den entsprechenden Aufsätzen hattest. Und dein Deutschlehrer gibt dir sicherlich auch eine Einschätzung, wenn du nachfragst.

Fertige dann ein Planungsraster an, das beispielsweise so aussehen könnte:

Woche	Thema	Dienstag	Freitag	Sonntag
1	Produktiver Umgang mit Texten (Lektüre)	1 h	1,5 h	1 h
2	Textbeschreibung (Erzähltext)	1 h	1,5 h	1 h
3	Texte lesen, auswerten, schreiben (Kompendium)	1 h	1,5 h	1 h
4	Wiederholung/Puffer			

Trage für jeden Arbeitsblock die Seiten aus dem FiNALE Prüfungstraining ein, die du dir vornimmst.

Fülle nun dein eigenes Planungsraster aus:

Woche	Thema				
1					
2					
3					
4					

Was tun bei heftiger Arbeitsunlust?

- Mache dir klar, dass deine Anstrengungen jetzt genau auf die Abschlussprüfung zielen. Es wäre ziemlich ungünstig, so kurz vor knapp schlappzumachen, oder?
- Jammern hilft! Egal ob deine Freunde oder die Wand herhalten müssen: Dampf ablassen und dann weiterarbeiten.
- Überlege dir kleine Belohnungen für zwischendurch, z. B. nach einer Stunde Arbeit eine Runde Tischtennis oder einen Schokoriegel.

TIPP zur Vorbereitung

Plane unbedingt Pufferzeiten ein, damit du nicht zu sehr unter Druck kommst. Man wird z. B. krank und kann ein paar Tage nicht lernen.

Und der letzte Tipp:

Nimm die Prüfungsvorbereitung ernst, ohne dich dabei verrückt zu machen. Das haben schon viele vor dir geschafft – ohne Arbeit und Anstrengung geht es allerdings nicht (gut).

A 4 FAQs rund um die Prüfung

Welche Hilfsmittel sind in der Prüfung zugelassen?

Du darfst die Prüfungslektüre benutzen, die du auch im Unterricht verwendet hast, außerdem dein Kompendium. Als weiteres Hilfsmittel bekommst du ein Rechtschreibwörterbuch zur Verfügung gestellt. Mehr leider nicht.

Muss ich mein eigenes Papier mitbringen?

Das Papier bekommst du zur Verfügung gestellt. Das weiße Papier ist für die Reinschrift, welche bewertet wird. Es handelt sich dabei um Doppelbögen. Achte darauf, dass du die Seiten in der richtigen Reihenfolge – wie bei einem Buch – beschreibst. Das grüne Papier ist für Notizen oder die Konzeptversion vorgesehen. Sie wird nicht bewertet (Ausnahme siehe: „Ist es schlimm, wenn ich nicht fertig werde?“).

Darf ich mit Kugelschreiber schreiben?

Der Stift muss „dokumentenecht“ sein. Es kann also beispielsweise ein Kugelschreiber oder ein Füller sein, aber natürlich kein Bleistift. Achte darauf, dass dein Stift nicht auf die Rückseite durchdrückt und sorge für ausreichend Tintenpatronen bzw. einen Ersatzstift.

Was muss ich an Arbeitsmaterialien sonst noch mitbringen?

Ein Lineal, damit du sorgfältig unterstreichen kannst, verschiedene Farbstifte bzw. Textmarker zur Bearbeitung der Texte und einen Tintenkiller bzw. Korrigierstift zur sorgfältigen Korrektur.

Wie soll ich mich entscheiden?

Nimm dir für die Wahl der Aufgabe genügend Zeit, das können 10 – 15 Minuten sein. Lies in Ruhe zuerst alle Aufgaben durch. Lies dann die Aufgabe nochmals durch, die du in der Vorbereitung an die erste Stelle gesetzt hast. Mach dir Notizen. Falls du nicht sicher bist, schau dir deine zweite Priorität an und notiere dir auch hier erste Gedanken. Entscheide erst dann endgültig.

Darf ich während der Prüfung essen oder trinken?

Das ist sogar dringend zu empfehlen. Du musst dich vier Stunden lang intensiv konzentrieren, dabei verbrauchst du jede Menge Energie. Trinke regelmäßig kleine Mengen, damit du keine Kopfschmerzen bekommst. Bringe dir auch einen kleinen Snack mit, den du gut nebenbei essen kannst (z. B. eine Banane oder einen Müsliriegel).

Wie viele Seiten muss ich schreiben?
Das ist pauschal nicht zu sagen. Die Aufgaben sind jedoch so konzipiert, dass du kaum unter vier Seiten bleiben wirst, wenn du alle Anforderungen berücksichtigst. Es gilt aber auch nicht das Motto: Je länger, umso besser! Es kommt auf die Qualität deines Textes an.

Wie wichtig sind eine ordentliche Darstellung und meine Schrift?
Viele Schüler schreiben den Prüfungsaufsatz zunächst als Konzept auf das grüne Papier, weil man so noch gut Ergänzungen und Umstellungen vornehmen kann, bevor man den fertigen Aufsatz in gut lesbarer Schrift auf das weiße Reinschriftpapier überträgt. Du solltest das vorher unbedingt einmal ausprobieren, um abschätzen zu können, wie viel Zeit du für eine Reinschrift benötigst. Generell sollte dein Prüfungsaufsatz optisch einen guten Eindruck machen – ähnlich wie ein Bewerbungsschreiben.

Ist es schlimm, wenn ich nicht fertig werde?
Falls du nur mit der Reinschrift nicht fertig wirst, das Konzept aber vollständig ausformuliert hast, vermerkst du unter deinem Aufsatz „Fortsetzung siehe Konzept" und markierst dort deutlich, ab wo es weitergeht. Das gibt dann höchstens einen geringen Notenabzug.
Die Zeiteinteilung solltest du während der Vorbereitung auf die Prüfung ebenfalls üben. Tipps und Hinweise hierzu bekommst du bei den Übungsaufgaben hier im Heft.

Gibt es Notenabzug wegen Rechtschreib- und Zeichenfehlern?
Ja. Du sollst in deinem Aufsatz auch zeigen, dass du regelkonform schreiben kannst. Verwende auch beim Üben für die Prüfung schon ein Rechtschreibwörterbuch, damit du fit im Nachschlagen bist.

Darf ich Pausen machen?
Du darfst den Prüfungsraum nur für einen schnellen Gang zur Toilette und natürlich nur alleine verlassen. Die Prüfungsaufsicht vermerkt in einem Protokoll, wie oft und wie lange du weg warst.

Darf ich mein Handy als Uhr verwenden?
Auf keinen Fall! Jegliches elektronisches Gerät (Handy, MP3-Player, Smartphone, iPad, Laptop usw.) wird – auch wenn es ausgeschaltet ist – als Betrugsversuch angesehen. Gib also alle Geräte vor der Prüfung bei der Aufsicht ab oder lasse sie am besten gleich zu Hause. Eine normale Armbanduhr ist erlaubt.

Was tun, wenn ich plötzlich alles vergessen habe?
Keep calm and carry on – würde ein Engländer sagen. Also: Ruhe bewahren. Atme ein paarmal kräftig durch. Trinke einen Schluck. Schließe die Augen (das merkt niemand!). Lege dir einen Satz zurecht, mit dem du dir selbst Mut machen kannst, z. B.: „Ich habe mich gut vorbereitet, deshalb kann ich einen guten Aufsatz schreiben." Sage dir diesen Satz innerlich mehrmals vor.

Kann ich einen Nachteilsausgleich bekommen?
Schüler mit bestimmten Handicaps haben oft Anspruch auf einen Nachteilsausgleich. Kläre die Bedingungen frühzeitig mit dem Amt für Schule und Bildung bzw. Regierungspräsidium ab.

B Anleitungen und Übungen zu den Prüfungsaufgaben

B 1 Eine Textbeschreibung erarbeiten (Lyrik)

Die Aufgabe 1 der Realschulabschlussprüfung bezieht sich immer auf ein **Gedicht** (→ Lyrik, Seite 117) und heißt ganz kurz und knapp „Texte beschreiben". Es gibt keine genauere Anweisung. Du musst in der Prüfung also selbst Bescheid wissen, was genau in deiner Textbeschreibung enthalten sein soll und wie du deinen Aufsatz aufbauen musst. Aber keine Sorge: In diesem Kapitel übst du an einem Beispiel, in welchen Schritten du ein Gedicht untersuchen kannst und wie du anschließend deinen Aufsatz formulierst.

Erster Schritt: Das Gedicht lesen

Das Gedicht, das du beschreiben sollst, heißt „Kleine Auseinandersetzung".

1. Notiere zunächst stichwortartig, was dir zu dieser **Überschrift** alles einfällt:

Ein Gedicht besteht aus sehr viel weniger Wörtern als die meisten erzählenden Texte. Es ist ein „verdichteter" Text, den du als Leser entflechten musst. Der Autor hat dafür jedes einzelne Wort ganz bewusst und gezielt ausgewählt. Du solltest deshalb beim Lesen eines Gedichtes auch auf jedes einzelne Wort achten und das Gedicht **mehrmals durchlesen**. Markiere und notiere nun beim Lesen mit Bleistift alles, was dir an dem Text auffällt (z. B. besondere Wörter, deren Anordnung, Satzzeichen ...).

Kleine Auseinandersetzung
Mascha Kaléko

Text in alter Rechtschreibung

Du hast mir nur ein kleines Wort gesagt,
Und Worte kann man leider nicht radieren.
Nun geht das kleine Wort mit mir spazieren
Und nagt ...

Uns reift so manches stumm in Herz und Hirn,
Den andern fremd, uns selbst nur nah im stillen.
Das schläft, solang die Lippen es verhüllen,
Entschlüpft nur unbewacht, um zu verwirrn.

Was war es doch? Ein Nichts. Ein dummes Wort ...
So kurz und spitz. Leis fühlte ich das Stechen.
In solchen Fällen kann ich selten sprechen,
Drum ging ich fort.

Nun wird ein Abend wie der andre sein,
Sinnlos mein Schweigen, ziellos mein Beginnen.
Leer wird die Zeit mir durch die Finger rinnen.
Das macht: ich weiß mich ohne dich allein.

TIPP Laut lesen

Lies das Gedicht auch laut. Verwende dabei unterschiedliche Betonungen und achte darauf, wie sich die Stimmung dadurch ändert.

... Ich muß schon manchmal an das Ende denken
Und werde dabei langsam Pessimist.
So ein paar kleine Silben können kränken.
– Ob dies das letzte Wort gewesen ist?

Quelle: Mascha Kaléko: Das lyrische Stenogrammheft. Kleines Lesebuch für Große. Rowohlt Taschenbuchverlag GmbH, Reinbek bei Hamburg 1978

Zweiter Schritt: Den Inhalt erarbeiten

Bei der Beschreibung des Inhalts sollst du darauf eingehen, **WAS** in dem Gedicht steht. Ein Gedicht hat meist keine Handlung wie ein Erzähltext, sondern geht eher auf eine Situation, einen Zustand oder ein Gefühl ein.

TIPP Farben verwenden

Lege für die einzelnen Schritte bestimmte Farben fest (z. B. Inhalt = rot) und behalte diese für andere Gedichte bei. So behältst du beim Schreiben eines Aufsatzes den Überblick.

1. Du hast das Gedicht von Mascha Kaléko schon einige Male gelesen. Was, denkst du, ist das **Thema**? Kreuze an:
   - ◯ Langeweile und Einsamkeit
   - ◯ Folgen der Verwendung von Schimpfwörtern
   - ◯ Gefühle nach einem Streit
   - ◯ Pessimismus

Nun schau noch etwas genauer hin.

2. Suche die Antworten zu folgenden Fragen im Text und **markiere** sie dort farbig. Notiere sie zusätzlich hier:
   a) Welche Personalpronomen (z. B. er, sie, wir) kommen vor?

   ____

   ____

   b) Was ist der Anlass für die „kleine Auseinandersetzung“, also für den Streit?

   ____

   ____

   c) Welche Wirkung hat das „kleine Wort“?

   ____

   d) Was ist nach dem Streit passiert?

   ____

   e) Welche Gefühle herrschen nach dem Streit vor?

   ____

   f) Welche Frage steht im Raum?

   ____

INFO Ich und du

Ein „Ich“ im Gedicht wird „lyrisches Ich“ genannt. Du solltest es aber nicht mit dem Autor verwechseln. Es ist lediglich der Sprecher bzw. die Sprecherin. Ein „Du“ kannst du mit „Adressat“ oder „der/die Angesprochene“ umschreiben.

Nun solltest du den Inhalt des Gedichtes **Strophe für Strophe kurz zusammenfassen**.

3. Das ist für das vorliegende Gedicht schon erledigt worden, leider ist die Reihenfolge aber etwas durcheinandergeraten. Kannst du für Ordnung sorgen? Nummeriere durch.

   ☐ Das lyrische Ich denkt manchmal schon darüber nach, ob eine Versöhnung noch möglich ist oder ob die Auseinandersetzung das Ende der Beziehung oder Freundschaft bedeutet.

   ☐ Die Kränkung erfolgte durch eine Nichtigkeit, die eigentlich schon vergessen ist. In der Streitsituation konnte das lyrische Ich nichts sagen.

   ☐ Menschen hegen persönliche Gefühle oder Gedanken in sich, die sie manchmal versehentlich äußern, wodurch es zu Missverständnissen kommen kann.

   ☐ Das lyrische Ich beschäftigt eine an es gerichtete Äußerung, die es nicht vergessen kann.

   ☐ Nach der Auseinandersetzung fühlt sich das lyrische Ich einsam. Es weiß mit seiner Zeit nichts mehr anzufangen.

Dritter Schritt: Die Sprache untersuchen

Die Sprache von Gedichten unterscheidet sich von unserer Alltagssprache. Man nennt sie „lyrisch“ und meint damit, dass sie bilderreich und kreativ ist. Manche Gedichte sind deshalb zunächst nicht leicht zu verstehen. Du weißt sicher schon, dass Schriftsteller sogenannte **sprachliche** (oder stilistische) **Mittel** verwenden, um eine besondere Wirkung ihrer Texte zu erzielen. Diesen Code musst du kennen und knacken, um zu einem umfassenden Verständnis des Gedichtes zu kommen. Bei der Beschreibung der Sprache sollst du also darauf eingehen, **WIE** etwas ausgedrückt wird und welche Wirkung dadurch erzeugt wird.
Die wichtigsten sprachlichen Stilmittel findest du auf Seite 120 im Glossar in einer Tabelle zusammengestellt. Diese solltest du anwenden können.

1. Überprüfe deine Kenntnisse, indem du folgende Beispiele den entsprechenden Stilmitteln zuordnest:

– „Wassermelonen – grüne Buddhas am Obststand“	Euphemismus (Beschönigung)
– „zärtlich wie eine Feder“	Metapher (verkürzter Vergleich)
– „Der Wald schweigt still“	Vergleich
– „entschlafen“	Personifikation (Vermenschlichung)
– „mit Mann und Maus“	Ellipse (verkürzter Satz)
– „Wer jetzt kein Haus hat, […] Wer jetzt allein ist, […]“	Anapher (Wiederholung am Versanfang) Enjambement (Zeilensprung)
– „Hörst du nicht die Bäume rauschen Draußen durch die stille Rund?“	Wiederholung Alliteration (Stabreim)
– „je schneller, desto besser“	
– „Singet leise, leise, leise“	

INFO Metapherntheorie

Genau genommen ist die Metapher ein Überbegriff für alle Formen von bedeutungsmäßigen Übertragungen. Somit kann auch eine Personifikation oder ein Vergleich als Metapher angesehen werden. Wenn du dir bei diesen Fällen mit der Zuordnung also nicht ganz sicher bist, liegst du mit „Metapher“ immer richtig.

Auch Mascha Kaléko hat in ihrem Gedicht „Kleine Auseinandersetzung“ mehrere sprachliche Mittel verwendet.

2. Lies das Gedicht daraufhin durch und **markiere** sie **mit einer zweiten Farbe**.
   Notiere sie anschließend bei den passenden Fachbegriffen:
   a) Personifikation (2 x) →

   ____

   ____

   b) Alliteration →

   ____

   c) Ellipse →

   ____

   d) Inversion →

   ____

Nachdem du die sprachlichen Mittel identifiziert hast, solltest du ihre **Bedeutung** und **Wirkung** untersuchen und erläutern. Das ist nicht ganz einfach, gelingt dir mit etwas Übung aber sicherlich immer besser. Du kannst sie beispielsweise in eigene Worte übersetzen, sie kommentieren, deuten und enträtseln. Dadurch stellst du auch einen Bezug zum Inhalt des Gedichtes her.

3. Hier sind schon beispielhaft Notizen zur Bedeutung eines Stilmittels gemacht.
   Versuche dasselbe für die restlichen.

   Beispiel: „Nun geht das kleine Wort mit mir spazieren“ (V. 3) → Personifikation
   ständiger Begleiter – lässt das lyrische Ich nicht mehr los – in Beschlag genommen durch die Kränkung

   a) Personifikation

   ____

   ____

   b) Alliteration

   ____

   ____

   c) Ellipse

   ____

   ____

   d) Inversion

   ____

   ____

Auffällig an diesem Gedicht ist auch die Verwendung einiger **Satzzeichen**. Sie können ebenfalls gedeutet werden.

4. Suche für die folgenden Satzzeichen eine passende Deutung aus und kreuze an:
   a) „Und nagt ...“ (V. 4)
   Die drei Punkte stehen für ...
   - ◯ „... weiter und weiter.“
   - ◯ „... noch dreimal.“
   - ◯ „... nicht mehr.“

   b) „Ein dummes Wort ...“ (V. 9)
   Die drei Punkte stehen für ...
   - ◯ „... mit drei Buchstaben.“
   - ◯ „..., an das ich immer noch denken muss.“
   - ◯ „..., das ich schon vergessen habe.“

   c) „Das macht:“ (V. 16)
   Der Doppelpunkt steht für ...
   - ◯ ... den Anfang einer wörtlichen Rede.
   - ◯ ... eine Gedankenpause.
   - ◯ ... eine einschneidende Feststellung.

   d) „– Ob dies das letzte Wort gewesen ist?“ (V. 20)
   Der Gedankenstrich steht für ...
   - ◯ ... den Schlussstrich, der vielleicht unter die Beziehung gezogen wird.
   - ◯ ... eine Atempause.
   - ◯ ... eine zusätzliche Information.

Vierter Schritt: Die Form untersuchen

Gedichte sind meist auf den ersten Blick als solche zu erkennen. Das liegt an ihrer **äußeren Form**, die dich vielleicht an einen Liedtext erinnert. Damit liegst du gar nicht so ganz falsch, denn ursprünglich wurden Gedichte zur Musik einer Lyra, einem alten Saiteninstrument, gesprochen – so wie das heute die Rapmusiker machen.

Auch die **Strophen- und Gedichtform** sowie eventuell der Reim tragen zur Gesamtaussage bei und sollten deshalb von dir beschrieben werden.

Folgende Strophen- und Gedichtformen solltest du kennen:

Terzett → Strophe mit 3 Versen
Quartett → Strophe mit 4 Versen
Sonett → 2 Quartette und 2 Terzette

INFO Vers und Strophe

Eine Zeile im Gedicht heißt Vers.
Der Abschnitt eines Gedichtes heißt Strophe.

1. Was kannst du zur Strophen- bzw. Gedichtform von Mascha Kalékos „Kleine Auseinandersetzung“ herausfinden? Inwiefern unterscheidet sich der vierte Vers deutlich von den anderen?

____

____

____

____

Die verschiedenen **Reimmuster** kannst du sehr gut an Michael Schönens Gedicht „Das ABCD der Dichtung" wiederholen.

2. Markiere die Reimwörter und beschrifte gleiche Reime mit denselben Buchstaben. Übertrage die Muster dann jeweils in den Merkkasten. Falls du Schwierigkeiten hast, kannst du im Glossar auf Seite 117 nachschauen.

Das ABCD der Dichtung *Michael Schönen*

I. Der Kreuzreim

Ich schreibe jetzt ein Reimgedicht. a
Doch siehe da: Es reimt sich kaum,
und wenn es ihm am Reim gebricht, a
dann ist es keins. Und aus der Traum! [...]

II. Der Paarreim

Sehr einfach kommt dagegen der
unkomplizierte Reim daher;
zwei Zeilen nur, schon ist er da –
er reimt sich lediglich AA. [...]

III. Der umarmende Reim

Ein andrer Reim, der niemals trennt,
sich vielmehr innig festhält, ja
umklammert, reimt A B B A –
weshalb man ihn umarmend nennt. [...]

Quelle: Michael Schönen: Frohe Kunden. Fischer Taschenbuch Verlag, Frankfurt 2009

Kreuzreim

Paarreim

Umarmender Reim

ABER: Die meisten modernen Dichter verzichten auf den Reim, da er als einschränkend empfunden wird. Man spricht bei Gedichten ohne Reim von **freien Versen**.

Freie Verse

3. Untersuche nun die „Kleine Auseinandersetzung" auf ihr Reimmuster hin. Was fällt dir in der letzten Strophe auf?

   Das Reimmuster der ersten vier Strophen ist ein ______________________.

   In der letzten Strophe wechselt das Reimmuster zum ______________________.
   Auch bei der Formbeschreibung solltest du versuchen, einen **Bezug zum Inhalt** herzustellen.

4. Inwiefern passt das regelmäßige Reimschema der ersten vier Strophen zum Inhalt des Gedichtes? Ist das nicht ein Widerspruch?

____

____

____

5. Inwiefern ist der Wechsel des Reimschemas in der letzten Strophe inhaltlich begründet?

Fünfter Schritt: Die Textintention ermitteln

Nachdem du das Gedicht ausführlich auf seinen Inhalt sowie sprachliche und formale Besonderheiten hin untersucht hast, sollst du nun alle deine Erkenntnisse in der **Textintention** zusammenführen. Unter der Intention versteht man die Absicht, die mit bzw. in dem Text verfolgt wird. Eine Absicht könnte beispielsweise sein, den Leser auf etwas aufmerksam zu machen, ihn zum Nachdenken anzuregen, ihm etwas zu vermitteln oder ihn zu etwas aufzufordern.

1. Einige Stichworte zur Intention des Gedichtes „Kleine Auseinandersetzung" sind hier schon notiert. Versuche, weitere zu finden.

   Man soll mit Worten vorsichtig sein; über das eigene Verhalten bei Konflikten nachdenken;

Sechster Schritt: Die eigene Meinung darstellen

Ganz zum Schluss kommst du mit deiner **persönlichen Meinung** zum Thema des Gedichtes zu Wort. Deine Meinung musst du auch unbedingt begründen. Damit ist nicht gemeint, dass du das Gedicht bewerten sollst (z. B. „Ich finde das Gedicht viel zu schwierig."), sondern dass du deine persönlichen Gedanken zum Thema formulierst.

1. Beantworte folgende Fragen zu deiner Meinung:
   a) Denkst du, dass Beziehungen oder Freundschaften aufgrund einer verbalen Kränkung scheitern können? Begründe.

   b) Wie hättest du dich in der Situation des lyrischen Ichs verhalten?

   c) Spricht dich das Gedicht an? Warum (nicht)?

Siebter Schritt: Den Aufsatz ausformulieren

Nun folgt der vorletzte, sehr große Schritt. Du musst alle deine Untersuchungsergebnisse in einem zusammenhängenden Text unterbringen. Achte dabei auf eine **sachliche Ausdrucksweise**. Deine persönlichen Gedanken und Gefühle sollst du nur im letzten Abschnitt äußern. Formuliere deine Textbeschreibung überwiegend im **Präsens** (= Gegenwartsform).
Wie die meisten anderen Aufsätze besteht auch eine Textbeschreibung aus den drei Teilen **Einleitung**, **Hauptteil** und **Schluss**. Durch das Bearbeiten der folgenden Aufgaben wirst du in kleinen Abschnitten durch die Ausarbeitung geführt.

EINLEITUNG

Der erste Satz

Bei der Textbeschreibung gibst du im ersten Satz an, welchen Text (Titel und Textsorte) du beschreiben wirst und welche Quelle du verwendest. Die **Quellenangabe** steht auf dem Textblatt unter dem Gedicht. Du kannst folgenden Mustersatz einfach auswendig lernen, dann sollte dir der Anfang nicht schwerfallen.

> Das Gedicht *„Titel“* von *Autor* ist *Jahr* in dem Buch *„Titel“* im *Verlag* veröffentlicht worden.

1. Markiere in den folgenden Quellenangaben zu Prüfungsgedichten der letzten Jahre jeweils folgende Angaben:
   Autor (grün), Titel des Gedichtes (rot), Titel des Buches (blau), Verlag (gelb), Jahr der Veröffentlichung (schwarz)

INFO Quellenangabe

> Wenn du bei den Quellenangaben genau hinschaust, wirst du feststellen, dass es verschiedene Darstellungsweisen gibt. Leider wird dies bei den Prüfungsaufgaben nicht immer gleich gehandhabt. Lasse dich dadurch nicht verwirren, sondern wähle einfach die Angaben aus, die du für den ersten Satz benötigst.

a) „Gestutzte Eiche“
Quelle: Hermann Hesse, Vom Baum des Lebens, Ausgewählte Gedichte, Insel Bücherei Nr. 454, Insel-Verlag, 1957

b) „Die Liebe“
Quelle: Reiner Kunze: gespräch mit der amsel. Fischer-Verlag, Frankfurt 1984, S. 7 f.

c) „Traf jemand“
Quelle: Günter Kunert: Unruhiger Schlaf. Gedichte. Deutscher Taschenbuchverlag, München 1979. Lizenz des Carl Hanser Verlags München.

d) „Kleine Auseinandersetzung“
Quelle: Mascha Kaléko: Das lyrische Stenogrammheft. Kleines Lesebuch für Große. Rowohlt Taschenbuchverlag GmbH, Reinbek bei Hamburg 1978

2. Formuliere nun zu jedem Gedicht einen ersten Satz. Die Informationen der Quellenangabe, die du nicht unterstrichen hast, brauchst du nicht zu berücksichtigen.

   a) ______________________________

   ____

   b) ______________________________

   ____

   c) ______________________________

   ____

   d) ______________________________

   ____

Formuliere im Anschluss **einen Satz zum Thema** des Gedichtes. Für die „Kleine Auseinandersetzung“ kannst du dafür bei Aufgabe 1 des zweiten Schrittes auf Seite 11 in diesem Kapitel nachsehen.

3. Vervollständige dann den folgenden Satz:

   In dem Gedicht geht es um

   ____

   ____

Zur Einleitung gehört auch noch eine **Inhaltsangabe** des Gedichtes. Dafür fasst du den Inhalt in eigenen Worten in wenigen Sätzen zusammen. Vielleicht hilft dir die Vorstellung, dass du jemandem, der das Gedicht nicht kennt, kurz darstellst, worum es in dem Gedicht geht. Dabei sollst du noch nichts erläutern oder beschreiben.

4. Lies dir folgende Inhaltsangabe zum Gedicht „Kleine Auseinandersetzung“ durch. Sie ist durch unnötige Ausführungen zu lang geworden. Streiche alle Sätze durch, die nicht unbedingt notwendig sind.

   In dem Gedicht wurde das lyrische Ich von einem Freund oder Partner gekränkt und kann dies einfach nicht vergessen. Vermutlich war es ein sehr fieses Wort, denn sonst wäre die Kränkung nicht so heftig. Das lyrische Ich würde das Wort am liebsten wegradieren, was aber natürlich nicht geht. Es weist darauf hin, dass manche Menschen Gedanken und Gefühle in sich haben, die sie am besten für sich behalten sollten, da sie für andere nicht nachvollziehbar sind. Das lyrische Ich leidet sehr, dennoch kann es nicht darüber reden. Es fühlt sich einsam und weiß nichts mehr mit seiner Zeit anzufangen. Es weiß, dass nun jeder Abend gleich öde sein wird. Vielleicht wird es sogar depressiv? Es denkt über das Ende der Beziehung bzw. Freundschaft nach, kommt aber zu keinem abschließenden Ergebnis. Das lyrische Ich sieht nun alles nur noch pessimistisch.

TIPP Abschnitte einbauen

Lasse zwischen Einleitung, Hauptteil und Schluss jeweils zwei Leerzeilen frei.

HAUPTTEIL

Im Hauptteil beschreibst du den **Inhalt**, die **Sprache** und die **Form** des Gedichtes. Dabei gehst du Strophe für Strophe durch das Gedicht. Es gibt zwei Möglichkeiten vorzugehen:

Variante A
Du formulierst die Beschreibung des Inhalts, der Sprache und der Form getrennt nacheinander in drei Abschnitten.
Vorteil: Du hast einen besseren Überblick und vergisst so nichts.
Nachteil: Du musst dich dreimal durch das gesamte Gedicht arbeiten. Dabei sollst du dich natürlich nicht wiederholen.

Variante B
Du gehst nur einmal durch das Gedicht und beschreibst für jede Strophe den Inhalt und die Sprache. Die Beschreibung der Form erledigst du in einem weiteren Abschnitt.
Vorteil: Du kannst Inhalt und Sprache besser aufeinander beziehen.
Nachteil: Diese Variante ist sprachlich anspruchsvoller.

Da beide Varianten Vor- und Nachteile haben, musst du einfach ausprobieren, welche dir besser liegt. Bei den folgenden Aufgaben gehen wir nach Variante A vor.

Beschreibung des Inhalts
Für jede Strophe sollst du nun den Inhalt **darstellen**, **umschreiben** und **erläutern**. Wichtige Wörter baust du als **Zitate** ein. Vergiss die **Überschrift** dabei nicht! Sie kann erste Hinweise auf den Inhalt des Gedichtes liefern.

5. Bei Aufgabe 3 des zweiten Schrittes auf Seite 12 findest du Zusammenfassungen für jede Strophe, welche du nun ausformulieren sollst. Lies das Beispiel (zu Überschrift und Strophe 1) durch und arbeite dann die Beschreibung für die restlichen Strophen auf einem separaten Blatt aus

Bereits der Titel des Gedichts „Kleine Auseinandersetzung" deutet an, dass es in dem Gedicht vermutlich um einen Streit geht. Diese Vermutung bestätigt sich in der ersten Strophe. Das lyrische Ich hat von einem vertrauten Gegenüber, „Du" (V. 1), ein „kleines Wort" (V. 1) gehört, das nun mit dem lyrischen Ich „spazieren" (V. 3) geht. Dass dies keine angenehme Äußerung war, kann man daran erkennen, dass das Wort am lyrischen Ich „nagt" (V. 4). Es kann das Wort offensichtlich nicht vergessen; es hat sich tief eingebohrt. Da das Wort gesagt wurde, lässt es sich nicht einfach zurücknehmen, wie ein geschriebenes Wort, welches man einfach „radieren" (V. 2) kann, zumindest bis es von jemandem gelesen wurde. Es bleibt offen, in welchem Verhältnis das lyrische Ich und das erwähnte „Du" (V. 1) genau stehen. Es könnte sich um eine Freundschaft, aber auch eine Liebesbeziehung handeln.

INFO Zitate

Du setzt das Wort bzw. die Worte, die du zitierst, in „Anführungszeichen" und gibst direkt dahinter in (Klammern) den Vers (V. 1) an.

TIPP Formulierungshilfen

Die unterstrichenen Wendungen kannst du auch für die weiteren Strophen gut gebrauchen.
Hier sind noch weitere hilfreiche Verben:
hinweisen auf, zeigen, verweisen auf, feststellen, entnehmen aus, signalisieren, darstellen, bedeuten, aussagen, vermitteln, veranschaulichen
Achte auf einen abwechslungsreichen Ausdruck.

Beschreibung der Sprache

Hier sollst du die **sprachlichen Mittel**, die du herausgefunden hast, in einem zusammenhängenden Text **benennen** und **deuten**. Wichtig ist dabei, dass du einen **Bezug zum Inhalt** der jeweiligen Strophe herstellst. Auch eine auffällige Verwendung von **Satzzeichen** oder den völligen Verzicht darauf sollst du hier beschreiben und erläutern.

6. In den Aufgaben 2 – 4 des dritten Schrittes hast du die notwendigen Vorarbeiten geleistet. Lies dir wieder die beispielhafte Ausführung für die erste Strophe durch und versuche dann mithilfe der Stichworte eine Ausformulierung für die anderen.

Die Tatsache, dass das lyrische Ich das kränkende Wort nicht vergessen kann, wird untermalt durch die Personifikation „das kleine Wort [geht] mit mir spazieren" (V. 3). Es wird so zum ständigen Begleiter und lässt das lyrische Ich nicht mehr los. Dadurch ist es wie in Beschlag genommen. Die drei Punkte im vierten Vers deuten zudem an, dass dieser Zustand noch weiter fortbestehen wird. Es ist nicht absehbar, dass das Streit auslösende Wort vergessen werden kann.

TIPP Formulierungshilfen

Die unterstrichenen Wendungen stellen Bezüge zwischen den Sätzen her. Hier sind noch weitere Möglichkeiten: *deswegen, weil, obwohl, denn, aber, sondern, (je)doch, insofern, indem, wohingegen, sodass, wenn auch, damit, durch, trotz, zufolge, aufgrund, wegen.*
Versuche, viele davon in deinen eigenen Texten unterzubringen.

Beschreibung der Form

Du beschreibst die äußere Form des Gedichtes, d. h., du benennst die Strophen – und eventuell die Gedichtform. Gehe dabei auch auf den Reim ein. Interessant sind immer Abweichungen von einer bestimmten Form, da sie oft inhaltlich begründet sind. Versuche, solche Bezüge herzustellen.

7. In den Aufgaben 1 – 5 des vierten Schrittes hast du das Gedicht bereits formal untersucht. Versuche mithilfe dieser Ergebnisse, den folgenden Lückentext zu ergänzen.

Das Gedicht besteht aus ________ Strophen mit jeweils vier ________________. Die Verse sind bis auf ________________ Ausnahmen in etwa gleich lang. Der vierte Vers besteht nur aus zwei, der zwölfte aus ________ Wörtern. Die Kürze dieser Verse kann als Hinweis auf ____ gelesen werden.
Mascha Kaléko hat einen regelmäßigen ________________ verwendet. In den ersten vier Strophen ist dies ein __________________________, in der letzten Strophe ein ________ ____. Die Regelmäßigkeit des Reims stellt eigentlich einen ________________ zum ________________ des Gedichtes her. Es herrscht keine ________________ zwischen den Partnern mehr, denn ihre Beziehung scheint durch die Auseinandersetzung vor einem möglichen ________________. Vielleicht kann er aber eher als der Wunsch des lyrischen Ichs nach Harmonie aufgefasst werden. Der Reimwechsel vom verbindenden umarmenden Reim zum unterbrechenden Kreuzreim in der letzten Strophe nimmt vielleicht schon die Antwort auf ________________ des letzten Verses vorweg.

SCHLUSS

„Ein guter Schluss ziert alles“, lautet ein altes Sprichwort. Vielleicht geht dir aber an dieser Stelle schon fast die Puste aus? Dann mach vor dem Weiterarbeiten (auch in der Prüfung) eine kurze Pause, denn die nächsten beiden Abschnitte sind wichtig für das Gesamtergebnis deines Aufsatzes.

Die Intention des Gedichtes formulieren

Hier zeigst du, dass du alle inhaltlichen, sprachlichen und formalen Aussagen auf einen gemeinsamen Nenner bringen kannst: Was ist die **Absicht** des Gedichtes? Hier gibt es nicht nur eine „richtige“ Antwort, sondern unterschiedliche Leser können zu ganz unterschiedlichen Aussagen kommen, da sie vermutlich individuelle Erfahrungen mit Auseinandersetzungen gemacht haben. Wichtig ist jedoch, dass du beim vorliegenden Text bleibst und thematisch nicht abschweifst.

8. Verwende deine Stichworte aus Aufgabe 1 auf Seite 16 des fünften Schrittes sowie die folgenden Satzbausteine, um eine etwa halbseitige Textintention auf einem separaten Blatt zu formulieren.

TIPP Satzbausteine zur Textintention

Der Text will die Leser darauf aufmerksam machen, dass ...
Der Leser wird zum Nachdenken über ... angeregt.
Das Gedicht vermittelt ...
Der Text fordert den Leser auf, ... zu bedenken/beachten.
Das Gedicht kann den Anstoß geben zu ...
Das Gedicht will bewirken, dass ...
Die Absicht des Gedichtes besteht darin, ...
Der Text sagt aus, dass ...

Die eigene Meinung formulieren

9. Drei Schüler haben diesen Aufsatzteil bereits ausgearbeitet. Lies alle drei Texte durch und entscheide dann anhand der unten stehenden Kriterien, welchen du als besten auswählen würdest.

TIPP Kriterien für eine gute Darstellung der eigenen Meinung

- Die Meinung ist nachvollziehbar und verständlich dargestellt.
- Sie passt zum Thema des Gedichtes.
- Die Meinung ist begründet.
- Die Meinung bezieht sich im Wesentlichen auf die Darstellung des Themas und nicht auf die Qualität des Textes.
- Die persönliche Meinung ist nicht in Jugendsprache verfasst.

Beispiel A:

Ich fand das Gedicht eigentlich ganz gut. Ich habe auch so etwas Ähnliches schon mal erlebt, als ich nämlich Streit mit meiner Freundin hatte. Sie war sauer, weil ich sie nicht angerufen hatte. Eine ganze Woche hat sie dann nicht mehr mit mir geredet. Das war ganz schön hart. Ich habe dadurch aber gelernt, dass ich meine Versprechen besser einhalten sollte, wenn ich Freundschaften nicht aufs Spiel setzen will.

Beispiel B:

Das Gedicht von Mascha Kaléko fand ich ziemlich langweilig. Vielleicht liegt es auch daran, dass es schon etwas älter ist. Klar, es gibt heute auch noch Streit, aber ich kann eigentlich nicht verstehen, warum das lyrische Ich so beleidigt reagiert. Er oder sie hätte doch einfach sagen können, was los ist, dann hätte es auch nicht so viel Stress gegeben. Das Gegenüber hätte sich dann auch einfach entschuldigen können und alles wäre wieder o.k. gewesen.

TIPP Mascha Kaléko

Hat dir das Gedicht von Mascha Kaléko gefallen? Du findest unter www.lyrikline.org weitere Gedichte sowie eine Biografie von ihr und vielen anderen Autoren – auch in verschiedenen Sprachen.

Beispiel C:

Ich finde Mascha Kaléko hat in ihrem Gedicht ein Thema angesprochen, das viele Menschen jeden Tag betrifft. Immer wieder kann es in Gesprächen zu Missverständnissen kommen, was ich selbst auch schon öfters erlebt habe. So ist es auch dem lyrischen Ich ergangen. Ich denke nicht, dass sein Gegenüber absichtlich kränken wollte. Vielleicht war der Kommentar einfach als Spaß gemeint. Weil das lyrische Ich aber gar nichts sagte, sondern einfach wegging, weiß der oder die andere vermutlich nicht wirklich, was los ist. Vielleicht sollte das lyrische Ich versuchen, sich in den anderen oder die andere hineinzuversetzen. Ich finde, dass es aber auf jeden Fall ein Gespräch mit der anderen Person führen sollte, um dann hoffentlich wieder glücklich sein zu können.

Achter Schritt: Den Aufsatz kontrollieren und überarbeiten

Viele Schüler überspringen diesen letzten Schritt gerne, schließlich kontrolliert der Lehrer ja den Aufsatz. Du solltest die Chance zur Verbesserung vor der Bewertung aber unbedingt nutzen! Arbeite dafür mit der Checkliste auf Seite 116 und benutze auch ein Rechtschreibwörterbuch.

Für den besseren Überblick findest du hier eine Übersicht über den **Aufbau einer Textbeschreibung**.

Einleitung	erster Satz und Thema	Titel, Autor, Textsorte, Quelle Thema: Worum geht es in dem Gedicht?
	Inhaltsangabe	Fasse den Inhalt des Gedichtes in eigenen Worten kurz zusammen. Verwende dabei keine Zitate.
Hauptteil	Beschreibung des Inhalts	WAS steht in dem Gedicht? Beschreibe und erläutere den Inhalt Strophe für Strophe. Stelle auch Bezüge zwischen den Strophen her. Vergiss die Überschrift nicht. Baue Zitate ein und kennzeichne sie.
	Beschreibung der Sprache	WIE ist der Inhalt dargestellt? Beschreibe die sprachliche Darstellung des Gedichtes und erläutere die Bedeutung der gewählten Worte und Stilmittel. Versuche, einen Bezug zum Inhalt herzustellen.
	Beschreibung der Form	Beschreibe die äußere Form des Gedichtes. Dazu gehören die Strophen- und Gedichtform sowie das Reimmuster. Versuche auch hier, Bezüge zum Inhalt aufzuzeigen.
Schluss	Intention	Was ist die Botschaft des Textes an die Leser?
	eigene Meinung	Wie denkst du persönlich über das Thema? Begründe deine Meinung nachvollziehbar.

B 2 Angeleitete Prüfungsaufgabe „Texte beschreiben“ (Lyrik)

In diesem Kapitel übst du die einzelnen Schritte der Textbeschreibung an einem weiteren Prüfungstext. Anhand von Fragen wirst du auf wesentliche Textstellen aufmerksam gemacht. Die Lösungshilfe-Kästen helfen dir bei Unsicherheiten. Halte für die Bearbeitung nun auch eine Uhr bereit, mit der du deine Arbeitszeit für die einzelnen Schritte ermitteln kannst. Das ist wichtig, um nach und nach ein Gefühl für die Bearbeitungszeit von 240 Minuten (= vier Zeitstunden), die dir in der Prüfung zur Verfügung steht, zu bekommen. Falls du nicht das gesamte Kapitel am Stück bearbeiten kannst oder magst, notiere dir die benötigte Arbeitszeit für die erledigten Schritte, um am Ende deine Gesamtarbeitszeit ausrechnen zu können. Halte auch einige Farbstifte bereit und sorge für eine ungestörte Arbeitsatmosphäre. Notiere die Antworten auf alle Fragen direkt an den entsprechenden Stellen am und um das Gedicht. Arbeite bei den einzelnen Arbeitsschritten mit verschiedenen Farbstiften (siehe Tipp Seite 11). Sollte dir der Platz nicht ausreichen, nimm ein separates Blatt für weitere Notizen. Los geht‘s!

Wartende
Ulla Hahn

Sie sitzt an einem Tisch für zwei Personen
allein mit diesem wachen starren Blick
schaut sie umher als hätt sie was verloren
und hält sich fest an einem Buch: Ihr Strick

der sie herauszieht aus den Augenpaaren
die nach ihr züngeln mitleidlos und spitz
wie Wellen über ihr zusammenschlagen
sie niederdrücken auf den Plastiksitz

der unter ihren Schenkeln klebt. Sie schwenkt
ihr Glas das Eis schmilzt klirrend schneller
sie selbst wird immer kleiner und versänk

gern als Erfindung in ihr Buch
das sie nun zuschlägt. Eh sie auftaucht
zahlt und geht. Es ist genug.

Quelle: Ulla Hahn: Spielende. Deutsche Verlags-Anstalt, München, in der Verlagsgruppe Random House GmbH, 1983

Erster Schritt: Das Gedicht lesen

1. Beachte zunächst nur die Überschrift **„Wartende“** und notiere:
   - Wer wartet?
   - Auf was?
   - Eine Person oder mehrere?
   - Welche Gefühle empfindest du beim Warten?
   - Hast du weitere Assoziationen zum Titel?

LÖSUNGSHILFE Überschrift

Du kannst hier natürlich nur Vermutungen anstellen und die Fragen nicht abschließend beantworten. Es geht lediglich darum, dich auf das Thema des Gedichtes einzustimmen.

2. Lies nun das gesamte Gedicht mehrfach durch. Traue dich auch, es einmal laut vorzutragen, und notiere mit Bleistift:
   - Gibt es auffallende Wörter/Ausdrücke?
   - Welche Wörter verstehst du nicht?
   - Welche Stimmung herrscht in dem Gedicht vor?
   - An welchen Stellen bist du beim lauten Sprechen hängen geblieben? Warum?
   - Fällt dir sonst etwas auf?

Zweiter Schritt: Den Inhalt erarbeiten

1. Untersuche nun genau, was in den einzelnen Strophen steht. Markiere und notiere mit der Farbe, die du für den Inhalt festgelegt hast.
   - Welche Personen kommen in dem Gedicht vor?
   - Gibt es ein lyrisches Ich?
   - Wer schildert hier die Situation?
   - Was macht die wartende Person?
   - Ist die Person männlich oder weiblich?
   - Wie fühlt sie sich?
   - An welcher Stelle verändert sie ihr Verhalten?
   - Warum? Inwiefern?
   - Was machen die anderen Personen?
   - An welchem Ort wird gewartet?
   - Was erfahren wir über den Ort?

LÖSUNGSHILFE Perspektive

Das Gedicht ist ein Sonderfall, da nicht ein lyrisches Ich seine eigene Situation darstellt, sondern ein lyrischer Sprecher aus einer Beobachtungsposition heraus schildert. Dies passt inhaltlich zum Gefühl der Wartenden, beobachtet zu werden.

2. Fasse nun den Inhalt jeder Strophe in einem Satz zusammen.

3. Was ist das Thema des Gedichtes?

LÖSUNGSHILFE Thema

Versuche eine Überschrift (z. B. Liebe, Krieg, Trennung, Abschied, Stadt usw.) für die Schublade zu finden, in die du dieses und ähnliche Gedichte stecken könntest.

Benötigte Zeit: *Für die Untersuchung des Inhalts habe ich* ________ *Minuten benötigt.*

Zwischencheck Inhalt

1. Bevor du dich an den nächsten Schritt machst, kannst du mit dem Zwischencheck überprüfen, ob du den Inhalt des Gedichtes richtig verstanden hast.

Frage	richtig	falsch	weiß nicht
a) Eine Frau wartet in einem Café oder Restaurant auf jemanden.			
b) Sie hat etwas verloren (z. B. ihren Geldbeutel oder ihr Handy).			
c) Sie strickt.			
d) Sie fühlt sich von den anderen Gästen beobachtet.			
e) Sie wird von den anderen Gästen bedroht und auf ihrem Stuhl niedergedrückt.			
f) Ihr Buch gibt ihr eine gewisse Sicherheit.			
g) Am Ende taucht die erwartete Person auf und sie verlassen gemeinsam das Lokal.			

Sieh nun im Lösungsheft nach. Für jede richtige Antwort erhältst du einen Punkt.

Auswertung:
7 – 5 Punkte: Du bist ein Lesedetektiv! Du kannst dich an die nächsten Schritte machen.
4 – 3 Punkte: Schon ganz gut, aber ein paar Details hast du noch überlesen. Sieh besser noch mal nach.
2 – 0 Punkte: Hast du das Gedicht mehrmals und aufmerksam gelesen?

Dritter Schritt: Die Sprache untersuchen

Behalte wieder die Uhr im Blick! Verwende den Farbstift, den du für die Sprache festgelegt hast.

1. Versuche, folgende Stilmittel zu bestimmen und zu deuten:
   - „Sie sitzt an einem Tisch für zwei Personen allein“ (V. 1 f.)
     Tipp: Die übliche Wortfolge wäre: Sie sitzt allein an einem Tisch für zwei Personen.
   - „hält sich fest an einem Buch“ (V. 4)
   - „Ihr Strick“ (V. 4)
   - „Ihr Strick I der sie herauszieht“ (V. 4 f.)
   - „Augenpaaren I die nach ihr züngeln“ (V. 5 f.)
   - „wie Wellen“ (V. 7)
   - „auf den Plastiksitz I der unter“ (V. 8 f.)
   - „schwenkt […] schmilzt […] schneller […] (V. 9 f.)
   - „und versänk I gern“ (V. 11 f.)

   Fallen dir weitere sprachliche Besonderheiten auf?

LÖSUNGSHILFE Stilmittel

Falls du hier Schwierigkeiten hast, nutze die Tabelle im Glossar auf Seite 120.

TIPP Zitate über Versgrenze

Wenn du ein Zitat, das über die Versgrenze hinausgeht, nutzen willst (z. B. um ein Enjambement zu erläutern), wird das Versende durch einen Strich „I“ symbolisiert.

2. Halte nun nach Satzzeichen Ausschau.
   - Wo findest du welche?
   - Was ist an der Verwendung auffällig?
   - Welche Bedeutung haben die so gesetzten Satzzeichen?

Benötigte Zeit: *Für die Untersuchung der Sprache habe ich* ________ *Minuten benötigt.*

Zwischencheck Sprache

1 Alles richtig verstanden?

Frage	richtig	falsch	weiß nicht
a) Durch die Inversion wird das Wort „allein“ besonders hervorgehoben und betont.			
b) Die Metapher des Stricks verbildlicht die Rettung durch das Buch aus der als bedrohlich empfunden Beobachtungssituation.			
c) „aus den Augenpaaren I die nach ihr züngeln“ (V. 5 f.) ist ein Euphemismus, der das Lästern der anderen Gäste verdeutlicht.			
d) „auf den Plastiksitz I der unter ihren Schenkeln klebt“ (V. 8 f.) ist eine Ellipse, die die besondere Situation der Wartenden betont.			
e) „schwenkt [...] schmilzt [...] schneller [...] (V. 9 f.) sind Anaphern, die den Rhythmus des Klirrens untermalen.			
f) Die drei Punkte als Satzschlusszeichen betonen die Entschiedenheit der Person, mit der sie nun handelt und die unwürdige Situation beendet.			

Sieh nun im Lösungsheft nach. Für jede richtige Antwort erhältst du einen Punkt.

Auswertung:

6 – 5 Punkte: Du bist ein Sprachgenie! Du kannst dich an die nächsten Schritte machen.

4 – 3 Punkte: Schon ganz gut, aber ein paar Details hast du noch nicht richtig verstanden. Sieh besser noch mal nach.

2 – 0 Punkte: Du hast die sprachlichen Mittel noch nicht richtig verstanden. Gib nicht auf!

Vierter Schritt: Die Form untersuchen

Behalte wieder die Uhr im Blick.

1 Beantworte folgende Fragen und verwende den entsprechenden Farbstift!
- Wie viele Strophen hat das Gedicht?
- Aus wie vielen Versen bestehen die Strophen?
- Sind die Verse gleich lang?
- Inwiefern passen die kürzeren Verse der letzten Strophe zum Inhalt?
- Wie heißt diese Gedichtform?
- Kannst du ein Reimschema erkennen?

LÖSUNGSHILFE Reim

Es gibt zwar einzelne Reime in diesem Gedicht, ein durchgängiges Muster ergeben sie aber nicht.

Fünfter Schritt: Die Textintention ermitteln

1 Schau dir nun nochmals die Seite mit dem Gedicht an. Sie dürfte mittlerweile ganz schön bunt sein. Lies deine Notizen durch und versuche, daraus eine Textintention abzuleiten. Halte sie in Stichworten fest.
- Für wen könnte das Gedicht ein Anstoß sein?
- Worauf wird der Leser aufmerksam?
- Was könnte der Text bewirken wollen?

FiNALE
Prüfungstraining

Realschulabschluss 2017
Baden-Württemberg

Deutsch
Lösungen

Marlene Müller
Usch Pilz

westermann

Lösungsheft zu 978-3-14-171766-2

B Anleitungen und Übungen zu den Prüfungsaufgaben

B 1 Eine Textbeschreibung erarbeiten (Lyrik)

Seite 10

Erster Schritt

1. individuelle Lösung

Seite 11

Zweiter Schritt

1. Gefühle nach einem Streit

2. a) Du, mir, uns, ich, dich
   b) „ein kleines Wort", das gesagt wurde
   c) Es lässt das lyrische Ich nicht mehr los; es „nagt" an ihm.
   d) Das lyrische Ich ging weg, ohne über das Geschehene zu sprechen.
   e) Sinn- und Ziellosigkeit, Leere, Pessimismus
   f) Die Frage, ob die Freundschaft/Beziehung beendet ist.

Seite 12

3. richtige Reihenfolge: 4, 3, 2, 1, 5

Dritter Schritt

1. „Wassermelonen – grüne Buddhas am Obststand" = Metapher
   „zärtlich wie eine Feder" = Vergleich
   „Der Wald schweigt still" = Personifikation
   „entschlafen" = Euphemismus
   „mit Mann und Maus" = Alliteration
   „Wer jetzt kein Haus hat, [...]
   Wer jetzt allein ist, [...]" = Anapher
   „Hörst du nicht die Bäume rauschen
   Draußen durch die stille Rund?" = Enjambement
   „je schneller, desto besser" = Ellipse
   „Singet leise, leise, leise" = Wiederholung

Seite 13

2. a) Personifikation: „Nun geht das kleine Wort mit mir spazieren" (V. 3); „Das schläft" (V. 7)
   b) Alliteration: „Herz und Hirn" (V. 5)
   c) Ellipse: „So kurz und spitz" (V. 10)
   d) Inversion: „Leer wird die Zeit mir durch die Finger rinnen." (V. 15)

3. a) Gedanken und Worte, die im Menschen ruhen
   b) Denken (Hirn) und Gefühle (Herz) stehen oft im Widerspruch.
   c) Betonung des Schmerzes: kurz und spitz
   d) Betonung der Leere

Seite 14

4. a) „weiter und weiter"
   b) „, an das ich immer noch denken muss."
   c) „eine einschneidende Feststellung."
   d) „den Schlussstrich, der vielleicht unter die Beziehung gezogen wird."

Vierter Schritt

1. Das Gedicht besteht aus fünf Quartetten. Der vierte Vers ist auffallend kurz.

Seite 15

2. I. Kreuzreim abab; II. Paarreim aabb; III. Umarmender Reim abba

3. umarmender Reim; Kreuzreim

4. Ein regelmäßiger Reim erzeugt Harmonie. Da das Gedicht von einem Streit handelt, könnte der Wunsch des lyrischen Ichs nach Harmonie so ausgedrückt werden.

Seite 16

5. Der Kreuzreim könnte den Vertrauensbruch in der Beziehung verdeutlichen.

Fünfter Schritt

1. Lösung von Konflikten, Ende von Beziehungen, Gesprächsbereitschaft

Sechster Schritt

1. a) – c) individuelle Lösungen

Seite 18

2. a) Das Gedicht „Gestutzte Eiche" von Hermann Hesse ist 1957 in dem Buch „Vom Baum des Lebens" im Insel-Verlag veröffentlicht worden.
   b) Das Gedicht „Die Liebe" von Reiner Kunze ist 1984 in dem Buch „gespräch mit der amsel" im Fischer-Verlag veröffentlicht worden.
   c) Das Gedicht „Traf jemand" von Günter Kunert ist 1979 in dem Buch „Unruhiger Schlaf" im Carl Hanser Verlag veröffentlicht worden.
   d) Das Gedicht „Kleine Auseinandersetzung" von Mascha Kaléko wurde 2002 in dem Buch „Das lyrische Stenogrammheft" im Verlag rororo veröffentlicht.

3. In dem Gedicht geht es um Gefühle nach einem Streit.

4. Folgende Sätze bleiben stehen:
   In dem Gedicht wurde das lyrische Ich von einem Freund oder Partner gekränkt und kann dies einfach nicht vergessen. Es leidet sehr, dennoch kann es nicht darüber reden. Das lyrische Ich fühlt sich einsam und weiß nichts mehr mit seiner Zeit anzufangen. Es denkt über das Ende der Beziehung bzw. Freundschaft nach, kommt aber zu keinem abschließenden Ergebnis.

Seite 19

5. In der zweiten Strophe wird erläutert, dass „uns" (V. 5f.) Menschen persönliche Gefühle und Gedanken erwachsen, die uns selbst vertraut sind. Für andere können diese aber oft „fremd" (V. 6) sein. Solange diese Worte und Gefühle im Menschen verschlossen sind, können sie kein Unheil anrichten. Sollten sie aber den Lippen entschlüpfen, also unüberlegt ausgesprochen werden, können sie große Verwirrung stiften.
   In der dritten Strophe sind die Gedanken des lyrischen Ichs über das kränkende Wort dargestellt. Es stellt fest, dass es eigentlich „Ein Nichts" (V. 9) war, also eine

Nichtigkeit, die dennoch stechende Schmerzen verursacht. „Ein dummes Wort“ (V. 9) wurde unbedacht geäußert. Es fühlt sich für das lyrische Ich „kurz und spitz“ an (V. 10), eine Beschreibung, die an einen Nadelstich erinnert. In der Streitsituation konnte das lyrische Ich darauf verbal nicht reagieren. Es ging „fort“ (V. 12), hat also den gemeinsamen Ort verlassen.
In der vierten Strophe werden die Gefühle des lyrischen Ichs nach der Auseinandersetzung vermittelt. Es erkennt, dass sein Schweigen „sinnlos“ (V. 14) ist, da es so keine Versöhnung geben kann. Alle Versuche, etwas zu unternehmen, sind aber „ziellos“ (V. 14), sie führen zu nichts. Die Erkenntnis daraus lautet, dass nun „ein Abend wie der andre sein“ (V. 13) wird, was die Monotonie anschaulich beschreibt. Das lyrische Ich weiß mit seiner Zeit nichts mehr anzufangen: „Leer wird die Zeit mir durch die Finger rinnen“ (V. 15). Es kommt zu der Erkenntnis, dass es ohne den Freund / die Freundin einsam und allein ist.
In der fünften und letzten Strophe sind pessimistische Gedanken des lyrischen Ichs dargestellt. Es weiß nicht, ob eine Versöhnung noch möglich ist oder ob die Auseinandersetzung „das Ende“ (V. 17) bedeutet. Vielleicht waren es nur „ein paar kleine Silben“ (V. 19), die so sehr kränken, dass sie zum endgültigen Bruch führen?

Seite 20

6. Die Alliteration „Herz und Hirn“ (V. 5) verdeutlicht, dass sowohl Gefühle als auch Gedanken, die von Menschen gehegt werden, für Verwirrung und Streit sorgen können, wenn sie geäußert werden.
   Die Frage „Was war es doch?“ (V. 9) ist als rhetorische Frage zu verstehen. Dem lyrischen Ich ist klar, dass es eigentlich nur „ein dummes Wort“ (V. 9) war, doch kommt es von diesem „Nichts“ (V. 9) nicht los, was die drei Punkte am Ende des Verses symbolisieren. Die Ellipse „so kurz und spitz“ (V. 10) bringt den Schmerz des lyrischen Ichs auf den Punkt. Gerade durch die knappe Darstellung wirkt diese Beschreibung besonders eindringlich.
   Durch die Inversion wird die Leere und Sinnlosigkeit der einsamen Abende betont. Nicht nur wird die Zeit „durch die Finger rinnen“ (V. 15), also nutzlos vertan werden, sondern dies wird sogar „leer“ (V. 15) geschehen. Das lyrische Ich kommt zu einer Erkenntnis, welche durch den Doppelpunkt in Vers 16 angekündigt wird. Ohne den Partner / die Partnerin ist das lyrische Ich alleine.
   Die negativen Gedanken des lyrischen Ichs steigern sich in der letzten Strophe auf die Frage hin, ob die Beziehung nun zu Ende sei. Dieses Ende wird durch einen Gedankenstrich am Anfang des 20. Verses symbolisiert. Vielleicht wird wirklich ein endgültiger Schlussstrich unter die Beziehung gezogen werden? Zumindest der Gedanke steht im Raum.

7. Die einzusetzenden Lückenwörter sind: fünf; Versen; die Sprachlosigkeit des lyrischen Ichs; Reim: umarmender Reim; Kreuzreim; Widerspruch; Inhalt; Harmonie; Ende; die Frage.

Seite 21

8. Das Gedicht will den Leser darauf aufmerksam machen, welchen Schaden ein unüberlegt geäußertes Wort oder ein vorschnell formulierter Gedanke anrichten kann. Er kann so groß sein, dass eine Versöhnung vielleicht unmöglich wird und es deshalb zum Ende der Beziehung kommt. Eine Absicht des Textes könnte somit sein, den Leser zu warnen. Bevor man einen Gedanken ausspricht, sollte man sich gut überlegen, welche Wirkung dieser auf das Gegenüber haben könnte. Das sollte aber nicht heißen, dass man keine Kritik mehr äußern darf. Man sollte sich jedoch gut überlegen, wie man diese formuliert, sodass sie nicht kränkend ist, sondern auch angenommen werden kann.

9. Beispiel C

B 2 Angeleitete Prüfungsaufgabe „Texte beschreiben“ (Lyrik)

Seite 24

Erster Schritt

1. + 2. individuelle Lösungen

Zweiter Schritt

1. – Welche Personen kommen in dem Gedicht vor? „Sie“, „Augenpaare“ → Hinweis auf andere Menschen
   – Gibt es ein lyrisches Ich? nein
   – Wer schildert hier die Situation? ein außenstehender Beobachter
   – Was macht die wartende Person? „schaut […] umher“, „ihr Buch“ → Hinweis auf lesen, „schwenkt ihr Glas“ → sie trinkt, schlägt ihr Buch zu und geht
   – Ist die Person männlich oder weiblich? Das kann nicht eindeutig gesagt werden, da „sie“ auch auf eine männliche Person verweisen könnte.
   – Wie fühlt sie sich? beobachtet, unwohl (Kleben am Stuhl), klein, am Ende entschieden
   – An welcher Stelle verändert sie ihr Verhalten? V. 13
   – Warum? Inwiefern? Schlägt das Buch zu → versteckt sich nicht mehr; geht weg und wartet nicht mehr
   – Was machen die anderen Personen? beobachten die wartende Person ohne Mitleid
   – An welchem Ort wird gewartet? Café oder Restaurant
   – Was erfahren wir über den Ort? wirkt bedrückend

2. Erste Strophe: Eine Person sitzt wartend in einem Café oder Restaurant. Sie hält Ausschau nach der erwarteten Person. Sie gibt vor zu lesen.
   Zweite Strophe: Die Person fühlt sich von den anderen Gästen beobachtet. Ihr Buch gibt ihr einen gewissen Halt, dennoch fühlt sie sich niedergedrückt.
   Dritte Strophe: Sie sitzt unbequem. Sie trinkt ein eisgekühltes Getränk und fühlt sich immer kleiner.
   Vierte Strophe: Sie klappt das Buch zu, zahlt und geht.

3. Vorschläge: Emanzipation (Befreiung aus einer Abhängigkeit); Verselbstständigung; unglückliche Beziehung; unangenehme Situationen

Seite 25
Zwischencheck
1. richtig: a), d), f)
   falsch: b), c), e), g)

Dritter Schritt
1. – „Sie sitzt an einem Tisch für zwei Personen allein" (V. 1 f.) → Inversion: Betonung des Alleinseins
   – „hält sich fest an einem Buch" (V. 4) → Metapher: sie sucht Halt
   – „Ihr Strick" (V. 4) → Metapher: Wunsch nach Rettung
   – „Ihr Strick / der sie herauszieht" (V. 4 f.) → Enjambement: endloses Warten
   – „Augenpaaren / die nach ihr züngeln" (V. 5 f.) → Metapher: es geht Gefahr von den Beobachtern aus (Feuer, Schlangen)
   – „wie Wellen" (V. 7) → Vergleich: Gefahr, das Gefühl, überspült zu werden, unterzugehen
   – „auf den Plastiksitz / der unter" (V. 8 f.) → Enjambement: endloses Warten
   – „schwenkt [...] schmilzt [...] schneller [...] (V. 9 f.) → Alliteration: Betonung der unangenehmen Lage
   – „und versänk / gern" (V. 11 f.) → Enjambement: endloses Warten

2. sparsame Verwendung von Satzzeichen
   V. 4: Doppelpunkt → Verbindung von Buch und Strick; V. 13: und zweimal; V. 14: Satzschlusszeichen (Punkt) → Beenden der unerträglichen Situation

Seite 26
Zwischencheck
1. richtig: a), b), f)
   falsch: c), d), e)

Vierter Schritt
1. – Das Gedicht besteht aus vier Strophen.
   – Strophe 1 und 2 sind Quartette, 3 und 4 Terzette.
   – In der letzten Strophe werden die Verse kürzer.
   – Die Person beendet das lange Warten in drei kurzen Schritten (zuschlagen, bezahlen, gehen).
   – Es handelt sich um ein Sonett.
   – Es gibt kein durchgängiges Reimschema.

Fünfter Schritt
1. Vorschläge: den Mut finden, unwürdige Situationen zu beenden; Entscheidungen treffen und entsprechend handeln; Grenzen festlegen

Seite 27
Sechster Schritt
1. individuelle Lösungen

Siebter Schritt
1. individuelle Lösungen

Seite 28
Achter Schritt
1. individuelle Lösungen

B 3 Eine Textbeschreibung erarbeiten (Erzähltext)

Seite 30
Erster Schritt
1. a) + b) + 2. individuelle Lösungen

Seite 31
Zweiter Schritt
1. Ich-Erzähler (HF); Vater (NF); Mutter (NF); Du (NF)

Seite 32
2. Ich-Erzähler: vier oder fünf Jahre alt, stellt Fragen, beharrlich, verwundert, dass Vater die Antwort nicht weiß, misstrauisch, findet Antwort alleine
   Vater: weiß alles, verwendet Fachbegriffe, doziert, spricht lange, erklärt ausführlich, kann eigentliche Frage jedoch nicht beantworten
   Mutter: keine Angaben
   Du: vermutlich Freundin, verliebt, lacht, sucht Schutz vor Kälte, poetische Erklärung

3. individuelle Lösung

4. Abschnitt 1 (Z. 1 – 16): Ein Kind stellt dem allwissenden Vater die Frage, warum Schwäne nicht frieren.
   Abschnitt 2 (Z. 17 – 31): Ein junger Mann stellt dieselbe Frage seiner Freundin.
   Abschnitt 3 (Z. 32 – 40): Ein erwachsener Mann findet selbst die Antwort auf diese Frage.

Seite 33
5. innere Handlung: Z. 14 – 16; Z. 30 f.; Z. 36 f.

6. a) Ich-Form: begrenzt; b) Er-Form: umfassend; c) Er-Form: begrenzt

Seite 34
7. trifft zu: b); trifft nicht zu: a), c), d), e)

8. Angaben zum Ort: „an einem Weiher"; „Enten, Blässhühner, Schwäne"
   Angaben zur Zeit: „an einem eisigen, windigen Tag"; „Ich friere."; „wieder ist es kalt"; „schneidenden Wind"; „verkühlt"; „bitterkalt"

9. a) + b) individuelle Lösungen

Seite 35
10. a) Zeitraffung, länger; b) Zeitsprung; c) Vorausblende; d) Rückblende

Seite 36
Dritter Schritt
1. individuelle Lösung

2.

Sprachliche Mittel	Wirkung / Bezug zum Inhalt
Wiederholung der Frage „Warum frieren die Schwäne nicht?" (Z. 4, 20, 36 f.)	zentrales Problem für den Ich-Erzähler; Titel der Erzählung

Symbol „Schwäne“	übertragene Bedeutung: selbstständiges Lösen von drängenden Fragen; Verarbeitung von Enttäuschung und Schmerz
Ellipse „Jahre später, wieder ist es kalt.“ (Z. 17)	unterstreicht die Wirkung des Zeitsprungs; in der Zwischenzeit keine neue Erkenntnisse in Bezug auf seine Fragestellung; Ernüchterung
Wiederholung „Niemand“ (Z. 34); „Ganz allein, ganz für mich“ (Z. 36); „Und ganz für mich“ (Z. 38)	Betonung der selbstständigen Beantwortung der Frage
Ellipse „Verliebt, verkühlt und unzertrennlich“ (Z. 19)	im Nachhinein nüchterne Einschätzung der Beziehung; schnelles Ende

Seite 37
3. trifft zu: b), e), f); trifft nicht zu: a), c), d)

Seite 38
4. a) bin, stehe; b) versteckst, drückst; c) habe, schien

5. Hauptsätze, parataktisch

6. Es überwiegen die Hauptsätze.

Seite 39
7. Die vielen Satzreihen der Erzählung verstärken den Eindruck der Kälte und der Gefühlsarmut.

Seite 40
8. knapp, alltäglich, reduziert

9. Vater: Gefieder, Wachs aus der Birzeldrüse, Isolationswirkung des Geflügelfetts, doziert, unterschiedliche Wärmeleitung, weiß ich auch nicht
Freundin: etwas so Schönes, nicht entstehen, nicht vergehen, nicht verbrennen, nicht erfrieren, es ist da und es bleibt, das einzig Hässliche, die Welt des Schönen / des Hässlichen

10. Vater / Bezug zum Inhalt: Der Junge kann mit der wissenschaftlichen Erklärung des Vaters nicht viel anfangen. Sein eigentliches Problem bleibt ungelöst. Der Vater kann sich nicht besonders gut in seinen Sohn hineinversetzen. Er belehrt ihn lediglich. Die Beziehung wirkt distanziert.
Freundin / Bezug zum Inhalt: Die Freundin antwortet sehr wortreich und fantasievoll, ist darin aber unglaubwürdig. Sie scheint sich öfters Wahrheiten mit Worten zurechtzulegen, Ausreden zu finden, zu „lügen“. Das Misstrauen des Ich-Erzählers ihr gegenüber bestätigt sich. Er ist schließlich alleine, nicht mehr mit ihr zusammen.

Seite 41
11. Z. 1 – 14: Präsens → Der Leser ist am Weiher gegenwärtig/anwesend.
Z. 14 – 16: Präteritum/Perfekt → von späterem Standpunkt aus kommentiert
Z. 17 – 29: Präsens → Der Leser ist wieder am Weiher „dabei“.
Z. 30 f.: Präteritum → wieder ein rückblickender Kommentar
Z. 32 – 38: Perfekt/Präteritum → keine Vergegenwärtigung; der Ich-Erzähler hat die Antwort alleine am Weiher gefunden
Z. 38 – 40: Präsens → Die endgültige Antwort ist gefunden.

Vierter Schritt
1. Z. 1 – 16: Kindheit; Z. 17 – 31: Jugend; Z. 32 – 40: Erwachsenenalter

Seite 42
2. knapper Form; alltäglicher Sprache; kurzer Ausschnitt aus dem Leben; gewöhnlichen Menschen; eine unerwartete Wendung; plötzliche Erzählanfang ohne Einleitung; offener Schluss; Personen sind häufig reduziert; Außenseiter; Ort der Handlung ist ebenfalls oft nicht genau beschrieben

3.

Merkmal der Kurzgeschichte	**Textbeleg**
plötzlicher Erzählanfang, keine Einleitung	„Ich war fünf oder sechs Jahre alt ...“
reduzierte Darstellung der Personen; gewöhnliche Menschen	„Vater und Mutter, Du, ich“
keine genaue Beschreibung des Ortes	„an einem Weiher“
kurzer Ausschnitt aus dem Leben	Erzählsprünge: erzählt wird immer nur die Situation am Weiher
überraschende Wende	„Es ist viel einfacher ... Sie frieren wie wir alle, zu stolz, um es zuzugeben“

Fünfter Schritt
1. Vorschlag: die wichtigen Fragen des Lebens muss man sich selbst beantworten; auf manche Fragen findet man lange keine Antwort; nachdenken über eigene Fragen, „kleine Versuche, die Welt zu verstehen“, nachdenken über Beziehungen und Vertrauen

Seite 43
Sechster Schritt
1. individuelle Lösung

Seite 44
Siebter Schritt
1. Die Kurzgeschichte „Warum frieren die Schwäne nicht?“ von Reinhold Ziegler wurde 2001 in dem Buch „Der

Straßengeher und andere kleine Versuche, die Welt zu verstehen“ im Beltz Verlag veröffentlicht.
In der Kurzgeschichte geht es um die großen Fragen des Lebens und des Erwachsenwerdens.

2. Folgende Kriterien sind richtig:
   Schreibe im Präsens.
   Fasse die wichtigsten Handlungsschritte zusammen.
   Beantworte W-Fragen (Wer? Wo? Was?).
   Gib wörtliche Rede als indirekte Rede wieder.

Seite 45

3. Er stellt ihr auch die Frage, warum Schwäne nicht frieren. Sie antwortet, weil sie viel zu schön seien und so etwas Schönes könne weder frieren noch vergehen und ebenfalls nicht verbrennen. Es sei einfach da und bleibe auch da.

4. Der Ich-Erzähler stellt als vier- oder fünfjähriger Junge seinem Vater die Frage, warum Schwäne nicht frieren. Der Vater gibt dem Jungen eine ausführliche wissenschaftliche Erklärung, die aber die Frage des Sohnes nicht beantwortet. Als junger Mann stellt er dieselbe Frage noch einmal, dieses Mal seiner Freundin. Sie antwortet, dass die Schwäne viel zu schön seien und so etwas Schönes könne weder frieren noch vergehen und auch nicht verbrennen. Es sei einfach da und bleibe auch da. Der Ich-Erzähler traut dieser Antwort aber nicht. Als Erwachsener findet er die Antwort für sich alleine. Er findet heraus, dass Schwäne auch frieren, sie dies aber nicht zugeben, weil sie dafür zu stolz seien.

Seite 46

5. + 6. individuelle Lösungen

Seite 47

7. – 9. individuelle Lösungen

B 4 Angeleitete Prüfungsaufgabe „Texte beschreiben“ (Erzähltext)

Seite 49

Erster Schritt

1. + 2. individuelle Lösungen

Zweiter Schritt

1. – Personen: Ich-Erzählerin, Mutter, Schwester, Freunde, Mann
   – Haupt-/Nebenfiguren: Ich-Erzählerin/Mann (HF); andere NF
   – Ich-Erzählerin: zog mit 13 Jahren alleine zu Freunden, lebt in Berlin, geht zur Schule, verdient eigenes Geld mit Putzen und als Kindermädchen, kann zudem gut backen
   – Mann: meldet sich bei seiner Tochter, schreibt Drehbücher, führt Regie bei Filmen, eher schüchtern, hat Freunde, etwas distanziert, hat tödliche Krankheit, Angst vor dem Sterben, bittet um Morphium, aß gerne Torte, liebt jetzt die einfachen Dinge
   – Mutter: kommt nicht zur Beerdigung, hat den Vater der Tochter wenig gekannt und nicht geliebt
   – Beziehung Ich-Erzählerin – andere Figuren: große Distanz zur Mutter, langsame Annäherung an den Vater, der dann aber stirbt, Kontakt zur Schwester
   – Handlungsschritte: Vater meldet sich bei seiner ihm unbekannten Tochter per Telefon; sie treffen sich; es folgen weitere Treffen und Besuche; der Mann erfährt, dass er eine tödliche Krankheit hat; Tochter besucht ihn im Krankenhaus; statt des geforderten Morphiums bringt sie ihm Streuselschnecken; zur Beerdigung kommt die Schwester, aber nicht die Mutter
   – innere und äußere Handlung: „empfand ich eher Unbehagen“; „Ich war mir nicht sicher“; „mir oft vorgestellt, wie so etwas wäre“; „Ich ahnte, was das Lächeln verriet“; „Ich fragte mich, ob er mir Geld geben würde“; „Ich dachte nach“; „Auch war ich mir nicht sicher“; „Ich nehme an, sie war mit anderem beschäftigt“ = innere Handlung
     → Rest ist äußere (= beobachtbare) Handlung
   – Erzählverhalten und Erzählform: Ich-Form, begrenzt
   – Wirkung von Erzählverhalten und Erzählform: Man lernt als Leser nur die Sichtweise der Ich-Erzählerin kennen.
   – Ortsangaben: Berlin, Café am Hindemithplatz, Kino, Krankenhaus
   – Zeitangaben: „als ich vierzehn war“; „seit einem Jahr“; „zwei Jahre später“; „ein Jahr lang“; „kurz nach meinem siebzehnten Geburtstag“

Seite 50

2. Vorschläge: Vater-Tochter-Beziehung; Familiensituation; Abschied und Tod

Dritter Schritt

1. sprachliche Mittel:
   Symbol „Streuselschnecke“ = Liebe und Fürsorge; Schneckenform führt zum Zentrum, langsame Annäherung von Vater und Tochter, Wunsch, gemeinsam zu leben
   Hyperbel „Er starb ein Jahr lang“ = schlimmer Krankheitsverlauf, starke Schmerzen, viel Leiden

2. Redeform: innerer Monolog
   Man kann sich am besten in die Ich-Erzählerin hineinversetzen, da man ihre Gedanken und Gefühle zumindest in Ausschnitten kennenlernt. Den Vater lernt man in ihrer Wahrnehmung ebenfalls etwas kennen; es bleibt aber ein Gefühl von Fremdheit; Mutter und Schwester bleiben fremd. Die Tochter hat keinen Kontakt zur Mutter und nur wenig Kontakt zur kleinen Schwester. Den Vater lernt sie langsam etwas kennen. Es gibt keine wörtliche Rede, was die gestörte bzw. erschwerte Kommunikation der Figuren untereinander widerspiegelt.

3. Satzbau: Es gibt viele kurze Hauptsätze/Satzreihen, z. B. „Wir verabredeten uns. Er trug Jeans, Jacke und Hose. Ich hatte mich geschminkt. Er führte mich ins Café Richter ...“; „Meine kleine Schwester kam nach Berlin, wir gingen gemeinsam zur Beerdigung. Meine Mutter kam nicht.“ → Die Wirkung ist als nüchtern, kalt und distanziert zu beschreiben. Es spiegelt sich die Beziehungslosigkeit der Figuren darin wider.

4. Sprachstil: sachlich, emotionslos, knapp, einfache und alltägliche Sprache, wenige sprachliche Mittel
   Die Ausdrucksweise passt zu der jungen Ich-Erzählerin, die ihr Leben auf sich allein gestellt bewältigen muss.

5. Erzähltempus
   Es wird durchgängig (mit wenigen Ausnahmen) im Präteritum erzählt. Es gibt keine Auffälligkeiten.

Seite 51
Vierter Schritt
1. Vorschlag: Z. 1 – 20: Kennenlernen und die ersten beiden Jahre; Z. 20 – 35: Zeit im Krankenhaus; Z. 35 – 39: Tod und Auflösung der Identität des „Mannes“

2. Merkmale der Textsorte: nur allgemeine Orts- und Zeitangaben: „in Berlin“, „als ich vierzehn war“; unvermittelter Anfang: „Der Anruf kam, als ich vierzehn war.“; reduzierte Figurendarstellung: „der Mann“, „meiner Mutter“, „meine kleine Schwester“; kurzer Ausschnitt aus dem Leben: vierzehntes bis siebzehntes Lebensjahr in Auszügen; offenes Ende: kein Ausblick auf das weitere Leben der Figuren; überraschende Wende: „außerdem hatte sie meinen Vater zu wenig gekannt“ → Identität des Mannes wird erst im letzten Satz preisgegeben

Fünfter Schritt
1. Textintention: Fremdheit vs. Vertrautheit; Problematisierung einer Familienkonstellation; Versuch des Mädchens trotz schwieriger Bedingungen ihr Leben zu meistern; keine Bauchlandung des Mädchens, obwohl diese von der Familiensituation her erwartbar scheint

Sechster Schritt
1. eigene Meinung: individuelle Lösung

Seite 52
Siebter Schritt
1. individuelle Lösung

Achter Schritt
1. individuelle Lösung

B 5 Ein Kompendium erstellen und damit arbeiten

Seite 57
1. Ernährung heute: Heutzutage ist Ernährung ein großes Thema. In Ländern, in denen ausreichend Nahrungsmittel zur Verfügung stehen, beschäftigt man sich häufig damit, was man isst und wie viel. Im Fernsehen gibt es zahllose Kochsendungen, im Internet werden ständig Bilder von Essen gepostet. Stichwort: Foodporn. Diäten sind ein Dauerthema, aber auch vegetarische und vegane Ernährung werden in letzter Zeit viel praktiziert und diskutiert. Weitere stets aktuelle Themenbereiche sind Essstörungen, Lebensmittelskandale sowie Nahrungsmittelallergien und -unverträglichkeiten.
   In Ländern, in denen die Menschen nicht genug zu essen haben, gibt es ganz andere Probleme: Wie kommt man an Nahrungsmittel, wie kann man sie anbauen, verteilen, den Verderb verhindern? Wie ernährt man sich von dem Wenigen, was man hat, ohne Mangelerscheinungen zu entwickeln?
   Hier setzt auch der zweite Teil des Themas an: Zwischen Mangel und Überfluss. Während in vielen Gegenden der Welt Hunger herrscht, werden in anderen Gebieten Nahrungsmittel im großen Stil vernichtet, weggeworfen oder von Konsumenten verschmäht, weil sie nicht einem bestimmten Schönheitsideal entsprechen. Während die einen nicht wissen, wie sie von einem Tag zum anderen satt werden sollen, kämpfen die anderen gegen Übergewicht und Gesundheitsprobleme, die durch zu viel Essen oder falsches Essen ausgelöst werden.

Seite 58
2. – Nachhaltigkeit: Sie hat viele Aspekte und ist in vielen Lebensbereichen gefragt. Nachhaltigkeit ist das Gegenteil von „Raubbau betreiben“. Wer nachhaltig wirtschaftet, denkt an die Auswirkungen seines Tuns. Er nimmt nur so viel, dass das, was übrig bleibt, nachwachsen kann. Das gilt z. B. für Pflanzen und Tiere, die der Mensch nutzt, aber auch für den Ackerbau: Wer den Boden durch zu intensive Nutzung und/oder Düngung zu sehr aus dem Gleichgewicht bringt, hat bald keinen Acker mehr, sondern eine Wüste. Um lange etwas anbauen zu können, muss man den Boden nachhaltig nutzen, ihn so düngen und pflegen, dass er nicht kaputtgeht. Es gibt viele weitere Beispiele für nachhaltiges Handeln.
   – Artenvielfalt: Hier geht es darum, möglichst viele Arten von Pflanzen und Tieren zu erhalten. Artenvielfalt ist wichtig, weil bestimmte Tiere und Pflanzen mit bestimmten Bedingungen besser klarkommen als andere. Auch Krankheiten und Seuchen haben weniger Chancen, wenn es Artenvielfalt gibt. Pflanzt man beispielsweise Monokulturen an (z. B. nur eine einzige Getreidesorte), genügt ein Pilz oder Parasit, um die ganze Ernte zu zerstören. Bei unterschiedlichen Pflanzen werden selten alle krank.
   – Subventionen: Das sind finanzielle Zuschüsse. Meist wird das Geld von staatlichen Stellen ausbezahlt. Auch die EU gewährt sie für bestimmte Zwecke.
   – Warenströme: Das sind die Wege, die Waren (in unserem Fall Nahrungsmittel) zurücklegen, bis sie beim Verbraucher ankommen. Beispiel: Manche Nordseekrabben werden nach Marokko transportiert, dort von Hand gepult (von den Schalen befreit) und dann wieder nach Norddeutschland zurückgeschickt, um dort im Supermarkt verkauft zu werden.
   – ethische Aspekte: Dieser Begriff ist schwer zu erklären. Es geht darum „das Richtige“ zu tun. Dazu gehört, anderen Menschen zu helfen, sie gerecht zu behandeln, ihnen nicht zu schaden, sie zu respektieren. Das kann man auf den Umgang mit Tieren, Natur und natürlichen Ressourcen ausdehnen.
   – Menschenrecht Artikel 25: Die Vereinten Nationen haben eine Liste von Rechten verabschiedet, die für alle Menschen gelten sollen. Im Artikel 25 steht u. a.:
     1. Jeder hat das Recht auf einen Lebensstandard, der seine und seiner Familie Gesundheit und Wohl gewährleistet, einschließlich Nahrung …
   – Ressourcen: Das sind vorhandene Grundlagen und Rohstoffe. Hier geht es um Ressourcen für die Pro-

duktion von Nahrungsmitteln. Dazu gehören Ackerboden, Wasser, Düngemöglichkeiten usw. Aber auch Dinge wie Arbeitskraft, Können und Wissen, die man braucht, um etwas herzustellen oder anzubauen, kann man als Ressource bezeichnen.
- humanitäre Krisen: Von einer humanitären Krise spricht man, wenn die Gesundheit und/oder das Leben vieler Menschen gleichzeitig bedroht sind. Auslöser sind oft Kriege oder Naturkatastrophen.
- Lebensmitteldesign: Farbe, Form, Geschmack, Zusammensetzung ... alles kann verändert werden. Mal werden zusätzliche Vitamine zugesetzt. Mal geht es darum, Lebensmittel besser aussehen zu lassen oder praktischer zu gestalten, damit man sie z. B. ohne Teller und Besteck essen kann.
- ökologischer Anbau: Ökologischer Anbau von Lebensmitteln soll umweltverträglich oder zumindest umweltschonend sein. Dazu gehört, dass man Nutzpflanzen auswählt, die gut mit den örtlichen Gegebenheiten klarkommen, und auf Artenvielfalt achtet. Auf künstliche Dünger, Pflanzenschutzmittel, Antibiotika und andere Medikamente wird verzichtet.
- alternative Ernährungsformen: Dabei isst man nicht einfach alles, was man an Lebensmitteln bekommen kann, sondern wählt genau aus, was man zu sich nimmt. Es gibt viele Arten von alternativen Ernährungsformen. Zu den bekanntesten gehören die vegetarische und die vegane Ernährung.

3. Nachhaltigkeit:
   - Ernährung einer wachsenden Weltbevölkerung
   - Nahrungsmittel und Klimaschutz
   - schonender Umgang mit Ressourcen
   - ...

   Nahrungsmittelindustrie:
   - Einsatz von Medikamenten in der Nahrungsmittelproduktion
   - gentechnisch veränderte Nahrungsmittel
   - Überangebot und Unterversorgung
   - ...

   ethische Aspekte:
   - nachwachsende Rohstoffe und Flächenverbrauch
   - gerechte Preise für Nahrungsmittel
   - Fairtrade
   - ...

   Qualität des Essens:
   - künstliche Zusatzstoffe
   - Qualität und ihre Kosten
   - ...

Beispieltext 1

1. Es geht um Essen/Ernährung. Das verrät vor allem der Begriff „vegan", der meist für eine besondere Art der Ernährung verwendet wird. Offenbar liegen „bio" und „vegan" im Trend. Die kleine Überschrift „Anuga eröffnet" deutet auf eine Veranstaltung zum Thema Essen hin.

2. Es handelt sich um einen Zeitungsartikel.

Seite 60

3. Anlass war die Eröffnung der größten Ernährungsmesse der Welt in Köln (Anuga).

4. vegetarische Ernährung, Bioprodukte, fair gehandelte Produkte, Produkte ohne bestimmte Inhaltsstoffe, Halal-Lebensmittel für Muslime

5. Weltweit geht ein Drittel verloren.

6. ungeeignete Erntemethoden; Störung der Ernte durch Kriege, Stürme und Krisen; schlechte Lagerbedingungen; ungeeignete Verpackung; lange Transportwege; Verderb durch Wettereinflüsse, Schimmel, Fäulnis; hohe Ansprüche der Verbraucher an die Optik der Ware; Vernichtung von Nahrungsmitteln, um Preise zu stabilisieren oder hochzutreiben

7. Es ist ein Problem, weil der Aufwand groß ist, mit dem sie produziert werden, und weil Nahrungsmittelproduktion eine Belastung für die Umwelt ist und außerdem viel Geld kostet. So lange die Nahrungsmittel gegessen werden, ist das vertretbar – wenn sie verderben, dann nicht. Ein weiterer Grund: In vielen Gegenden der Welt herrscht Nahrungsmittelknappheit. Wenn so viel Nahrung verloren geht, wird die Situation noch schlimmer.

8. Er denkt, wenn Ernährung zum Schulfach würde, würde sich die Einstellung zu Nahrungsmitteln ändern und man würde ihren Wert mehr schätzen lernen.

9. individuelle Lösungen

10. 296 Euro

11. Der Inlandsmarkt ist gesättigt. Das bedeutet, die momentan vorhandene Nachfrage nach Nahrungsmitteln ist gestillt.

12. - Messe: hier: große Ausstellung und Informationsveranstaltung. Auf Messen informieren sich Menschen zu bestimmten Fachgebieten. Aussteller stellen ihre Produkte und Dienstleistungen vor.
    - vegan: ohne tierische Bestandteile und ohne Produkte, die von Tieren stammen
    - halal: Halal-Lebensmittel sind für Muslims rituell rein und zur Nahrungsaufnahme zugelassen.
    - glutenfrei: Produkte sind glutenfrei, wenn sie keinen Kleber bzw. kein Klebereiweiß enthalten, die in vielen Getreidesorten vorkommen. Manche Menschen vertragen diese Stoffe nicht und können davon krank werden.
    - boomend: modern, angesagt, viel verlangt
    - vegetarisch: pflanzlich
    - fair gehandelt: Produkte sind fair gehandelt, wenn die Produzenten für ihre Arbeit einen angemessenen Preis bekommen und nicht ausgebeutet werden.
    - Free-from-Waren: Waren ohne bestimmte Zusatzstoffe (wichtig für Allergiker oder Menschen mit Lebensmittelunverträglichkeiten)

- Laktose: ein in Milch enthaltener Zucker, gegen den Allergien und Unverträglichkeiten bestehen können
- Convenience-Food: Fertiggerichte und Teilfertiggerichte, bei denen man noch ein paar Handgriffe verrichten muss, bevor man sie essen kann (umrühren, Wasser hinzugeben, aufwärmen usw.)
- Ready-to-cook: Das sind kochfertig vorbereitete Zutaten (geschält, geschnitten, gewürzt usw.). Manchmal werden allerdings auch Fertiggerichte und Teilfertiggerichte so beschrieben.
- Gourmet-Produkte: Feinschmeckerprodukte; oft besonders hochwertiges, hochpreisiges Essen mit erlesenen Zutaten
- Bundesagrarminister: Bundesminister, der für die Landwirtschaft zuständig ist
- Wertschätzung: könnte man als Kombination aus Anerkennung, Respekt und einer positiven Bewertung bezeichnen
- Markt gesättigt: Produkte werden angeboten und Produkte werden von Verbrauchern gewünscht, d. h. nachgefragt. Wenn die Nachfrage befriedigt ist, ist der Markt gesättigt. In dem Fall können die Produzenten keine weiteren Produkte verkaufen, weil niemand sie haben will.
- Umsatz: Hier sind die Einnahmen der Ernährungsindustrie gemeint.

13. Der Artikel passt an verschiedene Stellen: Eine gute Möglichkeit wäre unter „Qualität des Essens“ und dort wiederum unter „alternative Ernährungsformen“. Auch unter „Nahrungsmittelindustrie“ und an anderen Stellen könnte man ihn einordnen.

14. Mögliche Lösung:
Inhalt / wichtige Gedanken:
- Zu den wichtigsten Trends gehören: Lebensmittel, die vegan, halal oder glutenfrei sind.
- Boomende Lebensmittel sind vegan.
- Stark nachgefragt werden außerdem vegetarische Lebensmittel, Bioprodukte, fair gehandelte Produkte, ebenso: Free-from-Waren.
- Verbraucher stehen unter wachsendem Zeitdruck.
- Verbraucher kochen weniger und essen öfter auswärts.
- Nur zwei Drittel der Nahrungsmittel, die auf den Feldern wachsen, schaffen es bis auf den Teller.
- Vorschlag: An den Schulen soll Ernährung auf dem Stundenplan stehen oder sogar Schulfach werden.
- Momentan gibt es Umsatzeinbußen in der Ernährungsindustrie.

Hauptaussage:
Topthemen bei Lebensmitteln sind derzeit Bioprodukte und vegane Ernährung.

Bemerkungen/Zusatzinformationen:
- Zeitungsartikel anlässlich der weltgrößten Ernährungsmesse in Köln, Anuga
- Aussteller aus 108 Ländern

Nachgeschlagene Begriffe:
siehe oben, Antwort 12

Seite 62
Beispieltext 2
1. individuelle Lösungen

2. Zeitungsartikel – erschienen in der Onlineausgabe des Kölner Stadt-Anzeigers

Seite 63
3. – Es ist hip.
   – haben sich mit Thema Ernährung auseinandergesetzt
   – essen bewusster
   – noch nicht so eingefahren in ihren Gewohnheiten
   – offen für Tierschutzthemen
   – Promis als Vorbild

4. Sie fürchten, dass ihre Kinder nicht genügend Nährstoffe bekommen und es zu Mangelernährung kommt.

5. Man muss ausreichend Gemüse, Obst, Milchprodukte und Getreide zu sich nehmen, hochwertige pflanzliche Öle und Fette konsumieren und für Eiweiß auf Hülsenfrüchte und Nüsse zurückgreifen.

6. Als Beispiel für Promis, die sich vegetarisch ernähren, werden die Tokio-Hotel-Brüder genannt. Sie waren im Jahr 2012 gefeierte Stars. Inzwischen hört man nur noch wenig von ihnen. Außerdem ist das Thema „vegane Ernährung“ im Moment noch aktueller als das Thema „vegetarische Ernährung“ und wird in den Medien öfter aufgegriffen.

7. Sebastian Zösch. Er war in der Zeit, als der Artikel erschien, Vorsitzender des Vegetarierbundes Deutschland.

8. Jugendliche, die sich vegetarisch ernähren, treiben mehr Sport und rauchen weniger.

9. Sie sollen die Jugendlichen ernst nehmen, darauf achten, dass sie sich vegetarisch gut ernähren, und ihre Kinder nicht mit kleinen Tricks dazu bringen wollen, trotzdem Wurst und Fleisch zu essen.

10. individuelle Lösungen

11. – Hülsenfrüchte: Die bekanntesten Hülsenfrüchte sind Erbsen, Bohnen und Linsen.
    – ungesättigte Fettsäuren: Fette sind aus Fettsäuren aufgebaut. Ungesättigte Fettsäuren kommen in vielen Pflanzen, aber auch in Fisch vor, sind gesünder als gesättigte und wichtig für den Körper.
    – kompensieren: ausgleichen, ersetzen

12. Er passt zu mehreren, z. B.: „Essen als Ausdruck von Lebensgefühl“, „alternative Ernährungsformen“, „Produkt Tier“.

13. Mögliche Lösung:
Datum: Tag der Bearbeitung
Titel: Gemüse statt Fleisch. Jugendliche Vegetarier leben gesünder

Autor: dpa/tmn (Deutsche Presseagentur Themendienst)
Quellenangabe: dpa/tmn: Gemüse statt Fleisch. Jugendliche Vegetarier leben gesünder. 18.10.2012, http://www.ksta.de/ratgeber/gemuese-statt-fleisch-jugendliche-vegetarier-leben-gesuender,15189524,19927892.html; Stand: 01.12.2015
Textsorte: Zeitungsartikel, erschienen in der Onlineausgabe des Kölner Stadt-Anzeigers

Inhalt / wichtige Gedanken:
- Eltern sind schockiert, wenn Kinder Vegetarier werden wollen.
- Jugendliche Vegetarier leben meist gesünder als ihre Altersgenossen.
- Es ist schlimmer, wenn man nur Fleisch und Fastfood isst.
- Vegetarier bekommen nicht zwangsläufig Mangelerscheinungen.
- Zusatzprodukte sind nicht nötig.
- Man muss ausreichend Obst, Gemüse, Milchprodukte, Getreide, pflanzliche Öle und Fette und Hülsenfrüchte essen.
- 8 % der Bevölkerung leben vegetarisch, bei Jugendlichen sind es 12 %.
- Jugendliche sind offener für Tierschutzthemen.
- Eltern sollen sensibel reagieren.
- Auch in scheinbar vegetarischen Gerichten können tierische Produkte stecken.

Hauptaussage:
- Jugendliche Vegetarier leben gesund.

Bemerkungen/Zusatzinformationen:
- Onlineartikel
- Weltvegetariertag am 1. Oktober

Nachgeschlagene Begriffe:
- siehe oben, Antwort 11

Seite 64

1. individuelle Lösungen

2. keine echte Grafik, keine gängige Art von Diagramm, erinnert aber an ein Tortendiagramm, Foto als Grundlage

3. 116,8 Kilo (320 g x 365 Tage)

4. Im Netz findet man unterschiedliche Zahlen. Sie liegen zwischen 80 und 100 kg pro Jahr.

Seite 65

5. Bei einem Balken- oder Tortendiagramm würde man nicht auf Anhieb sehen, dass es sich tatsächlich um Lebensmittel handelt, aus denen man eine richtige Mahlzeit herstellen könnte. Durch das Foto wird das viel deutlicher. Auf ein gewöhnliches Diagramm würde man gleichgültiger und gelassener reagieren. Der WWF möchte durch das Foto aufrütteln und schockieren. Außerdem soll bewusst werden, dass es sich bei dem weggeworfenen Essen tatsächlich um Bestandteile von Mahlzeiten handelt und nicht um wertlosen Müll.

6. Wichtiger Lebensraum für Tiere geht u. a. durch landwirtschaftliche Produktionsflächen – neue Äcker – und Nutztierhaltung verloren. Wenn man die landwirtschaftlichen Produkte aufessen und nicht wegwerfen würde, bräuchte man weniger Äcker und Weiden und den wilden Tieren bliebe mehr Platz.
Außerdem werden Tiere für die Produktion von Lebensmitteln getötet oder genutzt. Würden alle Lebensmittel aufgegessen, müsste man weniger Tiere schlachten und insgesamt weniger Nutztiere halten.
Die Produktion von Lebensmitteln belastet auf vielfältige Weise die Umwelt (Chemikalien, Dünger, Antibiotika, die in Böden und ins Wasser dringen, und vieles mehr). Würde man die Lebensmittel essen und nicht wegwerfen, müsste man weniger produzieren und würde auch die Umwelt weniger belasten.
(Es lassen sich noch weitere Gründe finden.)

7. Haltbarkeitsdatum abgelaufen, sehen nicht gut aus, schmecken nicht, Fehlkäufe, mangelnder Respekt vor Lebensmitteln usw.

8. – WWF = World Wide Fund for Nature, eine Stiftung für Umwelt-, Tier- und Naturschutz
   – Onlinepetition: Eine Petition ist eine Bitte, eine Beschwerde oder eine Aufforderung. Sie wird von Bürgern an ein Amt, an ein politisches Gremium oder an eine Behörde gerichtet. In vielen Fällen ist das auch online möglich.

9. Sie passt z. B. gut zu den ethischen Aspekten: „Verantwortung für die Schöpfung“, „verantwortungsvoller Umgang mit Ressourcen“. Unter „Nahrungsmittelindustrie“ würde sie zu „Wegwerfgesellschaft“ passen. Weitere Lösungen sind denkbar.

10. individuelle Lösungen

11. Mögliche Lösung:
    Datum: Tag der Bearbeitung
    Titel: Pro Tag wirft jeder Schweizer durchschnittlich eine ganze Mahlzeit* in den Abfall.
    Autor: WWF Schweiz
    Quellenangabe: WWF Schweiz: Unterschreiben Sie die Petition gegen Food Waste. Aus: Der Schweizer Lebensmittel-Skandal. 15.10.2014, http://www.storyfilter.com/sie-begreifen-erst-wie-viel-sie-verschwenden-wenn-es-jemand-vor-ihren-augen-tut/7731/; Stand: 01.12.2015
    Textsorte: Grafik mit Foto

    Inhalt / wichtige Gedanken:
    - Weggeworfene Nahrungsmittel sind wie eine Mahlzeit angerichtet.
    - Prozentzahlen für die unterschiedlichen Bestandteile der weggeworfenen Mahlzeiten sind angegeben.
    - Was jetzt im Müll liegt, war eigentlich zum Essen bestimmt.
    - Weggeworfenes Essen entspricht durchschnittlich einer Mahlzeit am Tag.

Hauptaussage:
- Anstatt sie aufzuessen, werden wertvolle Lebensmittel weggeworfen.

Bemerkungen/Zusatzinformationen:
- Darstellung soll aufrütteln und schockieren.
- Darstellung appelliert an den Respekt vor Lebensmitteln.
- Darstellung macht klar, dass Lebensmittel nicht beliebiger Müll sind.
- Grafik war Aufruf zu einer Onlinepetition gegen Lebensmittelverschwendung.

Nachgeschlagene Begriffe:
- siehe oben, Antwort 8

B 6 Angeleitete Prüfungsaufgabe „Texte lesen, auswerten und schreiben"

Seite 66

1. Viele Jugendliche interessieren sich sehr für das Thema Ernährung, denn für die meisten bedeutet essen mehr, als nur satt zu werden.
   Ein Dauerthema sind die Gerichte in der Schulmensa. Satt würde man sicher von jeder Speise im Tagesangebot. Aber das Aussehen und der Geschmack der Mahlzeiten werden unter den Schülerinnen und Schülern heiß diskutiert. Häufig wird auch darüber gestritten, ob es vegetarische oder vegane Gerichte geben soll und wie viel Fleisch und Wurst auf den Tisch kommt. Jugendliche mit Allergien und Unverträglichkeiten fragen darüber hinaus nach den Inhaltsstoffen des Essens.
   Selbst junge Leute, die zunächst behaupten würden, das Thema Ernährung würde sie langweilen, posten mit Begeisterung Bilder von ihrem Essen auf diversen Internetseiten.
   Auch dass sich etwa 12 % aller Jugendlichen vegetarisch ernähren (vgl. dpa/tmn: Gemüse statt Fleisch. Jugendliche Vegetarier leben gesünder. 18.10.2012, http://www.ksta.de/ratgeber/gemuese-statt-fleisch-jugendliche-vegetarier-leben-gesuender 15189524, 19927892.html; Stand: 01.12.2015) zeigt, wie viele Gedanken sie sich übers Essen machen.

Seite 67

2. Man postet unzählige Fotos von Essen im Internet und die Gerichte in der Schulmensa sind ein Dauerthema. Satt würde man sicher von jeder Speise im Tagesangebot. Aber das Aussehen und der Geschmack der Mahlzeiten werden unter den Schülerinnen und Schülern heiß diskutiert. Häufig wird auch darüber gestritten, ob es vegetarische oder vegane Gerichte geben soll und wie viel Fleisch und Wurst auf den Tisch kommt. Jugendliche mit Allergien und Unverträglichkeiten fragen darüber hinaus nach den Inhaltsstoffen des Essens.
   Auch dass sich etwa 12 % aller Jugendlichen vegetarisch ernähren (vgl. dpa/tmn: Gemüse statt Fleisch. Jugendliche Vegetarier leben gesünder. 18.10.2012, http://www.ksta.de/ratgeber/gemuese-statt-fleisch-jugendliche-vegetarier-leben-gesuender,15189524, 19927892.html; Stand: 01.12.2015) zeigt, dass es ihnen nicht egal ist, was sie essen.
   Im Gegenteil: Jugendliche interessieren sich für das Thema Ernährung, denn für die meisten bedeutet essen mehr, als nur satt zu werden.

3. Mögliche Lösung:
   Jugendliche, die beschließen, sich vegetarisch zu ernähren, haben es nicht leicht. Denn häufig stoßen sie damit auf wenig Begeisterung bei ihren Eltern. „Will der Sohn oder die Tochter plötzlich kein Fleisch mehr essen, sind viele Eltern erstmal schockiert", heißt es in einem Artikel der Onlineausgabe des Kölner Stadt-Anzeigers (dpa/tmn: Gemüse statt Fleisch. Jugendliche Vegetarier leben gesünder. 18.10.2012, http://www.ksta.de/ratgeber/gemuese-statt-fleisch-jugendliche-vegetarier-leben-gesuender,15189524,19927892.html; Stand: 01.12.2015).
   In einer Zeit, in der viele Teenager am liebsten nur Hamburger, Würstchen und Schnitzel essen finden manche Eltern das veränderte Essverhalten ihrer Kinder schlichtweg seltsam. Das gilt besonders für Mütter und Väter, die selbst sehr gerne Fleisch und Wurst essen.
   Andere Eltern sind vor allem besorgt und befürchten, ihr Kind könnte Mangelerscheinungen bekommen. Sie glauben dann, mit Vitamintabletten und Sojaprodukten gegensteuern zu müssen.
   Wieder andere Eltern nehmen den Wunsch ihrer Kinder nach wirklich fleischlosem Essen nicht ernst. Sie versuchen, ihrem Sohn oder ihrer Tochter hier und da ein Stück Fleisch oder Wurst unterzumogeln und lesen auch Packungsbeilagen nicht genau. Aber „Gelatine wird zum Teil auch in Fruchtjoghurts verwendet." (dpa/tmn: Gemüse statt Fleisch. Jugendliche Vegetarier leben gesünder. 18.10.2012, http://www.ksta.de/ratgeber/gemuese-statt-fleisch-jugendliche-vegetarier-leben-gesuender,15189524,19927892.html; Stand: 01.12.2015) Und so essen die Jugendlichen, ohne es zu wollen, doch wieder Produkte, die von geschlachteten Tieren stammen.

Seite 68

4. Mögliche Lösung:
   Vielen Menschen ist nicht klar wie wertvoll Essen ist, denn zu viele Lebensmittel landen im Müll.
   Aus einer Grafik des WWF Schweiz geht hervor, dass jeder Schweizer pro Tag durchschnittlich so viele Nahrungsmittel wegwirft, dass man daraus eine ganze Mahlzeit herstellen könnte. In Deutschland sieht es kaum anders aus.
   Schockierend sind auch die Prozentzahlen in der Grafik. 16 % des weggeworfenen Essens sind tierische Produkte, Salat und Gemüse machen fast ein Viertel aus (vgl. WWF Schweiz: Unterschreiben Sie die Petition gegen Food Waste. Aus: Der Schweizer Lebensmittel-Skandal. 15.10.2014, http://www.storyfilter.com/sie-begreifen-erst-wie-viel-sie-verschwender-wenn-es-jemand-vor-ihren-augen-tut/7731/; Stand: 01.12.2015).
   Auch der Bundesagrarminister beklagte bei der Eröffnung der Ernährungsmesse Anuga in Köln, „[...] dass weltweit ein Drittel der Lebensmittel zwischen Feld und Teller verlorengehen." (Yuriko Wahl-Immel: Anu-

ga gestartet. Bio und vegan sind die Topthemen. Aus: Ludwigsburger Kreiszeitung, Nr. 235, 12.10.2015) Viele Gründe für diesen hohen Ausfall sind menschengemacht: Riesige Mengen von frischen, unverdorbenen Lebensmitteln werden direkt nach der Ernte vernichtet, weil sie den Schönheitsansprüchen der Kundschaft nicht genügen oder weil die Preise künstlich hoch gehalten werden sollen. Mangelnde Sorgfalt während des Transports und bei der Lagerung beim Endkunden zu Hause lässt den Müllberg aus Essbarem weiter wachsen. Wie wertvoll Essen eigentlich ist, haben viele Produzenten, Verarbeiter und Konsumenten offenbar noch nicht verstanden.

Seite 70

1. Wenn Schmidt von „Bildungseinrichtungen" spricht, meint er wohl vor allem Schulen. (Yuriko Wahl-Immel: Anuga gestartet. Bio und vegan sind die Topthemen. Aus: Ludwigsburger Kreiszeitung, Nr. 235, 12.10.2015)

2. Er meint, Ernährung gehöre in den Stundenplan. (vgl. Yuriko Wahl-Immel: Anuga gestartet. Bio und vegan sind die Topthemen. Aus: Ludwigsburger Kreiszeitung, Nr. 235, 12.10.2015)

3. Außerdem heißt es: „Um weiterhin ausgewogen zu essen, sind keine besonderen Zusatzprodukte nötig." (dpa/tmn: 18.10.2012)

Seite 71

Erster Schritt

1. a) An Ihrer <u>Schule</u> wird derzeit <u>heftig</u> über das <u>Mensaessen diskutiert</u>. Sie gehören zu einer <u>Schülergruppe</u>, die sich für <u>mindestens einen Veggie-Day* pro Woche einsetzt</u>. Schreiben Sie einen entsprechenden <u>Artikel</u> für die <u>Schulzeitung</u>, die von <u>Schülern, Lehrkräften und Eltern gelesen wird</u>.
   * Tag mit vegetarischem Essen

   Schreiben Sie diesen <u>Artikel</u>!

   b) Du musst einen Artikel für eine Schulzeitung schreiben. Sie wird aber nicht nur von Schülern, sondern auch von Eltern und Lehrkräften gelesen. Du sollst für einen Veggie-Day argumentieren.
   c) Du schreibst aus der Schülerperspektive. Wenn du willst, kannst du in Ich-Form schreiben. Das ist nicht falsch, obwohl bei sachlichen Argumentationen die Ich-Form oft vermieden wird.
   d) Die Zielgruppe sind Schüler, Eltern und Lehrkräfte. Du kannst deine Leser also nicht mit „Du" ansprechen. Dein Stil muss nicht übermäßig förmlich sein, aber mit Jugendsprache solltest du dich zurückhalten.
   e) Du gehörst zu einer Schülergruppe, die gerne einen Veggie-Day in der Mensa hätte, argumentierst also dafür. Sicher ist es gut, wenn du in der Einleitung des Artikels erst einmal erklärst, dass im Augenblick eine Diskussion über vegetarisches Essen in der Mensa stattfindet, und beschreibst, welche Rolle du (bzw. deine Schülergruppe) dabei spielst.
   Für einen passenden, ansprechenden Schluss kannst du deine Fantasie etwas spielen lassen (siehe Tipps bei den Aufgaben).

Seite 72

Zweiter Schritt

1. Wer? Schüler, die für den Veggie-Day eintreten; eventuell Gruppe, die einen Namen hat
   Was? ein Veggie-Day pro Woche in der Schulmensa
   Wo? Schulmensa, deine Schule
   Wann? Das Thema kam in letzter Zeit auf; Anlass: Vegetarier wünschen sich gutes, auf sie abgestimmtes Essen.

2. Ideen für den Hauptteil sammeln:
   Behauptung 1: Vegetarier = Minderheit
   Argument 1: Stimmt nicht wirklich
   - 12 % der Jugendlichen (Rechenbeispiel für Schülerzahl der Schule)
   - Trend = wachsende Zahl
   - Zahl noch größer: Vegetarisches Essen ist oft halal und für Muslime unbedenklich.

   Behauptung 2: Vegetarisches Essen = uncool
   Argument 2: Warum muss Essen cool sein?
   - wachsender Trend auf Ernährungsmesse
   - viele Promis sind Vegetarier

   Behauptung 3: Veggie-Day = Mensa leer
   Argument 3: Sicher nicht, denn
   - das Essen schmeckt.
   - vegetarisch zu essen, ist etwas ganz Normales, das war schon immer so (auch zu Zeiten der Großeltern).

   Behauptung 4: Vegetarier = Ökospinner
   Argument 4: Ökobilanz von vegetarischer Ernährung ist tatsächlich besser, denn
   - der Wasserbedarf ist geringer.
   - der CO_2-Ausstoß ist geringer.
   - der Tierschutzgedanke wird ernst genommen.

   Behauptung 5: Vegetarische Ernährung = Mangelerscheinungen
   Argument 5: Ist nur ein Gerücht, denn
   - mit ausreichend Gemüse, Obst, Milchprodukten lebt man gesund.
   - Eiweiß und ungesättigte Fettsäuren kommen auch in pflanzlicher Kost vor.
   - jugendliche Vegetarier treiben mehr Sport und rauchen weniger. Das ist ein zusätzliches Plus für die Gesundheit.

Seite 73

3. individuelle Lösung

Vierter Schritt

1. Mögliche Lösung: Artikel für eine Schulzeitung: Ein Veggie-Day pro Woche wird befürwortet

   (<u>Unterstrichene Textstellen</u> = An diesen Stellen wurde das Rahmenthema „Ernährung heute – Zwischen Mangel und Überfluss" aufgegriffen und in den Text eingearbeitet. Vergleiche die Stellen mit den Unterpunkten der Mindmap, die das Kultusministerium zum Rahmenthema veröffentlicht hat.)

Her mit dem Gemüse! Keine Angst vor dem Veggie-Day!

Selten wurde an unserer Schule so heiß diskutiert wie in diesen Wochen übers Mensaessen. Die gute Nachricht: Es schmeckt! Jeden Tag sind alle Plätze in der Mensa besetzt und am Ende der Mittagspause alle Teller leer. Leider werden die Vegetarier unter uns allzu oft mit Grießbrei oder Käsespätzle abgespeist. Deshalb haben wir, die Veggie-Kids-Gruppe, vorgeschlagen, dass es in der Mensa einen Veggie-Day pro Woche mit richtig tollem vegetarischen Essen geben soll. Damit haben wir eine heftige Debatte ausgelöst. Hier kommen einige Einwände, die wir uns immer wieder anhören müssen, und unsere Antworten darauf. Es geht los:

„Vegetarier sind bloß eine kleine Minderheit!"

Eine Minderheit sind wir wirklich, aber klein? „Bei Jugendlichen geht man von mindestens zwölf Prozent [Vegetariern] aus" (1), stand schon im Jahr 2012 in einem Onlineartikel des Kölner Stadt-Anzeigers. Und inzwischen ist unsere Zahl noch größer geworden. Bei rund 500 Schülern, die unsere Schule besuchen, haben wir es also rein rechnerisch mit mindestens 60 Vegetariern zu tun. Und viele unserer muslimischen Mitschüler, die gern halal essen wollen, freuen sich sicher auch über einen Veggie-Day. Sie sind vielleicht keine Vegetarier, müssen sich aber am Veggie-Day keine Gedanken um Fleischbeigaben machen, die nicht ihren Sitten und Anforderungen entsprechen.

„Vegetarisches Essen ist uncool."

Darüber, was cool ist, kann man streiten. Und muss Essen überhaupt cool sein? Egal, wie die Antwort lautet: Auf der weltgrößten Ernährungsmesse Anuga in Köln wurde dieses Jahr sogar veganes Essen, die Ernährung ganz ohne tierische Produkte, zum Trend erklärt. (2)

Und wem die Meinung der Lebensmittelhersteller nicht reicht, der findet im Internet mühelos heraus, welche wirklich coolen Promis vegetarisch oder vegan leben. Ganz schön „hip", diese Pflanzenkost, sagen wir dazu nur. (3)

„Am Veggie-Day wird die Mensa leer bleiben!"

Irrtum! Wir Veggie-Kids werden alle da sein. Und viele Fleischesser werden das fleischlose Menü ebenfalls mit Appetit aufessen.

Zur Zeit unserer Großeltern war es völlig normal, dass nur einmal pro Woche Fleisch auf den Tisch kam. Meistens passierte das sonntags, denn Fleisch war für viele Familien ein teurer Luxus. Kein Mensch wäre damals auf die Idee gekommen, dass nur das Sonntagsessen schmackhaft und genießbar ist.

„Vegetarier sind Öko-Spinner!"

Damit haben wir kein Problem. Jeder hat schon mal gehört oder gelesen, dass für die Produktion von einem Kilo Rindfleisch zwischen 5000 und 20.000 Liter Wasser benötigt werden, während für die Produktion von Obst, Getreide und Gemüse nur ein Bruchteil davon verbraucht wird. (4) Selbst wenn es oft nicht so aussieht: Wasser ist weltweit knapp und wir müssen damit haushalten.

Auch der CO_2-Ausstoß für die Nutztierzucht ist deutlich höher als der für den Anbau von essbaren Pflanzen.

Und: „[...] Jugendliche sind generell offener für Tierschutzthemen" (5), steht in dem bereits zitierten Onlineartikel des Kölner Stadt-Anzeigers. Dem schließen wir uns an. Vielen von uns Veggie-Kids ist Tierschutz wichtig. Wenn dank eines Veggie-Days in der Mensa jedes Jahr einige Schweine, Rinder und Hühner weniger zum Schlachthof gefahren werden, wenn die Umwelt weniger belastet wird, freut uns das sehr.

„Von vegetarischem Essen kriegt man Mangelerscheinungen!"

Diese Auffassung hält sich hartnäckig und ist ein Hauptgrund, weshalb viele Eltern dem Veggie-Day kritisch gegenüberstehen. Doch hier können wir beruhigen. Selbst wenn der Veggie-Day einige unserer Mitschüler auf die Idee bringen sollte, ebenfalls Vegetarier zu werden, besteht keine Gefahr. Nur „ausreichend Gemüse, Obst, Milchprodukte und Getreide [soll man] zu sich nehmen" (6) und ungesättigte Fettsäuren sind genauso wie Eiweiß in vielen pflanzlichen Produkten enthalten.

Vielleicht sind vegetarisch lebende Jugendliche sogar gesünder als Fleischesser, denn offenbar treiben sie mehr Sport und rauchen weniger. (7)

Die Liste von Einwänden und Erwiderungen könnte man noch endlos weiterführen. Wir hoffen, dass wir mit unseren Antworten ein paar Denkanstöße liefern können, und freuen uns schon auf den Diskussionsabend in der Schulaula. Es wäre schön, wenn möglichst viele Leute kommen. An unserem Veggie-Kids-Probierstand gibt es an diesem Abend Veggie-Lasagne, Nachos und selbst gemachtes Erdbeereis!

(1) dpa/tmn: Gemüse statt Fleisch. Jugendliche Vegetarier leben gesünder. 18.10.2012, http://www.ksta.de/ratgeber/gemuese-statt-fleisch-jugendliche-vegetarier-leben-gesuender,15189524,19927892.html; Stand: 01.12.2015
(2) vgl. Yuriko Wahl-Immel: Anuga gestartet. Bio und vegan sind die Topthemen. Aus: Ludwigsburger Kreiszeitung, Nr. 235, 12.10.2015
(3) vgl. dpa/tmn: 18.10.2012
(4) vgl. WasserStiftung: Wasserfakten, http://www.wasserstiftung.de/wasserfakten.html; Stand: 23.10.2015
(5) dpa/tmn: 18.10.2012
(6) dpa/tmn: 18.10.2012
(7) vgl. dpa/tmn: 18.10.2012

B 7 Produktiv mit einer Ganzschrift umgehen: „Der Hauptmann von Köpenick“ (Carl Zuckmayer)

Seite 78

1. Lösungsvorschlag: Vorgeschichte: Wilhelm Voigt wurde als 18-Jähriger wegen Betrugs zu 15 Jahren Haft verurteilt, lebte dann ca. 13 Jahre im Ausland, arbeitete bei einem Schuhfabrikanten, kehrte aus Heimweh zurück.
   Erster Akt: Voigt erhält ohne Arbeit keinen Pass und ohne Pass keine Arbeit, mit einem anderen Obdachlosen überfällt er das Polizeirevier in Potsdam, um an Passunterlagen zu kommen, er wird verhaftet und kommt erneut ins Gefängnis.
   Zweiter Akt: Voigt wird mit einem Empfehlungsschreiben des Gefängnisdirektors aus der Haft entlassen. Er wird von seiner Schwester und seinem Schwager freundlich in deren Wohnung aufgenommen. Er kümmert sich liebevoll um die schwerkranke Untermieterin bis zu deren Tod. Sein Antrag auf Aufenthaltsgenehmigung wird erneut abgelehnt, er kann deshalb nicht länger bei seiner Schwester wohnen.
   Dritter Akt: Voigt kauft im Kleiderladen eine gebrauchte Hauptmannsuniform samt entsprechendem Zubehör. Er zieht sich auf einer Bahnhofstoilette um und macht sich auf den Weg zum Rathaus in Köpenick. Dort lässt er den Bürgermeister verhaften und nimmt die Gemeindekasse an sich. Nach einigen Tagen ziellosen Umherirrens stellt sich Wilhelm Voigt der Polizei. Während des Verhörs wird er aufgefordert, die Uniform noch einmal anzuziehen. Er sieht sich zum ersten Mal selbst im Spiegel und kann nur noch lachen.

Seite 79

2. – Wilhelm Voigt
     schmächtige Gestalt, mager, etwas gebückt, leichte O-Beine, hohles Gesicht mit starken Backenknochen, grauer Schnurrbart und fahle Hautfarbe; am Ende des Dramas 57 Jahre alt; von Beruf Schuster; spricht Berliner Dialekt; lernt während seines Gefängnisaufenthaltes viel über das Militärwesen; mitfühlend gegenüber dem kranken Mädchen; seiner Schwester sehr dankbar für deren Unterstützung; schämt sich vor ihr für seine früheren Taten; Justizopfer (sehr harte Strafe für erstes, eher geringes Vergehen); heimatverbunden
   – Marie und Friedrich Hoprecht
     nehmen Wilhelm ohne Zögern auf und versorgen ihn; menschlich, da sie ihre lungenkranke Untermieterin pflegen; Friedrich ist gutmütig und dem Staat treu
   – Hauptmann von Schlettow
     legt sehr viel Wert auf seine äußere Erscheinung, darin fast pedantisch; fühlt sich ohne Uniform unsicher, vor allem Frauen gegenüber; tadelloses Ansehen des Militärs ist ihm äußerst wichtig; quittiert aus verletztem Stolz heraus wegen einer Kleinigkeit seinen Dienst
   – Bürgermeister Obermüller
     etwas korpulent, mit Zwicker und blondem Schnurrbart; verheiratet, Vater zweier Kinder; führt sein Amt prinzipientreu; lässt sich von Voigts Auftritt in Uniform blenden und gehorcht, obwohl er sich keiner (größeren) Schuld bewusst ist

Seite 80

3. Test zur Textkenntnis
   richtig: a), c), d), f), h), k), m), p)
   falsch: b) [Er erhält keinen Pass, weil er keine Arbeit hat.], e) [Er möchte eine Aufenthaltsbewilligung bzw. einen Pass beantragen.], g) [Er meldet sich nicht bei ihr.], i) [Sie haben eine kranke Untermieterin, um die sie sich kümmern.], j) [Er möchte kein „Hintenrum“ und ist überzeugt: „Das geht seinen Gang.“], l) [Er erhält keine Aufenthaltsbewilligung.], n) [Er plant eine Aktion als Hauptmann, um zu einem Pass zu kommen.], o) [Er möchte einen Pass.], q) [Er stellt sich der Polizei.]

Seite 82

Erster Schritt

1. Zitat: reicht von „De innere Stimme“ bis „Ick wer noch was machen mit.“; Arbeitsauftrag: restlicher Text; Schlüsselwörter: innere Stimme, dein Leben, Gefängnis, rumgetrampelt, Ausweisung, Aufenthaltserlaubnis

2. a) Seite 101 und Seite 102
   b) Er ist emotional ziemlich aufgewühlt, weil er wieder keine Aufenthaltsgenehmigung erhalten hat und deshalb nicht bei seiner Schwester wohnen bleiben kann.
   c) Er sieht sich am Ende seines Lebens vor Gott stehen, der ihn fragt, was er mit seinem Leben angefangen habe.
   d) Er will noch was anfangen mit/in seinem Leben.
   e) Er warnt ihn, dass er die Welt nicht ändern könne und sich deshalb besser unterordnen solle.

Zweiter Schritt

1. vor (V): b), d), e), f), g)
   nach (N): a), c)

Seite 83

Dritter Schritt

1. individuelle Lösung

Seite 84

Vierter Schritt

1. Textmerkmale innerer Monolog:
   Ich-Form; Gedanken können springen, abbrechen, wiederholt werden; Ausgangssituation – Auseinandersetzung – Ergebnis; ähnelt einem Selbstgespräch; sehr persönlich; gibt die Gedanken und Gefühle einer Person wieder; Fragen an sich selbst; kann unvollständige Sätze enthalten; Sprache ähnelt der gesprochenen Sprache; kann Flüche, Freudenrufe oder Ähnliches enthalten

2. individuelle Lösung

Seite 85

Fünfter Schritt

1. individuelle Lösung

2. individuelle Lösung

B 8 Angeleitete Prüfungsaufgabe „Produktiver Umgang mit Texten"

Seite 87
Erster Schritt
1. Zitat: reicht von „Ick hab mir's lange überlegt" bis „Das is scheen von dir."
   Arbeitsauftrag: restlicher Text; Schlüsselbegriffe: lange überlegt, wäre alles anders jekommen, hab mir nich jetraut, Freiheitssstrafe, erinnert sich, Brief

Seite 88
Zweiter Schritt
1. – Seite 65
   – Sie nimmt ihn, ohne zu zögern, bei sich auf; beklagt sich höchstens, dass er sich so lange nicht gemeldet hatte; versorgt ihn liebevoll.
   – Wilhelm traut sich lange nicht, seine Schwester zu besuchen. Er schämt sich, ist äußerst dankbar für die Unterkunft und Verpflegung, kümmert sich liebevoll um das kranke Mädchen.
   – Er erinnert sich daran, nachdem er erneut in Haft sitzt.

Dritter Schritt
1. – individuelle Lösung
   – zentraler Begriff: Rechtfertigung seiner Tat
   – individuelle Lösung
   – individuelle Lösung

Seite 89
Vierter Schritt
1. – Merkmale Brief: siehe Seite 97 + 119 (Arbeitsheft)
   – individuelle Lösung

Fünfter Schritt
1. individuelle Lösung

Seite 91
weitere produktive Schreibaufgabe mit individueller Lösung

B 9 Produktiv mit einer Ganzschrift umgehen: „Wir tanzen nicht nach Führers Pfeife" (Elisabeth Zöller)

Seite 93
1. Test zur Textkenntnis
   richtig: a), b), d), i), j), l), m), n), p)
   falsch: c), e), f), g), h), k), o)

Seite 94
2. l), t), h), b), e), j), k), a), p), g), i), w), r), u), c), d), f), n), m), s), v), q), o)

Seite 95
3. Paul
   – Nachname: Stern
   – ist zu Anfang der Handlung 17 Jahre alt
   – stammt aus Eikamp bei Bergisch Gladbach
   – ist Halbjude
   – Vater in Osten deportiert, war jüdischer Brennstoffhändler
   – Mutter bereits gestorben
   – mag Pferde und kennt sich mit ihnen aus
   – hat Waffe bei sich (Luger Militärpistole)
   – hat einen Geldvorrat
   – dunkelhaarig, gut aussehend
   – schmal
   – verliebt sich in Franzi
   – hat eine Liebesbeziehung mit Franzi
   – taucht in Köln unter
   – wird von den Edelweißpiraten versteckt
   – arbeitet später in einer Gärtnerei
   – nimmt Peter Königs Identität an
   – rettet Bastians Familie
   – soll als Spitzel die Edelweißpiraten aushorchen
   – erschießt Ziegen
   – verschwindet spurlos

   Bastian
   – heißt Sebastian Frei
   – liebt seine Familie
   – wohnt in der Landmannstraße in Köln
   – erzählt seiner kleinen Schwester Elli Geschichten
   – ist in Franzi verliebt
   – Vater als Gewerkschaftler in „Schutzhaft" genommen, stirbt beim Minenräumen
   – misstraut anfangs Paul und ist eifersüchtig auf ihn
   – ist Edelweißpirat
   – macht eine Lehre bei Ford
   – mag seine Arbeit dort
   – lässt sich nicht verbiegen
   – bekommt viele Strafen
   – wird immer wieder inhaftiert, befragt und gefoltert
   – entkommt mithilfe von Paul und anderen Freunden kurz vor seiner Hinrichtung und kann fliehen
   – wird aufgegriffen und landet in einer Außenstelle des KZs Dachau
   – flieht erneut
   – erlebt viele Gefahren, aber auch Hilfsbereitschaft auf seiner abenteuerlichen Flucht
   – schafft es bis zu seiner Familie nach Pfronten
   – wird am Ende noch einmal verhaftet, aber wieder freigelassen

   Eugen Ziegen
   – überzeugter Nationalsozialist
   – Oberkommissar
   – stark beleibt, aber sehr beweglich
   – arbeitet für die Gestapo
   – funktioniert wie ein Uhrwerk
   – soll die Edelweißpiraten in den Griff bekommen
   – hat eine Katze
   – ist alleinstehend
   – mag die Sekretärin Frau Jürgens
   – wohnt in der Marzellenstraße in Köln
   – trinkt nach dem Dienst in seiner Stammkneipe Kölsch
   – will Paul als Spitzel einsetzen
   – wird von Paul erschossen

Franzi
- hübsch (Lachgrübchen, schlanker Hals, leichter Gang)
- blond
- einfallsreich und mutig
- Hottes Schwester
- ist bei den Edelweißpiraten
- arbeitet in der Gärtnerei ihrer Tante
- liefert Kränze für Beerdigungen aus
- gabelt Paul auf und beschließt, ihm zu helfen
- Mutter arbeitet in einem Kinderkrankenhaus
- hatte einen Flirt mit Bastian
- verliebt sich in Paul
- bleibt in Köln, als ihre Mutter versetzt wird
- schreibt Gedanken in ein Kopfkissenbuch
- wird schwanger von Paul

Billi
- wollte Ärztin werden
- arbeitet als Hilfskrankenschwester
- ist pflichtbewusst
- keine Scheu, auch schwerste Verletzungen zu behandeln
- gehört zu den Edelweißpiraten
- hübsch
- nimmt die Papiere des toten Peter König an sich und bringt sie Paul
- Zack war ihr Nachbar
- wird von Zacks Mutter verraten
- wird verhaftet
- sitzt in Zelle 6 im EL-DE Haus und schweigt
- unklar, was aus ihr geworden ist

4. a) – Hotte
   - zu Bastian
   - Franzi hatte bei einem Ausflug mit Bastian geknutscht. Er hat sich in sie verliebt, sie sich aber nicht in ihn.

Seite 96

4. b) – Paul spricht über seinen Vater.
   - Pauls Vater ist, wie befohlen, zu einem Sammellager gegangen. Paul hat sich für die Flucht entschieden und versteht nicht, weshalb sein Vater nicht mit ihm zusammen abgehauen ist.

   c) – Hotte mit Bastian
   - die Gestapo
   - Die beiden sind im EL-DE Haus eingesperrt, werden verhört und geschlagen und müssen hungern. Sie wollten einen Lebensmitteltransport überfallen, wurden aber entdeckt. Zack wurde dabei erschossen.

   d) – der SS-Mann Klapproth
   - Er beobachtet, wie der SS-Mann zu seiner Familie in sein nettes Zuhause kommt.
   - Man kann daraus schließen, dass dieser SS-Mann, wie viele überzeugte Nationalsozialisten und Gestapo-Leute, einerseits ein ganz normales bürgerliches Leben führte und andererseits zu großen Grausamkeiten fähig war.

   e) – von Bastians Vater
   - Er ist stolz, dass sein Vater ein Gewerkschafter war. Er war stark, standhaft und hat sich nicht verbiegen lassen.

   f) – Er ist froh, dass die ganze Familie des Jungen, für den er sich ausgibt, durch eine Luftmine ums Leben gekommen ist. So kann ihn niemand identifizieren.
   - Paul ist Halbjude und hat nun die Identität des Sohnes einer Nazi-Größe angenommen. So wird er unabsichtlich ausgerechnet von denen geschützt, die ihm nach dem Leben trachten.

   g) – ... einer kurzen Geschichte über zwei Juden, die im Gefängnis sitzen.
   - Sie soll zeigen, dass es auch in sehr aussichtslosen Situationen Hoffnung geben kann. Und sie zeigt, wie wichtig Hoffnung ist.

Seite 97

5. – Innerer Monolog
   ~~ist ein Dialog mit einer anderen Person ++ sehr förmlich ++ alle Sätze müssen vollständig sein ++ im Aufbau ist eine strikte Reihenfolge einzuhalten ++ Zeitform immer Präsens~~
   - Tagebucheintrag
   ~~muss immer mit „Liebes Tagebuch" beginnen ++ das Tagebuch muss einen Namen haben ++ der Tagebucheintrag trägt das Datum der Prüfung ++ hat nie mehr als eine Seite ++ setzt sich immer nur mit Vergangenem auseinander ++ im Aufbau ist eine strikte zeitliche Reihenfolge einzuhalten ++ Zeitform immer Präteritum~~
   - Brief
   ~~fängt immer mit „Sehr geehrte/-r ..." an ++ die Sprache ist immer sehr förmlich und höflich ++ Aufbau je nach Lust und Laune ++ Briefe müssen so kurz wie möglich sein ++ Fragen sind unhöflich ++ Briefe schreibt man im Futur~~
   - Gespräch
   ~~stets in reinem Hochdeutsch ++ die Gesprächspartner lassen einander ausreden ++ alle Sätze sind vollständig ++ jeder drückt sich so klar aus, dass der Gesprächspartner alles sofort versteht ++ es dürfen nur Fakten angesprochen werden ++ die Gesprächspartner haben sehr sachlich zu bleiben ++ die Gesprächsanteile der Personen müssen gleich lang sein ++ am Ende müssen sich die Gesprächspartner versöhnen ++ Gespräche schreibt man im Präsens~~
   - Rede
   ~~ist langweilig ++ beginnt mit „Liebes Publikum" ++ die Sprache ist sehr gestelzt ++ bei einer Rede sagt man kreuz und quer, was einem gerade so einfällt ++ darf keine Fragen enthalten ++ Reden stehen im Präteritum~~

Seite 99

Erster Schritt

1. Die Bäuerin klopfte ihm auf den Rücken: „Passt wie angegossen."
   In Wirklichkeit war ihm die Uniform etwas zu klein. Wie sein Kommunionanzug, den er bei Omas rundem Geburtstag mit zwölf Jahren noch einmal anziehen musste.

„Jetzt siehst du schon anders aus", sagte auch der Bauer. Mehr nicht. Aber Bastian wusste, dass er den beiden trauen konnte.

An diesem Abend unterhalten sich der Bauer und die Bäuerin über Bastian und die Situation, in der sie sich befinden.

Schreiben Sie dieses Gespräch.

Geforderte Textsorte: Gespräch

2. a) Fast ganz am Ende des Buches; der Krieg ist fast vorbei, Bastian fast am Ende seiner Flucht.
   b) Bastian und die Bauersleute, bei denen er auf seiner Flucht untergekrochen ist
   c) auf einem Bauernhof nicht allzu weit von Pfronten, wo der Rest seiner Familie ist
   d) Bäuerin und Bauer nehmen ihn ganz selbstverständlich bei sich auf. Sie helfen ihm.
   e) Vorher: Bastian und Alfons haben sich nach erfolgreicher Flucht getrennt, Bastian ist mit verstauchtem Knöchel auf den Hof gehumpelt.
   Nachher: Bastian wird aufgepäppelt, als Neffe der Bauern ausgegeben und fährt schließlich das letzte Stück nach Pfronten in der Uniform eines Hitlerjungen mit dem Zug.

Seite 100
Zweiter Schritt
1. vor (V): a), b), c), d), f), g), j)
   nach (N): e), h), i)

Dritter Schritt
1. Situation der beiden

Gefühlslage
- Trauer um den Sohn Josef
- Erkenntnis: Der Krieg ist fast vorbei und verloren.
- früher vielleicht selbst begeistert von Nationalsozialisten und ihren Ideen, jetzt ernüchtert
- scheinen sich einig, Bastian helfen zu wollen
- ...

Pläne
Bastian helfen, indem sie
- ihm Essen, Trinken und Kleidung geben sowie Unterschlupf gewähren.
- ihn als ihren Neffen ausgeben.
- ihn zum Zug nach Pfronten bringen und ihn für die Fahrt versorgen.
- ...

erwartete Probleme
- könnten verraten werden
- könnten schwer bestraft werden, weil sie Flüchtigem helfen
- ...

(historische) Details
- Kriegsende steht bevor.
- Spitzel: Menschen belauschen und verraten sich gegenseitig.
- Fluchthelfer werden schwer bestraft.
- Frontheimkehrer dürfen nicht über die tatsächliche Lage sprechen.
- Im Radio wird noch vom Endsieg gesprochen.
- Edelweißpiraten waren vor allem um Köln und im Ruhrgebiet aktiv.
- Köln wurde bei Bombenangriffen stark zerstört.
- ...

Gefühle/Gedanken gegenüber Bastian
- Zweifel
- Misstrauen
- Mitleid
- Hilfsbereitschaft
- ...

Seite 101
Vierter Schritt + Fünfter Schritt
individuelle Lösungen

B 10 Angeleitete Prüfungsaufgabe „Produktiver Umgang mit Texten"

Seite 105
Erster Schritt
1. Zitat: „Brauweiler." Bastian dachte nach. „Dann wird denen das EL-DE-Haus zu eng. Kannst du herausfinden, was sie mit den Gefangenen machen, wenn sie mit ihnen fertig sind? Ich meine die, die sie nicht hier verscharren."
   „Du denkst an Billi? Ich frage mich, wie sie es bis jetzt geschafft hat, den Mund zu halten."
   Bastian antwortete nicht auf die Frage. Obschon auch er Billi im Stillen bewunderte ...

   Arbeitsauftrag: Billi ist offenbar bereits seit Tagen oder sogar Wochen im EL-DE-Haus in Haft. Zwischen den Verhören denkt sie viel nach.
   Schreiben Sie Billis inneren Monolog.

   Geforderte Textsorte: innerer Monolog

Zweiter Schritt
1. - individuelle Lösung
   - individuelle Lösung
   - individuelle Lösung
   - Sie war Hilfskrankenschwester und hat sich um Schwerverletzte gekümmert.
   - Sie wollte Ärztin werden.
   - Sie hat Peter Königs Papiere an sich genommen und bei der Flugblattaktion im Hauptbahnhof die Flugblätter transportiert.
   - Zacks Mutter hat Billi wohl verraten, um ihren Sohn ordentlich begraben zu dürfen.
   - Sie wohnen im selben Haus.
   - Nachdem sie beim Schweineschmuggel Zacks Grab gefunden haben, stellen sie fest, dass sie Billi schon zwei Wochen nicht gesehen haben. Hotte hört sich danach um.

Seite 106
Dritter Schritt
1. Gefühle, Empfindungen
   - (Todes-)Angst
   - Wut
   - Bedauern
   - Ungewissheit
   - Schmerzen
   - Hoffnung
   - Hoffnungslosigkeit
   - Müdigkeit
   - Traum von anderem Leben
   - ...

   Personen, an die Billi denkt
   - Zack
   - Zacks Mutter
   - die anderen Edelweißpiraten
   - Peter König
   - Ziegen
   - Klapproth
   - Föl
   - ...

   Ereignisse, an die Billi denkt
   - Zacks Tod
   - Verrat durch Zacks Mutter
   - Flugblattaktion im Bahnhof
   - Arbeit als Hilfskrankenschwester
   - Papiere von Peter König genommen
   - Ausflüge mit den Edelweißpiraten
   - Verhaftung
   - Verhöre
   - Prügel
   - Föls Zustand
   - ...

   Probleme und Schwierigkeiten
   - ist gefangen
   - muss Hinrichtung befürchten
   - Enge
   - Gestank
   - Schmutz
   - Hunger
   - Angst
   - Prügel
   - Schmerzen
   - will bei den Verhören nichts verraten
   - weiß nicht, wie es weitergehen soll
   - ...

Seite 107
Vierter Schritt
1. Innerer Monolog Billi:

   Schmerzen, Hunger, Angst, Gestank, Schmerzen, Hunger, Angst, Gestank.
   Ich hocke hier völlig fertig zwischen den anderen Jammergestalten in diesem dunklen Dreckloch. Dabei könnte ich draußen den Verletzten helfen. Tolle Helden, diese Nazis. Verhaften mich während meines Diensts im Krankenhaus. Wissen diese Kotzbrocken nicht, wie wichtig dort jede einzelne Hilfskraft ist? Hier bin ich völlig nutzlos und bald selber krankenhausreif.

   Dieser Föl, der hat sie doch nicht alle. Der kann nur brüllen und prügeln. Macht ihm Spaß, glaube ich. Am Anfang war es noch viel schlimmer als jetzt. Ich dachte, der schlägt mich tot. Als er plötzlich ein paar Tage lang nicht zum Dienst erschienen ist, wollten wir schon feiern. Ich hätte ihm gegönnt, dass er bei einem Angriff verschüttet worden wäre. Aber er ist ja wieder da. Sieht ziemlich mitgenommen aus, dieses Schwein. Offiziell heißt es ja, er hätte bei einem Bombeneinschlag einen Trümmerbrocken abgekriegt. Aber für mich sieht er aus, als hätte ihn jemand zusammengeschlagen.
   Unseren Jungs würde ich das glatt zutrauen. Hinlangen können die, das weiß ich von den Prügeleien mit der HJ ...

   Unsere Jungs ... Die fehlen mir. Die ganze Gruppe fehlt mir. Jetzt mache ich genau das durch, was Hotte und Bastian durchgemacht haben, als die verhaftet worden sind. Bloß waren die viel schneller wieder draußen.
   Soll ich hier verschimmeln? In Zelle 6?
   Andauernd diese Verhöre. Und die Prügel. Und der Hunger. Immer wieder Geschirrklappern draußen im Flur. Und dann – nichts. Und wie gern würde ich mich mal wieder richtig waschen, frische Klamotten anziehen ...

   Was wollen diese Gestapo-Spinner eigentlich von mir hören? Dass ich die Papiere von Peter König mitgenommen habe? Peter König war tot. Der hat seine Papiere nicht mehr gebraucht. Aber für Paul sind sie lebenswichtig.

   Oder dass ich in einem Kinderwagen Flugblätter zum Bahnhof geschoben habe? Ich könnt mich immer noch kaputtlachen. Ich als stolze junge Mutter. Bloß gut, dass damals niemand in den Kinderwagen geschaut hat. Manche Leute können die Finger nicht von Babys lassen und müssen denen immer im Gesicht rumtatschen oder übers Köpfchen streicheln. Die hätten sich ganz schön gewundert, wenn sie statt einem kleinen pausbäckigen Engelchen einen dicken Rucksack voller Papier gesehen hätten.

   Bis jetzt konnte ich ja bei jedem Verhör dabei bleiben, dass ich keine Namen kenne. Und Spitznamen kann man schließlich erfinden. Die Gestapo-Schweine denken doch nicht im Ernst, dass ich denen was verrate. Die lassen mich doch nicht einfach wieder laufen, wenn ich ihnen Namen präsentiere. Wertvoll bin ich für die bloß, so lang sie glauben, dass ich etwas Wichtiges weiß. Sobald sie die Informationen haben, auf die sie scharf sind, bin ich für die doch nur noch Müll. Und Müll wird irgendwo vergraben. Dann lande ich auf dem anonymen Gräberfeld auf dem Melatenfriedhof. Und vorher darf Föl mir noch den Rest geben.
   Nein, ich muss den Mund halten und geheimnisvoll tun. Und wenn dieser Wahnsinnige noch so sehr zuschlägt. Nur wenn ich den Mund halte, lebe ich weiter. Ein bisschen wenigstens. Aber es tut so weh.

Wenn ich Glück habe, werden dem fetten Ziegen oder dem verkniffenen Klapproth die Verhöre irgendwann langweilig und sie lassen mich eine Weile in Ruhe. Nichts Neues. Mir fehlen Ideen, was ich denen noch sagen könnte, ohne was zu verraten. Wie soll man vernünftig denken, wenn man Hunger hat und Schmerzen und wenn man den eigenen Gestank bald nicht mehr aushält.

Zacks Mutter sollte mal so riechen. Ich verstehe ja, dass sie wegen Zack fix und fertig ist. Er war ihr ein und alles. Mir fehlt er auch unheimlich. Er war fast wie ein Bruder für mich und ich verstehe noch gar nicht, dass er tot sein soll. Unser Leben lang haben wir im selben Haus gewohnt. Aber mich dafür an die Gestapo verraten, die die Schüsse vielleicht sogar angeordnet hat? Ist die Frau noch zu retten? Nur damit sie ihren Sohn ordentlich begraben kann? Davon wird er nicht mehr lebendig. Aber ich bin vielleicht bald tot. Verhungert oder totgeschlagen oder aufgehängt oder einfach in Zelle 6 verreckt.

Ich wär so gern Ärztin geworden. Nicht bloß Hilfskrankenschwester. Und schon gar nicht ein Mädchen, das man hier behandelt wie den letzten Dreck. Ob die anderen mich vergessen haben? Sicher nicht.

Tief atmen, ruhig bleiben. Am besten stell ich mir einen unserer Ausflüge zum See vor, denk an die Sonne, die Lieder und daran, wie schön es war, als wir alle noch zusammen waren und gedacht haben, wir seien so stark ...

Wie die Juden in der Geschichte. Hat Paul die mal erzählt? Oder war es Bastian? Von den beiden Juden, die im Gefängnis hocken? Der eine schläft immer und hat keine Angst. Er sammelt Kraft und meint, jetzt würde die Zeit der Hoffnung anfangen. Klingt schön. Muss aber erfunden sein. Einen, der hier drin keine Angst hat, einen, der gut schlafen kann – den möchte ich gern kennenlernen.

Fünfter Schritt
1. individuelle Lösung

Seite 109
weitere produktive Schreibaufgabe mit individueller Lösung

C Original-Prüfungsaufgaben 2015

C 1 Texte beschreiben: Schule (Heinz Erhardt)

Seite 110
Lösungsvorschlag:

Das Gedicht „Schule“ von Heinz Erhardt ist 1934 in dem Band „Das große Heinz-Erhardt-Buch“ im Goldmann Verlag veröffentlicht worden. Es geht darin um den Zusammenhang von schulischer Leistung und beruflichem Erfolg.

In dem Gedicht wird anhand zweier fiktiver Schülerbeispiele vorgeführt, dass Begabung und damit einhergehender schulischer Erfolg nichts über den beruflichen Werdegang aussagen. Im Gegenteil: Der „dumme“ Karl-Heinz wird Chef und der „kluge“ Kai nur Hotelangestellter. In einer mehrdeutigen Zusammenfassung wird dieser Zusammenhang jedoch zumindest relativiert.

In der ersten Strophe wird eine allgemeine Aussage zum Zweck der Schule getroffen. Sie sei dazu da, „den Lehrstoff [...] einzutrichtern“ (V. 4). Mit dieser Metapher wird ein sehr einseitiges und passives Bild der schulischen Lernsituation hervorgerufen: Schüler sitzen quasi als Lerncontainer da und werden mit Wissen befüllt. Der Teilsatz „das weiß man ja“ (V. 1) suggeriert, dass diese Beschreibung des Schulzwecks allgemein so gesehen wird. Immerhin wird diese sehr einseitige Sicht durch ein einschränkendes „in erster Linie“ (V. 2) ergänzt. Jedoch bleibt offen, welche weiteren Ziele Schule verfolgen könnte. Ähnlich vereinfacht werden die Schüler in zwei Gruppen eingeteilt: Es gibt die „Guten“ (V. 3) und die „Bösewichter[...]“ (V. 3). Auch diese Einteilung wird durch einen Beisatz „so ist’s nun mal hinieden“ (V. 5) scheinbar bekräftigt. Im folgenden Vers wird abschließend festgestellt: „[D]ie Geistesgaben sind verschieden“ (V. 6). Schüler seien eben unterschiedlich begabt bzw. unterschiedlich leistungsfähig. Die schulischen Folgen dieser ungleichen Ausgangslage werden in der zweiten Strophe ausgeführt. In Anspielung auf das Sprichwort „Die Weisheit mit Löffeln gegessen haben“ wird Kai als Beispiel für einen guten Schüler angeführt. Er „frißt [...] die englischen Vokabeln“ (V. 8) nicht nur mit Löffeln, sondern „sogar mit Gabeln“ (V. 7). Diese Metapher verdeutlicht die Anstrengungsbereitschaft und in Anlehnung an die erste Strophe auch die Begabung von Kai. Ihm wird Karl-Heinz entgegengesetzt, der „erst nach Stunden / die Wurzel aus der Vier“ (V. 9 f.) findet, also eine banale Rechenaufgabe nur mit größter Anstrengung lösen kann.
Die dritte Strophe beginnt mit „Und doch!“ (V. 11) und deutet damit schon auf einen Widerspruch hin. Man hätte erwartet, dass der „gute“ Kai zu größerem beruflichen Erfolg kommen würde als der „dumme“ Karl-Heinz. Jedoch wird Karl-Heinz „Chef“ (V. 12) und erhält für seine berufliche Position zudem Bewunderung und Anerkennung. Kai wird „in Uniform gezwängt“ (V. 13), was andeutet, dass er sich in seiner Position bzw. mit seiner Aufgabe nicht wohlfühlt. Er „steht an der Drehtür und empfängt“ (V. 14), erledigt also eine vergleichsweise einfache und wenig abwechslungsreiche Arbeit als Hotelangestellter. Sein

fleißig trainiertes Englisch kann er nur in einfachen Gruß- oder Dankesformeln wie „Good morning, Sir!" (V. 16) oder „Please!" (V. 16) einsetzen.
In der letzten Strophe wird eine doppelbödige Schlussfolgerung gezogen. Am gezeigten Beispiel ersehe der „Dümmste" (V. 17) deutlich, dass der „dumme" Karl-Heinz schließlich doch klüger als der „gute" Kai gewesen sei. Er hat es immerhin auf einen ansehnlichen Posten geschafft, wogegen Kai sich in dienender Angestelltenposition befindet. Letztendlich wäre somit Karl-Heinz der „Kluge" und Kai der „Dumme". Jedoch ist dies eine Schlussfolgerung, die der „Dümmste" (V. 17) trifft, weil sie eben so offensichtlich und naheliegend erscheint. Was aber kann ein „Kluger" aus diesem Beispiel herauslesen? Dass man beispielsweise weder von der vereinfachten Positionsbeschreibung „Chef" noch von der Tätigkeitsbeschreibung „an der Drehtür stehen" auf die berufliche Zufriedenheit schließen kann. Und auch, dass es keinen so einfachen und zwangsläufigen Zusammenhang zwischen schulischem und beruflichem Erfolg bzw. Misserfolg geben kann.

Das Gedicht ist insgesamt in einer leicht verständlichen und klaren Sprache geschrieben. An der alten Rechtschreibung sowie an einzelnen Wendungen, wie z. B. „hinieden" (V. 5), kann man ablesen, dass das Gedicht schon etwas älter sein muss. Heinz Erhardt erweckt mit der einfachen und klaren Oberfläche des Gedichts den vordergründigen Eindruck, dass die geschilderte Beispielsituation eine ganz klare sei. Dieser Eindruck wird verstärkt durch einen konsequent durchgehaltenen Paarreim, der den Leser beinahe etwas einschläfert. Er arbeitet mit deutlichen Gegensätzen wie „Gute" – „Bösewichter" oder „dumm" – „klug". Auch einfache sprachliche Bilder untermalen die scheinbar klare Situation. Die Pointe ist jedoch sehr dezent im vorletzten Vers versteckt. Sie erschließt sich nur dem aufmerksamen Leser, der wach und konzentriert gelesen hat.

Das Gedicht besteht aus vier Strophen unterschiedlicher Länge. Strophe eins hat sechs Verse, Strophe zwei vier Verse, Strophe drei wiederum sechs Verse und die letzte Strophe hat schließlich nur zwei Verse. Es entspricht somit keiner klassischen Gedichtform.

Das Gedicht spielt durch die scheinbar einfache und klare Situation und die versteckte Pointe sehr geschickt mit unseren Vorstellungen über „Dummheit" und „Klugheit" und regt somit zum Nachdenken darüber an. Hat Karl-Heinz als „Chef" – von was auch immer – wirklich das bessere Los gezogen? Nur weil er bewundert wird? Wofür wird er bewundert? Es bleibt unklar, wie er zu dieser Position gekommen ist. Hatte er die richtigen Beziehungen? War es einfach Glück? Ist er durch eigene Anstrengung zu schnellem beruflichen Erfolg gekommen? Zudem ist es unklar, wie es bei beiden weitergehen wird. Beschrieben wird nur der aktuelle Zustand. Kai könnte durchaus noch Karriere machen und sich eine bessere Position erarbeiten. Karl-Heinz könnte seinen Chefposten auch wieder verlieren. Der Leser muss sich hier ein eigenes Bild verschaffen und darf nicht auf die vordergründige und vereinfachte Darstellung hereinfallen.

Meiner Meinung nach spricht das Gedicht ein interessantes Thema an, das uns Schulabgänger bald ganz persönlich betreffen wird. Ich persönlich finde, dass man Erfolg und vor allem berufliche Zufriedenheit nicht einfach an einer Position festmachen kann, sondern dass man schon etwas genauer hinschauen sollte. Sonst wären beispielsweise auch alle Menschen, die sich in sozialen Berufen engagieren, „dumm". Zum einen, weil in diesen Berufsgruppen in der Regel niedrige Gehälter gezahlt werden, und zum anderen, weil das Gros der Beschäftigten nicht in Leitungspositionen aufsteigt, also keine Karriere macht, sondern Arbeit an der Basis leistet, also Pflege, Beratung und Betreuung von Menschen. Allein daran lässt sich ausmachen, dass es wohl eine andere Motivation als „Chef sein" ist, die solche Berufe attraktiv macht. Mir ist es jedenfalls wichtiger, gerne in meinem Beruf zu arbeiten, als einfach nur „wichtig" zu sein.

C 2 Texte beschreiben: Der Schritt zurück (Annette Rauert)

Seite 111
Lösungsvorschlag:

Die Kurzgeschichte „Der Schritt zurück" von Annette Rauert ist 1987 in dem von Lore Graf und anderen herausgegebenen Band „Geschichten zum Nachdenken" erschienen. Die Geschichte zeigt, wie viel Mut dazu gehört, eigene Entscheidungen zu treffen, aber auch, wie sehr sich das lohnt.

Ein Junge steht auf einem Zehnmeterbrett und schaut in die Tiefe. Er hat furchtbare Angst vor dem ersten Sprung aus dieser Höhe, fühlt sich aber von den Erwartungen seines Trainers und von den Zuschauern unter Druck gesetzt. Nach längerem Zögern und einigem Nachdenken entscheidet er sich, nicht zu springen. Er steigt vom Turm und geht stolz davon.

Erzählt wird die Kurzgeschichte in der dritten Form, aus der Sicht des Jungen. Weder sein Alter noch sein Name werden genannt. Er wird nur immer wieder als „er" bezeichnet. Auch sein Aussehen wird nicht beschrieben. Im Vordergrund stehen seine Denkprozesse. Durch das Fehlen äußerer Merkmale wird es den Lesern leichter gemacht, anstelle des Jungen sich selbst in dieser Situation zu sehen.
Die anderen Figuren in der Geschichte bleiben ebenfalls namenlos.
Wörtliche Rede gibt es nur an einer Stelle: Der Trainer sagt knapp „Spring!" (Z. 4).

Zunächst wird deutlich, wie allein der Junge in seiner schwierigen Situation ist. „Er stand ganz am Rand", steht in der ersten Zeile des Textes. Das kann wörtlich, aber auch sinnbildlich verstanden werden: Er steht am Rand des Sprungbretts, am Rand einer Entscheidung und er steht außerhalb der Menschengruppe, die auf seinen Sprung wartet.
Aus dem Text geht klar hervor, wie sehr der Junge sich unter Druck gesetzt fühlt, seinen ersten Sprung aus so

großer Höhe zu wagen. Zur Aufforderung des Trainers, die einem Befehl gleicht, und zu den Erwartungen der Zuschauer kommt noch seine innere Einstellung: Er will beweisen, dass er ein Mann ist, und lieber tot sein, als sich blamieren (vgl. Z. 10f.).
Nach und nach kommen ihm allerdings Zweifel. Und plötzlich empfindet er Verachtung für die Menschen unten am Becken. Das zeigt sich in dem Satz: „Er hätte ausspucken mögen." (Z. 28)
An dieser Stelle ist auch der Wendepunkt der Geschichte erreicht, denn aus der Angst vor dem Sprung wird „Ekel vor der Feigheit der Masse" (Z. 28). Eine Weile zögert der Junge noch und überlegt, ob er doch den entscheidenden Schritt nach vorn machen soll. Aber dann beschließt er, es zu lassen. Er ist sich plötzlich ganz sicher, das Richtige zu tun, und tut es mit neuem Selbstbewusstsein. Das zeigt sich auch daran, dass er die Leiter nicht hastig, sondern langsam hinabsteigt (vgl. Z. 40f.) und durch die Menschengruppe schreitet (vgl. Z. 41), also aufrecht und mit langsamen, gemessenen Schritten. Er schleicht sich nicht davon und schiebt sich auch nicht mit gesenktem Kopf durch die Zuschauerreihen. Er schafft es sogar, die Leute gelassen anzusehen (vgl. Z. 42f.).
Seine mutige Entscheidung hat ihm zu Selbstachtung verholfen. Und jetzt ist ihm auch klar, dass seine Zeit für große Sprünge noch kommen wird. Die Gefühle der Hauptfigur wandeln sich also im Lauf des Textes von Angst und Zweifeln über Ekel bis hin zu Selbstachtung, Gelassenheit und Zuversicht.

In der Geschichte steht die innere Handlung im Vordergrund. Man erfährt genau, was in dem Jungen vorgeht.
Wie beängstigend die Situation für ihn zunächst ist, zeigt sich auch an der Wortwahl. Die Wasseroberfläche ist „gleißend" (Z. 1) und wirkt damit bedrohlich und abweisend. Sie wird als „geschmolzenes Blei" (Z. 2) beschrieben und als „Wassermasse" (Z. 5). Zum Springen verlockt das nicht, denn Blei ist nicht nur giftig, sondern in geschmolzenem Zustand so heiß, dass ein Sprung hinein tödlich wäre. Der Begriff „Wassermasse" ruft die Assoziation hervor, dass hier eine Gewalt lauert, die alles verschlingt, was sich ihr nähert.
Weil aus der Sicht des Jungen erzählt wird, bleiben die Zuschauer eine gesichtslose Menge, die seine Angst vor dem Sprung noch verstärkt und ihn später anekelt. Dass er die Menschen als feindselig empfindet, zeigt sich an vielen Formulierungen: Die Leute starren (vgl. Z. 7), ihre Gesichter sind feindlich (vgl. Z. 7), sie wollen eine Sensation (vgl. Z. 9). Außerdem lächelt niemand (vgl. Z. 13) und die Gesichter der Zuschauer werden als „weiße Ovale mit harten Augen" (Z. 13f.) beschrieben.
Die Stimmung wird immer düsterer, denn Leute, die zu dem Jungen hinaufsehen, werden mit Menschen verglichen, die bei einer Hinrichtung zusehen (vgl. Z. 17ff.), und der Junge glaubt, sie würden erwarten, dass er sich für seine Angst bestraft (vgl. Z. 21).
Dass seine Angst in Verachtung für die Zuschauer umschlägt, zeigt sich auch daran, dass er sie in Gedanken als „Herde blöder Schafe" (Z. 29) bezeichnet und damit als Mitläufer ohne eigenen Willen.
Formulierungen wie „trug er den Kopf hoch" (Z. 42), „kühle[...] Gelassenheit" (Z. 43) und „fühlte sich so stark" (Z. 44) drücken aus, wie groß die innere Sicherheit des Jungen und sein Stolz nach seiner Entscheidung sind.

Zweimal wird die Frage gestellt, warum ihn niemand zurückruft (vgl. Z. 15f. und 19f.). An diesen Stellen erwartet der Junge noch, dass jemand anderer, ein Außenstehender, für ihn entscheidet, dass er nicht springen soll.
Auch das Wort „Hinrichtung" kommt zweimal vor (Z. 18 und 26) und lässt den Mittelteil des Textes sehr beklemmend und unheilvoll wirken. Gedanken an große Verbrechen, auch Kriegsverbrechen, kommen auf. Oft haben Menschen Befehle befolgt, nicht gewagt, selbstständig zu denken und zu handeln, und damit Millionen von Hinrichtungen möglich gemacht oder sogar durchgeführt.
Die vielen Fragen, die der Junge sich stellt – insgesamt sind es zwölf –, spiegeln seine Zweifel, aber auch seinen Denkprozess wider. Ihm wird nach und nach klar, dass er selbst die Verantwortung für sein Handeln übernehmen muss und seine Entscheidung, was er tun soll, nicht von anderen abhängig machen kann.

Den Sprung vom Zehnmeterbrett kann man als Symbol betrachten. Er steht für eine wichtige Entscheidung, die lebensverändernd ist, nicht rückgängig gemacht werden kann und von großer Angst begleitet wird. Dafür spricht nicht nur die zweimalige Erwähnung des Wortes „Hinrichtung", sondern auch die Vermutung des Jungen, dass von ihm erwartet wird, er solle sich selbst „vernichte[n]" (Z. 20) und sich opfern (vgl. Z. 30). Auch die Zeit spielt eine Rolle: „Er war noch nicht so weit", heißt es im zweiten Textabschnitt (Z. 9f.). Am Textende wird in Aussicht gestellt, dass er eines Tages doch so weit sein wird. Der Sprung in die Tiefe dient also als Bild für die Momente im Leben, in denen ein klares „Ja" oder „Nein" verlangt wird.

Beim Lesen der Überschrift des Textes „Der Schritt zurück" ist mir zunächst nicht der Gedanke gekommen, dass es sich bei dieser Rückwärtsbewegung um einen mutigen Schritt handeln könnte. Im Verlauf der Kurzgeschichte wird aber deutlich, wie viel dazugehört, sich nicht dem Erwartungsdruck anderer Leute zu beugen und sich auch selbst nicht unnötig unter Druck zu setzen. Manchmal braucht es mehr Mut, etwas nicht zu tun, als es zu tun. Das weiß jeder, der es schon einmal mit typischen Situationen von Gruppenzwang zu tun bekommen hat. Sich in solchen Augenblicken treu zu bleiben und auf seine innere Stimme zu hören, ist nicht leicht.
Ich denke, dass der Sprung vom Zehnmeterbrett tatsächlich ein Symbol ist. Es gibt im Leben immer wieder Situationen, in denen man sich für oder gegen einen Sprung mit ungewissem Ausgang entscheiden muss. Genau wie der Junge sollte man sich dann überlegen, ob man schon dazu bereit und in der Lage ist oder vielleicht noch Zeit braucht, bevor man einen wichtigen Schritt wagt.
Allerdings frage ich mich auch, ob der Junge die Zuschauer nicht falsch einschätzt. Im wahren Leben wären sie die Mitmenschen, die einen umgeben. Vielleicht ist ihr Schweigen gar nicht so feindselig, wie er glaubt, sondern ein Ausdruck von Sorge und Angst. Die Zuschauer sind Teil einer Gruppe und womöglich will nur niemand als Einziger offen zugeben, wie viel Angst er um den Jungen hat. Was der Junge als Sensationsgier betrachtet, ist vielleicht nur

die starre Haltung von Menschen, die wissen, dass gleich etwas Schlimmes passiert, das sie eigentlich verhindern sollten, aber nicht verhindern wollen oder können. Aus der Kurzgeschichte könnte man deshalb auch die Lehre ziehen, dass man sich kein voreiliges Urteil darüber erlauben sollte, was wirklich in anderen Menschen vor sich geht.
Viel wichtiger als dieser Nebenaspekt ist jedoch der Hauptaspekt des Textes: Ein einziger Schritt in die richtige Richtung kann viel Mut erfordern, vor allem, wenn man ihn allein gehen muss. Trotzdem sollte man nicht einfach gedankenlos tun, was von einem erwartet wird. Zudem ist es wichtig, dafür bereit zu sein und den richtigen Zeitpunkt abzuwarten.
Der Junge auf dem Zehnmeterbrett ist deshalb in gewissem Sinn ein Vorbild für mich. Denn obwohl man die Entscheidung gegen den Sprung auf den ersten Blick für feige halten könnte, ist sie das genaue Gegenteil davon.

C Original-Prüfungsaufgaben 2014

C 3 Texte beschreiben: Ein netter Kerl (Gabriele Wohmann)

Seite 113
Lösungsvorschlag:

Textbeschreibung: Gabriele Wohmann: Ein netter Kerl
Die Kurzgeschichte „Ein netter Kerl“ von Gabriele Wohmann erschien 1978 in dem Band „Habgier. Erzählungen.“, herausgegeben vom Rowohlt Verlag. Die Geschichte zeigt, wie Menschen oft nach dem ersten, meist äußeren Eindruck beurteilt und abgewertet werden.

In weitgehend neutraler Erzählperspektive wird das Gespräch einer Familie beim Abendessen wiedergegeben, in dem sich die Mutter und zwei Töchter – Nanni und Milene – über einen sehr dicken jungen Mann lustig machen, der gerade zu Besuch war. Besonders tut sich dabei Nanni hervor. Der Vater kommt erst später hinzu und äußert sich etwas zurückhaltender.
Nach großem Gelächter über den jungen Mann gesteht die dritte Tochter – Rita –, dass sie sich mit ihm verlobt hat. Nun versuchen die Eltern krampfhaft, etwas Freundliches über den Verlobten zu sagen, was aber misslingt. Das Abendessen wird in verlegenem Schweigen beendet.

Die Geschichte spielt in der Küche oder im Esszimmer einer Familie und ist zeitlich in den 1970er-Jahren oder etwas früher angesiedelt. Bis auf wenige Kleinigkeiten – Väter fahren heute selten die Freunde ihrer Töchter zur Bahn; Verlobungen sind etwas aus der Mode gekommen – könnte sie sich aber heute genauso abspielen.
Eine Mutter und ihre Töchter sitzen gemeinsam beim Abendessen und unterhalten sich über einen „er“, der ganz offensichtlich nicht anwesend ist. Anscheinend war der junge Mann, dessen Name im Text nicht genannt wird, gerade zu Besuch. Nun wird über seine Figur gelästert und gespottet.
Nannis Bemerkungen sind gehässig. Sie nennt den Mann einen „Molch“ und „wie Schlamm“ (Z. 7), spricht von „Wammen“ (Z. 14), die er im Nacken hat, lacht ungehemmt und sagt, sie könnte ihn sich immer ansehen und sich ekeln (Z. 22). Schließlich betitelt sie den Besucher sogar als „große fette Qualle“ (Z. 37).
Ein wenig gnädiger ist Milene. Sie meint, der junge Mann hätte „was Liebes“ (Z. 9 und 10), etwas „Insichruhendes“ (Z. 18) und sei ganz nett. Doch dass sie „was Liebes“ wiederholt und mehrfach mit bekräftigenden Äußerungen unterstreicht, klingt eher nach Mitleid als nach Respekt.
Die Mutter öffnet durch ihre Wortwahl, der junge Mann sei „[f]urchtbar fett für sein Alter“ (Z. 3), Tür und Tor für den respektlosen Ton der Unterhaltung. Sie ermutigt ihre Töchter damit zu den beleidigenden Äußerungen. „[R]echt lieb, aber grässlich komisch“ (Z. 11 f.) nennt sie den Besucher außerdem. Anscheinend lacht sie Tränen über ihn, denn sie wischt sich im Lauf des Gesprächs „mit einem Taschentuchklümpchen über die Augen“ (Z. 33 f.).
Auffallend zurückhaltend bleibt Rita, die dritte Tochter. Aus den Bemerkungen der Mutter geht hervor, dass Rita den Mann besser kennt als die anderen. „Übrigens, Rita, weißt du, ob er ganz gesund ist?“, fragt sie (Z. 4) und sagt: „Du hast nicht zu viel versprochen“ (Z. 12).
Ritas Aussagen zu dem jungen Mann sind recht einsilbig, sie verteidigt ihn kaum. Doch man merkt ihr an, wie unwohl sie sich fühlt. Sie „[hält] sich mit den Händen am Sitz fest“ (Z. 5), „drückt[...] die Fingerkuppen fest ans Holz“ (Z. 17) und das Holz wird unter ihren Fingerkuppen klebrig (Z. 27).
Nach einer Weile kommt der Vater, der den Besucher zum Bahnhof gebracht hat, nach Hause und erzählt von der Angst des jungen Mannes, die Bahn zu verpassen (Z. 24). Rita erklärt daraufhin, er lebe mit seiner Mutter zusammen (Z. 26), was zu neuen Lachanfällen führt. Sogar die eher sanfte Milene kann sich jetzt nicht mehr halten. Ein Gefühl von Verachtung für den überängstlichen jungen Mann, der noch bei der Mama wohnt, kommt auf. Man denkt an einen verwöhnten, unselbstständigen „Waschlappen“.
Dann schiebt Rita nach, die Mutter sei nicht ganz gesund. Es gibt also plötzlich einen guten Grund, weshalb es dem Besucher so wichtig ist, nach Hause zu kommen, und weshalb er bei seiner Mutter wohnt. Das Lachen der anderen wird zunächst heftiger und bricht dann aber ab (Z. 28 – 31).
Jetzt lässt Rita die Bombe platzen und sagt, sie hätte sich mit dem Mann verlobt. Alle schweigen schockiert, nur Rita lacht noch. Warum sie lacht, ist unklar. Es könnte der Schock über ihre Familie sein, Verlegenheit, Sarkasmus oder eine Mischung daraus. Es könnte sich aber auch um den Versuch handeln, sich bei ihren Familienmitgliedern anzubiedern, die ja eben noch alle gelacht haben.
Bei Ritas Eltern und Schwestern macht sich jetzt Verlegenheit breit: „Sie saßen gesittet und ernst und bewegten vorsichtig Messer und Gabeln“ (Z. 44). Die Eltern versuchen, Schadensbegrenzung zu betreiben, indem sie sich um einige freundliche Bemerkungen über den jungen Mann bemühen. Aber das misslingt gründlich, denn die Freundlichkeit ist erzwungen und kommt nicht von Herzen. Die Mutter meint, er sei wohl „menschlich angenehm“ (Z. 49 f.) als „Hausgenosse“ (Z. 50). Als „Hausgenossen“ würde man aber wohl eher einen Hund bezeichnen und nicht einen zukünftigen Schwiegersohn. Und der Vater nennt ihn einen „netten Kerl“ und „höflich“ (Z. 47). Er sagt,

der junge Mann hätte „keinen üblen Eindruck“ auf ihn gemacht (Z. 51). „Nicht übel“ als höchstes Lob für einen anderen Menschen – darin schwingt wieder Verachtung und Herablassung mit.
Am Ende essen alle schweigsam ihren Nachtisch. Vielleicht bedauern die Eltern und Schwestern ihre Bemerkungen und ihr Verhalten jetzt.

„Ein netter Kerl“ von Gabriele Wohmann hat typische Merkmale einer Kurzgeschichte. Eine Einleitung fehlt, der Schluss bleibt offen. Beschrieben oder erzählt wird eine Alltagssituation.
Im Text herrscht wörtliche Rede vor, es fehlen allerdings die Anführungszeichen. Dennoch merkt man schnell, dass hier ein Gespräch stattfindet. Ellipsen wie „Furchtbar fett für sein Alter“ (Z. 3) sowie „Und auch die Hand so weich.“ (Z. 8) sind typisch für gesprochene Sprache und lassen das Gesagte sehr echt wirken. Auch die Wiederholungen und Verkürzungen wie „glaub“ (Z. 6) würden so in einem realen Gespräch vorkommen.
Der Erzähler verhält sich weitgehend neutral, kommentiert nicht und nimmt nichts vorweg. Beschrieben wird fast nur das Verhalten der Sprechenden. Weil der Erzähler nicht als allwissender Vermittler oder Erklärer auftritt, ist der Leser nahe am Geschehen – fast so, als säße er selbst mit am Tisch. Er wird in das Geschehen eingesogen und in Versuchung geführt, den jungen Mann ebenso nach seinen äußeren Merkmalen zu beurteilen wie die Familienmitglieder.
Zu Anfang der Geschichte herrscht allgemeine Heiterkeit. Es wird hämisch gelacht.
Der Wendepunkt deutet sich an, als Rita von der kranken Mutter des Besuchers erzählt. Als sie dann noch sagt, sie hätte sich mit ihm verlobt, schlägt die Stimmung um in Verlegenheit und Scham.
Von Nanni, die vorher noch am gemeinsten gespottet hat, ist nun gar nichts mehr zu hören.

Ritas Verlobter wird von der Familie mit Worten wie „Molch“, „Schlamm“, „Wammen“, „ekeln“, „so ängstlich“ und „große fette Qualle“ beschrieben. Darin drückt sich böser Spott über einen dicken und nach außen hin ängstlich wirkenden Mann aus.
Selbst die Überschrift, die auf den ersten Blick eine positive Aussage sein könnte, wird im Lauf der Kurzgeschichte eher zum Spott. „Ein netter Kerl“ kann nämlich auch mitleidig oder herablassend gemeint sein.
Es wird gelacht, doch die Stimmung ist nicht befreit lustig, sondern zeitweise recht beklemmend. Diese zwiespältige Atmosphäre wird ebenfalls durch die Wortwahl erzeugt: „lachte [...] laut heraus“ (Z. 13), „verquollen [...] vom Lachen“ (Z. 16), „kühle nasse Luft“ (Z. 23), „Messer und Gabeln [...] klirrten“ (Z. 21) sind Beispiele dafür. Sie beschreiben Misstöne, lösen unangenehme Vorstellungen und Gefühle aus.
Auch die Darstellung des Lachens, das fast einer verschlingenden Flutwelle ähnelt, die über Rita hereinbricht (Z. 28 ff.), wirkt eher bedrohlich als heiter.
Am Ende sieht Rita „gezähmte Lippen“ (Z. 52). Was jetzt gezähmt ist, war vorher wild. Und der junge Mann wurde von diesen Lippen ja auch gerade noch regelrecht in der Luft zerrissen.

Gabriele Wohmann zeigt mit ihrem Text, wie leicht es sich viele Menschen mit der Beurteilung anderer machen. Weil ein junger Mann dick ist und ängstlich und unsicher wirkt, wird er verspottet und in seiner Abwesenheit beleidigt. Er kann sich nicht wehren, sich nicht erklären. Rita, die einzige Person, die ihn verteidigen könnte, tut dies nur zögerlich. Vielleicht liegt das am Gruppenzwang. Sie will sich nicht gegen die Schwestern und die Mutter stellen. Vielleicht ist sie sich in der Wahl ihres Verlobten selbst nicht ganz sicher. Oder aber sie ist vom Verhalten ihrer Familienmitglieder einfach zu schockiert.
Der Verlobte selbst bleibt namenlos. So ist es noch leichter, ihn lächerlich zu machen.
Am Ende überwiegt das Gefühl, dass die Eltern und Schwestern ihre Worte und ihr vorschnelles Urteil bereuen. Denn sie kennen jetzt zumindest den Grund für die Ängstlichkeit des Besuchers. Außerdem haben sie Rita verletzt. Beim Versuch, die Fehler auszubügeln, wird die Situation nur noch peinlicher.

Mich hat die Kurzgeschichte ein wenig schockiert, denn ich habe mich dabei ertappt, wie ich anfangs ebenfalls über den jungen Mann grinsen musste. Ich habe mir ein unbeholfenes, schwergewichtiges Muttersöhnchen vorgestellt. Aber woher nehme ich das Recht, über jemanden zu urteilen, den ich gar nicht kenne? Ich habe mich damit genauso gemein verhalten wie die Figuren in der Geschichte. Und am Ende hat es mir, genau wie ihnen, leidgetan.
Ich musste auch an die derzeit ziemlich häufigen Shitstorms im Internet denken und an Mobbing. Auch hier kennt man den Menschen, über den man herzieht, oft nur oberflächlich oder gar nicht. Man kann seine Situation eigentlich kaum beurteilen und beteiligt sich dennoch an Lästereien. Vielleicht findet man das im ersten Augenblick cool und lustig. Aber man tut damit dem Betroffenen unrecht. Deshalb kann diese Kurzgeschichte, die lange vor der Erfindung des Internets veröffentlicht wurde, auch heute wichtige Denkanstöße liefern: Kenne ich den Menschen, über den ich urteile, eigentlich gut genug? Kenne ich seine Situation? Habe ich das Recht zu beleidigenden Äußerungen?
Mich hat die Geschichte betroffen gemacht und das ist wohl auch die Absicht der Autorin.

C 4 Texte beschreiben: Einerlei (Erich Fried)

Seite 115
Lösungsvorschlag:

Das Gedicht „Einerlei“ von Erich Fried ist 1993 im zweiten Band der Reihe „Gedichte und Prosa in vier Bänden“ im Wagenbach Verlag erschienen. Das Gedicht hat Einstellungen dem Leben gegenüber zum Thema.

Bei dem Gedicht handelt es sich um eine Antwort auf die Haltung von Menschen, die das Leben mit seinen ständigen Wiederholungen langweilig finden. Es wird entgegnet, dass nicht das Leben langweilig sei, sondern die Menschen, die sich nicht mehr auf das Leben einlassen können oder wollen und deshalb schon quasi tot sind.

Der Titel „Einerlei“ beinhaltet eine doppelte Aussage: Zum einen kann der Ausdruck „Das ist mir einerlei“ gleichgesetzt werden mit „Das ist mir egal“, zum anderen ist damit das Einerlei des Lebens, also der immer gleiche Ablauf und Fortgang des Lebens angesprochen. Damit wird bereits die Haltung der Menschen auf den Punkt gebracht, denen das Gedicht antwortet und die am Ende des Gedichts als „Tote“ (V. 29) bezeichnet werden.

In der ersten Strophe werden zwei Aussagen einer Gruppe zitiert, die direkt mit „ihr“ (V. 2) angesprochen wird: „Nichts was nicht neu ist“ (V. 1) könnte die nüchterne Antwort auf ein erschütterndes oder auch aufregendes Ereignis sein. Und „Das Alte langweilt“ (V. 3) bringt zum Ausdruck, dass man nicht immer wieder dieselben alten Geschichten oder Ideen hören mag. Es bleibt offen, wer sich konkret hinter dem „ihr“ verbirgt. Es könnten ältere Menschen gemeint sein, die in ihrem Leben schon viel erlebt, gesehen und gehört haben, oder auch jüngere, die aufgrund einiger enttäuschender Erfahrungen dem Leben nicht mehr offen gegenüberstehen können. Die erste Strophe besteht aus drei Versen.
Die zweite Strophe, die wie die dritte und vierte Strophe aus acht Versen besteht, beginnt mit einem beschwichtigenden „Nun gut“ (V. 4), das den zitierten Aussagen vordergründig zustimmt und mit einem Doppelpunkt weitere Ausführungen ankündigt. In zunächst drei parallel gebauten Sätzen wird aufzählend bestätigt, dass es tatsächlich nicht neu ist, zu leben, zu lieben oder an einem Aufstand teilzunehmen. Alle drei Sätze beginnen mit „Es wurde schon einmal“ (V. 5, 7, 9), wodurch die Wiederholung des gelebten Einerleis untermalt wird. Ein zweiter Parallelismus ergibt sich durch Enjambements, die den Satzanfang „Es wurde schon einmal“ von den Partizipien „gelebt“ (V. 6), „geliebt“ (V. 8) und „gerufen“ (V. 10) abtrennt. Die Verben erhalten dadurch eine stärkere Betonung: Es wurde tatsächlich schon sehr häufig gelebt, schon oft jemand oder etwas geliebt und auch mehrmals zum Aufstand gerufen. Die Verse 10 und 11 werden durch ein weiteres Enjambement getrennt, wodurch der Aufstand eine zusätzliche Betonung erfährt.
Die Dramatisierung der Ereignisse und Erlebnisse wird in der dritten Strophe fortgeführt. Die Struktur der zweiten Strophe wird beibehalten: Das zweimalige „Es wurde schon einmal“ (V. 12, 16) und die verkürzte Form „schon einmal“ (V. 14) leiten weitere Aufzählungen von sich wiederholenden Ereignissen ein. Die Sorge um ein krankes Kind, das vergebliche Kämpfen für Recht und Freiheit, das Altwerden und das Sterben – wiederum „Nichts was nicht neu ist“. Die Betonung liegt durch zwei weitere Enjambements in den Versen 14 und 17 auf den Verben „verloren“ (V. 15) und „gestorben“ (V. 18), welche die Intensität der aufgezählten Wiederholungen verdeutlichen.
In der vierten Strophe wird – durch „Also“ (V. 19) eingeleitet – aus dem bisher Dargestellten gefolgert, dass es sich nicht mehr lohne, all das bereits Geschehene und Erlebte zu wiederholen, welches durch sieben Verben genauer ausgeführt wird. Es lohne sich nicht mehr, „zu leben zu lieben“ (V. 21), sich „aufzulehnen“ (V. 22), „zu hoffen“ (V. 23), „zu bangen“ (V. 24), „zu altern“ (V. 25) und „zu sterben“ (V. 26). Dass es sich dabei um existenziell menschliche Gefühle und Vorgänge handelt, deutet schon an, dass es sich wohl nur um eine vordergründige Schlussfolgerung handeln kann. Sie ist ironisch gemeint. Auch hier bleibt offen, wer genau mit „uns“ (V. 20) in Opposition zum „ihr“ (V. 2) der ersten Strophe gemeint ist.
Die fünfte Strophe, die wie die erste Strophe aus drei Versen besteht, greift auch inhaltlich auf den Anfang des Gedichtes zurück. Die Zitate sind nun zu – wiederum vordergründig – bestätigenden Aussagen geworden: „Das alles ist nicht mehr neu“ (V. 27) und „Das langweilt“ (V. 28). Jedoch wird im letzten Vers schließlich klar, dass die gesamte Argumentation darauf abzielt, genau das Gegenteil zu belegen. Die in der ersten Strophe angesprochene Gruppe wird nun erneut direkt adressiert, jedoch mit „euch Tote“ (V. 29): Wenn Menschen vom Leben so gesättigt und gelangweilt sind, ihm so abgeklärt gegenüberstehen, dass es sich für sie nicht mehr lohnt zu lieben, zu hoffen, zu bangen usw., dann sind sie quasi schon tot.

Der Text will darauf aufmerksam machen, dass man dem Leben offen und neugierig begegnen soll, auch wenn es von Wiederholungen geprägt ist. Schließlich muss nicht jede Liebe, jeder Kampf, jeder Aufstand gleich verlaufen. Lässt man sich aus Langeweile nicht mehr darauf ein, dann passiert gar nichts mehr, dann herrscht Stillstand – was dem Tod gleichkommt. Man soll sich vom scheinbaren „Einerlei“ des Lebens also nicht so sehr vereinnahmen lassen, dass einem alles „einerlei“ wird, sondern sich die Freude und die Lust, aber auch die Wut und Sorge bewahren und somit lebendig bleiben.

Eigene Meinung:
individuelle Lösung (Wichtig: Die eigene Meinung zum Thema des Textes soll nachvollziehbar dargestellt und begründet sein.)

Sechster Schritt: Deine eigene Meinung darstellen

1. Mach dir Notizen zu folgenden Fragen:
   - Hast du selbst schon einmal in der Öffentlichkeit auf jemanden gewartet?
   - Wie hast du dich in dieser Situation gefühlt?
   - Kennst du den Ausdruck „warten wie bestellt und nicht abgeholt“? Was drückt er aus? Passt er zum Gedicht? Begründe deine Meinung.
   - Auf wen wartet die Person wohl?
   - Spricht dich das Gedicht an?
   - Findest du, die Person übertreibt mit ihrer Reaktion?

Benötigte Zeit:
Für die Untersuchung der Form, Intention und eigenen Meinung habe ich ________ Minuten benötigt.

Siebter Schritt: Den Aufsatz ausformulieren

1. Im letzten Schritt formulierst du wieder deine Textbeschreibung aus. Die Tippkästen „Formulierungshilfen“ auf Seite 19 und 20, „Satzbausteine zur Textintention“ auf Seite 21 sowie „Kriterien für eine gute Darstellung der eigenen Meinung“ auf Seite 21 helfen dir dabei sicherlich. Beachte auch den „Aufbau einer Textbeschreibung“ (Seite 22). Behalte auch wieder die Uhr im Blick!
Wie anfangen? Die folgenden Sätze können dir für jeden Abschnitt Anschubhilfe leisten:

LÖSUNGSHILFE Wie anfangen?

erster Satz und Thema	Das Gedicht „Wartende“ von Ulla Hahn ist 1983 in dem Buch „Spielende. Gedichte“ von der Deutschen Verlagsanstalt veröffentlicht worden. Das Thema des Gedichtes ...
Inhaltsangabe	In dem Gedicht wird dargestellt, wie eine Person in einem Café oder Lokal sitzt und auf jemanden wartet. Sie fühlt sich ...
Beschreibung des Inhalts	Der Titel des Gedichtes „Wartende“ lässt noch offen, ob eine oder mehrere Personen auf jemanden oder etwas warten. Im ersten Vers wird jedoch deutlich, dass es lediglich eine Person ist, die mit „Sie“ (V. 1) bezeichnet wird und die „an einem Tisch für zwei Personen“ (V. 1) sitzt. Sie wartet offensichtlich auf eine weitere Person, was an ...
Beschreibung der Sprache	Das unangenehme Gefühl des Wartens wird durch die Inversion des Wortes „allein“ (V. 2) und die Position am Versanfang betont. Es ist eigentlich ein „Tisch für zwei Personen“ (V. 1), doch sie sitzt dort allein und ...
Beschreibung der Form	Das Gedicht besteht aus vier Strophen. Die ersten beiden Strophen haben jeweils ...
Textintention	Der Text macht darauf aufmerksam, dass es sehr unangenehm sein kann, in der Öffentlichkeit auf jemanden zu warten. Der Leser kann sich sowohl mit der Wartenden als auch mit dem Zuspätkommenden identifizieren und ...
eigene Meinung	Ich persönlich denke, dass ...

Benötigte Zeit: *Für das Formulieren des Aufsatzes habe ich ________ Minuten benötigt.*

Achter Schritt: Aufsatz überarbeiten

1. Kontrolliere deinen Aufsatz aufmerksam mithilfe der Checkliste auf Seite 116 und einem Rechtschreibwörterbuch. Verbessere ihn.

Benötigte Zeit: *Für die Überprüfung des Aufsatzes habe ich* ________ *Minuten benötigt.*

TIPP Aufsatzkontrolle

Für die Prüfung ist es zwar wichtig, dass du deinen Aufsatz selbstständig kontrollieren und überarbeiten kannst, in der Vorbereitungsphase kann es aber auch sinnvoll sein, zusätzlich die Rückmeldung einer anderen Person (z. B. Eltern, große Schwester) einzuholen.

Auswertung der Arbeitszeit

Wenn du dich von den Strapazen des Schreibens etwas erholt hast, ist es sicherlich interessant, deine benötigte Gesamtarbeitszeit zu ermitteln. In der unten stehenden Tabelle sind schon die Zeiten eingetragen, welche du in der Prüfung zusätzlich einplanen solltest. Übertrage nun die einzelnen Zeitabschnitte, die du für die „Wartende" benötigt hast, in die Tabelle:

Arbeitsschritt	Zeit
– Prüfungsaufgaben durchlesen – Auswahl der Aufgabe, die du bearbeiten willst	15 Minuten
– Gedicht untersuchen: erster – sechster Schritt	
– Aufsatz ausformulieren: siebter Schritt	
– Aufsatz kontrollieren und überarbeiten	
– Reinschrift	
– 2 – 3 kurze Pausen	10 Minuten
– Puffer	15 Minuten
Summe Gesamtarbeitszeit	

Zur Erinnerung: Du hast **240 Minuten** in der Prüfung als Arbeitszeit zur Verfügung. Liegst du mit deinem aktuellen Ergebnis wesentlich über dieser Zeitspanne? Dann untersuche genau, bei welchen Schritten du noch viel Zeit benötigst. Übe gezielt diese Schritte! Falls du ein sehr ordentlicher Schreiber bist, kannst du eventuell auch bei der Reinschrift Zeit einsparen. Aber denke daran, dass die Darstellung deines Aufsatzes ebenfalls bewertet wird. Er sollte also insgesamt „sauber" aussehen.

Generalprobe

Bei den **Prüfungsaufgaben** im Kapitel C dieses Heftes findet du ein weiteres Gedicht, das du zur Vorbereitung auf die Prüfung beschreiben kannst. Vielleicht magst du diese Aufgabe sogar als **Generalprobe** durchführen? Arbeite dann nur mit den zulässigen Hilfsmitteln und versuche, die 240 Minuten am Stück durchzuhalten.

TIPP Schreibmarathon

Sieh es sportlich: Ein Marathonläufer muss auch trainieren, um so lange durchhalten zu können. Trinke zwischendurch immer wieder etwas. Gegen Schreibkrampf in den Händen hilft Stretching. Verwende einen Stift, der gut in der Hand liegt. Mach kurze Pausen und tanke dabei Energie. Keep cool!

Es kann sinnvoll sein, für die einzelnen Arbeitsschritte im Voraus Zeitabschnitte einzuplanen und diese mit der tatsächlich benötigten Arbeitszeit zu vergleichen. Falls du das ausprobieren möchtest kannst du folgende Tabelle verwenden:

Zeitplanung zur Gedichtbeschreibung „An das Publikum“ (Kurt Tucholsky)

Arbeitsschritt	Zeit	tatsächliche Arbeitszeit
– Prüfungsaufgaben durchlesen – Auswahl der Aufgabe, die du bearbeiten willst	15 Minuten	
– Gedicht untersuchen: erster – sechster Schritt		
– Aufsatz ausformulieren: siebter Schritt		
– Aufsatz kontrollieren und überarbeiten		
– Reinschrift		
– 2 – 3 kurze Pausen	10 Minuten	
– Puffer	15 Minuten	
Summe Gesamtarbeitszeit		

TIPP Häufige Fehler vermeiden

– **falsch:** *Im dritten Vers schaut die Person sich im Café um.*
richtig: *Im dritten Vers wird beschrieben, wie die Person sich im Café umschaut.*
Erklärung: Die Handlung geschieht nicht im dritten Vers, sondern wird dort lediglich geschildert.

– **falsch:** *„Ihr Strick“ (V. 4) ist eine Metapher. Das ist die bildhafte Verwendung eines Wortes mit übertragener Bedeutung.*
richtig: *Die Metapher „Ihr Strick“ (V. 4) verdeutlicht, dass das Buch der Frau einen gewissen Schutz bietet.*
Erklärung: Durch die richtige Verwendung und Deutung der Stilmittel zeigst du dein Können. Du brauchst Fachbegriffe deshalb nicht zu erläutern.

– **falsch:** *<u>Hauptteil</u>*
Gleich in der Überschrift kann ...
richtig: *Gleich in der Überschrift kann ...*
Erklärung: Die Gliederung deines Aufsatzes erfolgt durch Leerzeilen. Zwischenüberschriften sind nicht üblich.

B 3 Eine Textbeschreibung erarbeiten (Erzähltext)

Auch die zweite Aufgabe der Realschulabschlussprüfung heißt „Texte beschreiben". Sie bezieht sich aber nicht wie Aufgabe 1 auf ein Gedicht, sondern auf einen Erzähltext, der etwa ein bis zwei Seiten lang ist. Sehr häufig handelt es sich dabei um eine Kurzgeschichte (siehe Info auf Seite 42). Auch diesen Text sollst du, ohne genauere Anleitung, beschreiben. Du musst wissen, dass dies die Beschreibung inhaltlicher, sprachlicher und formaler Merkmale umfasst, sowie die Ableitung einer Textintention und das Formulieren einer eigenen Meinung erfordert. Das Vorgehen ist dabei ganz ähnlich wie bei der Beschreibung eines Gedichtes (siehe B 1 und B 2), jedoch gibt es Besonderheiten der Erzähltexte zu beachten. In diesem Kapitel erarbeitest du Schritt für Schritt eine beispielhafte Textbeschreibung.

Erster Schritt: Den Erzähltext lesen

Lies zunächst nur die **Überschrift**: Warum frieren Schwäne nicht?

1. a) Notiere in Stichworten, was dir zu dieser Überschrift einfällt:

   Eine gute Frage: Können Tiere überhaupt frieren?

   b) Stell dir vor, jemand würde dir diese Frage stellen. Welche Erklärung würdest du geben?

2. Lies nun den gesamten Text und markiere mit einem Bleistift alles, was dir am Text auffällt (z. B. unbekannte Wörter, ungewöhnliche Wendungen, lange Sätze, Wiederholungen ...). Du kannst auch kurze Kommentare auf den Rand schreiben (z. B. seltsame Erklärung). Nimm dir auch hier die Zeit, den Text **mindestens zweimal durchzulesen**. Manchmal überliest man im ersten Durchgang etwas.

Warum frieren die Schwäne nicht?

Reinhold Ziegler

Ich bin vier oder fünf Jahre alt, stehe mit Vater und Mutter an einem eisigen windigen Tag an einem Weiher. Wir füttern die Enten, die Blässhühner, die Schwäne. Ich friere.

„Papa, warum frieren die Schwäne nicht?"

Papa weiß alles, spricht von Gefieder und dem Wachs aus der Birzeldrüse, zeigt mir, als der Schwan den versinkenden Brotbrocken nachschnäbelt, dass der Hals auch unter Wasser nicht nass wird, erklärt die Isolationswirkung des Geflügelfetts und doziert über die unterschiedliche Wärmeleitung von Luft, Wasser, Fett und Muskeln.

„Und die Füße?", frage ich.

Die schwarzen Füße tragen keine Federn, paddeln ohne Fettisolierung im eiskalten Wasser.

„Was ist mit den Füßen, Papa?"

„Hmm, weiß ich auch nicht", sagt Papa. Es war das erste Ich-weiß-Nicht, das ich je von ihm gehört hatte, und wahrscheinlich deswegen ist es mir so klar in Erinnerung geblieben.

Jahre später, wieder ist es kalt.
Du versteckst dich vor dem schneidenden Wind unter meiner Jacke, drückst dein Gesicht an meinen Kragen. Verliebt, verkühlt und unzertrennlich.
„Warum frieren die Schwäne nicht?“, frage ich dich. Du lachst.
„Weil sie zu schön sind“, sagst du. „Etwas so Schönes kann nicht frieren. Es kann nicht entstehen und nicht vergehen, kann nicht verbrennen und nicht erfrieren, es ist da und es bleibt – verstehst du?“
„Und die Füße?“
„Die Füße? Sieh doch, die Füße sind das einzig Hässliche an ihnen, schwarz und faltig, als seien sie irgendwann einmal versehentlich damit aus der Welt des Schönen in die des Hässlichen getreten. Und sie wissen das, deswegen zeigen sie die Füße so ungern, deswegen kommen sie fast nie aus dem Wasser, wie kalt es auch ist, und paddeln lieber dauernd, um sie warm zu halten.“
Ich lachte, aber ich glaubte dir nicht. Wie ich dir damals so vieles nicht glaubte – zu Recht.

Heute habe ich noch mal nachgeschaut, der Tag schien günstig, bitterkalt, wie damals und einst, nur einsamer.
Niemand nahm mich an die Hand und niemand verkroch sich in meiner Jacke.
Ganz allein, ganz für mich, stellte ich mir wieder die Frage: Warum frieren die Schwäne nicht?
Und ganz für mich fand ich endlich die Antwort. Es ist viel einfacher, als ich die ganze Zeit gedacht hatte: Natürlich frieren die Schwäne, sie frieren – wie wir alle. Nur sind sie viel zu stolz, um es zuzugeben.

Quelle: Reinhold Ziegler: Der Straßengeher und andere kleine Versuche, die Welt zu verstehen. Beltz Verlag, Weinheim und Basel 2001

Zweiter Schritt: Den Inhalt erarbeiten

Erzählende Texte geben meist eine Handlung wieder. Diese Handlung kann eine oder mehrere Personen involvieren, sich über eine kurze oder lange Zeit erstrecken, von einer oder verschiedenen Personen erzählt werden und sich an einem bestimmten Ort oder irgendwo ereignen. Du musst also genau hinschauen, **WAS** dir im Text erzählt wird. Folgenden Fragen helfen dir:

TIPP Farben verwenden

Verwende für die einzelnen Kriterien jeweils die gleichen Farben (z. B. Informationen über Personen → blau). Du hast somit eine zusätzliche Kontrolle und beim Schreiben deines Aufsatzes behältst du den Überblick.

1. Es werden mehrere **Personen** im Text erwähnt. Markiere sie dort in der entsprechenden Farbe. Lege fest, welches Haupt- (HF) und welches eher Nebenfiguren (NF) der Handlung sind:

Ich-Erzähler:	☐ HF	☐ NF
Vater:	☐ HF	☐ NF
Mutter:	☐ HF	☐ NF
Du:	☐ HF	☐ NF

INFO Ich-Erzähler

Ein „Ich“ in einem erzählenden Text wird als „Ich-Erzähler“ bezeichnet. Er ist aber nicht identisch mit dem Autor.

Menschen haben verschiedene Charaktere. Der Charakter kann sich in ihrem **Verhalten anderen Personen gegenüber**, ihrem **Aussehen**, ihrer **Art zu sprechen** oder in ihrem **Handeln** zeigen. Er kann sich im Laufe der Handlung auch verändern. Wenn du den **Charakter der Figuren beschreiben** willst, musst du wie ein Detektiv im Text nach Hinweisen suchen.

2. Einige Hinweise zur Charakterisierung der Figuren aus der Geschichte sind bereits aufgeführt. Schreibe weitere auf und markiere sie auch im Text:

Ich-Erzähler: vier oder fünf Jahre alt, stellt Fragen, ____________________

____

____

Vater: weiß alles, verwendet Fachbegriffe, ____________________

____

Mutter: ____________________________________

Du: vermutlich Freundin, verliebt, lacht, ____________________

____

LÖSUNGSHILFE Mutter

Vermutlich hast du auch nach intensiver Suche keine Informationen zur Mutter gefunden. Auch das hat aber Aussagekraft: Sie ist als eine eher zurückhaltende Person dargestellt, die sich im Hintergrund hält.

Die Figuren einer Erzählung stehen in Beziehung (z. B. Liebe, Konkurrenz, Hass, Freundschaft) zueinander. Diese **Figurenkonstellation** kann sich im Handlungsverlauf ändern.

3. Arbeite folgende Figurenkonstellation aus, indem du die Personen mit Pfeilen verbindest, die die Art der Verbindung visualisieren (z. B. dick, dünn, gestrichelt, Blitz). Wähle aus den Zuschreibungen passende aus.

Kälte	Liebe	Misstrauen	Belehrung	Neid	Distanz	Vertrauen

Ich-Erzähler

Vater

Mutter

Freundin

Für die Beschreibung der **Handlung** musst du dir zunächst klar machen, was genau nacheinander geschieht. Dazu ist es sinnvoll, jeden Absatz des Textes in einem Satz zusammenzufassen.

4. Versuche dies für die angegebenen Abschnitte:

Abschnitt 1 (Z. 1 – 16) ____________________

Abschnitt 2 (Z. 17 – 31) ____________________

Abschnitt 3 (Z. 32 – 40) ____________________

Bei der Beschreibung der Handlung kann man zwischen **äußerer und innerer Handlung** unterscheiden. Alles, was man als außenstehender Beobachter sehen könnte, z. B. was eine Figur macht oder sagt, ist äußere Handlung. Die Gedanken und Gefühle, die als innerer Monolog oder erlebte Rede wiedergegeben werden können, bezeichnet man als innere Handlung.

5. In der Erzählung „Warum frieren die Schwäne nicht?" ist überwiegend äußere Handlung dargestellt, an drei Stellen jedoch auch innere. Markiere diese Stellen im Text und notiere sie:

   ____

   ____

   ____

Ein zentrales Merkmal aller erzählenden Texte ist der **Erzähler** (oder die **Erzählerin**), den du jedoch keinesfalls mit dem Autor oder der Autorin gleichsetzen darfst. Man unterscheidet die **Erzählform** und das **Erzählerwissen**.

Erzählform:

Ich-Form: Der Erzähler tritt als erlebende und erzählende Figur in der Handlung auf.

Er/Sie-Form: Der Erzähler vermittelt die Geschichte, tritt selbst aber zurück.

Erzählerwissen:

umfassend: Der Erzähler steht über dem Geschehen und leitet den Leser durch Kommentare, Vorausdeutungen oder Bewertungen durch die Geschichte. Er weiß mehr als die Figuren.

begrenzt: Es wird aus der Sicht einer Person erzählt. Der Erzähler bleibt der Sichtweise dieser Figur verbunden. Er weiß nicht mehr oder sogar weniger als die Figur.

TIPP Erzählform und Erzählerwissen

Die Erzählform und das Erzählerwissen können sich innerhalb einer Geschichte verändern. Es genügt also nicht, nur im ersten Satz nachzuschauen. Einen Wechsel solltest du auf seine Wirkung hin untersuchen und beschreiben.

6. Bestimme bei den folgenden Sätzen jeweils die Erzählform und das Erzählerwissen.
   a) Ich bin vier oder fünf Jahre alt, stehe mit Vater und Mutter an einem eisigen, windigen Tag an einem Weiher. Wir füttern die Enten, die Blässhühner, die Schwäne. Ich friere.

      Erzählform: ______________ Erzählerwissen: ______________

   b) Ein Vater steht mit seiner Frau und seinem vier- oder fünfjährigen Sohn an einem eisigen, windigen Tag an einem Weiher. Sie füttern Schwäne. Den Sohn beschäftigt eine Frage, auf die der Vater keine eindeutige Antwort weiß.

      Erzählform: ______________ Erzählerwissen: ______________

   c) Ein Mann steht mit einem Jungen an einem Weiher. Sie scheinen sich zu unterhalten. Wovon ihr Gespräch wohl handelt?

      Erzählform: ______________ Erzählerwissen: ______________

Die Erzählform und das Erzählerwissen beeinflussen die **Wirkung** der Figuren auf den Leser. Wie viel und was du von einer Figur erfährst, färbt auf deine **Wahrnehmung** ab. Manchmal wird man als Leser ganz schön an der Nase herumgeführt. Beim Kriminalroman beispielsweise wird dies oft auf die Spitze getrieben.

7. Kreuze für die folgenden Aussagen an, ob sie zutreffen oder nicht:

	trifft zu	trifft nicht zu
a) Der Leser weiß, wie der Vater über seinen kleinen Sohn denkt.	◯	◯
b) Man kennt die Gefühle und Gedanken des Erzählers.	◯	◯
c) Man weiß, was in der Freundin des jungen Mannes vor sich geht.	◯	◯
d) Der Leser ahnt, was die Mutter über den Vater des Kindes denkt.	◯	◯
e) Man erfährt von keiner Person Gefühle oder Gedanken.	◯	◯

Konkrete Handlung findet an einem **Ort** und zu einer **Zeit** statt. Texte, die genaue Angaben zum Zeitpunkt und zum Ort des Geschehens machen, wollen ein einmaliges Erlebnis wiedergeben. Sind diese Angaben ungenau oder fehlen ganz, ist die Textaussage eher allgemeingültig und übertragbar.

8. Unterstreiche in der Erzählung alle Angaben zum Ort und Zeitpunkt des Geschehens und übertrage sie in die Tabelle.

Ort	Zeit
„an einem Weiher"	„an einem eisigen, windigen Tag"

9. Betrachte die Orts- und Zeitangaben. Welcher Aussage kannst du zustimmen? Unterstreiche sie.
   a) In der Erzählung wird ein einmaliges Ereignis wiedergegeben, das an einem bestimmten Ort zu einer konkreten Zeit stattgefunden hat.
   b) Die Orts- und Zeitangaben sind wenig konkret. Die Handlung könnte sich so oder so ähnlich an beliebigen Orten zu verschiedenen Zeiten im Herbst oder Winter ereignen.

Ein Autor hat verschiedene Möglichkeiten zur **Zeitgestaltung** von Handlungen. Das kennst du auch von Filmen. Manchmal wird alles einfach der Reihe nach erzählt, manchmal springt die Handlung vor („zehn Jahre später") oder zurück („fünf Jahre davor"). Auch die Zeitlupe kennst du von Filmen.
Ähnliche Möglichkeiten gibt es bei Erzählungen:

Zeitsprung:
Zwischen zwei Handlungsschritten wird etwas ausgelassen, um nur das für den Fortgang der Handlung Entscheidende zu erzählen.

Rückblende:
Ereignisse, die zeitlich vor dem bisher Erzählten stattgefunden haben, werden erst im Nachhinein erzählt.

Vorausblende:
Ein Handlungsschritt wird vorweggenommen.

Zeitdehnung:
Die Erzählzeit ist länger als die erzählte Zeit.
Beispiel:
Der Moment des Aufwachens wird über zwei Textseiten hinweg geschildert.

INFO Erzählzeit – erzählte Zeit

Die Erzählzeit ist die Zeit, die ein Erzähler braucht, um die Handlung zu erzählen (bzw. die ein Leser braucht, um den Text zu lesen). Die erzählte Zeit ist der Zeitraum, über den sich die Handlung erstreckt.

Zeitraffung:
Die erzählte Zeit ist länger als die Erzählzeit.
Beispiel:
Eine 45-minütige Unterrichtsstunde wird in drei Sätzen wiedergegeben.

10. Welche Mittel zur Zeitgestaltung hat Reinhold Ziegler hier angewandt?
   a) „Papa weiß alles, spricht von Gefieder und dem Wachs aus der Birzeldrüse, zeigt mir, als der Schwan den versinkenden Brotbrocken nachschnäbelt, dass der Hals auch unter Wasser nicht nass wird, erklärt die Isolationswirkung des Geflügelfetts und doziert über die unterschiedliche Wärmeleitung von Luft, Wasser, Fett und Muskeln." (Z. 5 – 9)

   → Es handelt sich hier um eine ______________________________, da die erzählte Zeit ______________________________ als die Erzählzeit ist.

   b) „Jahre später" (Z. 17)

   → Es handelt sich um einen ______________________________, da man nicht erfährt, was in der Zwischenzeit alles passiert ist.

   c) „Wie ich dir so vieles damals nicht glaubte – zu Recht." (Z. 30 f.)

   → Das ist eine ______________________________, da dem Leser angedeutet wird, dass es Anlass zu Misstrauen in der Beziehung gibt.

   d) „wie damals und einst" (Z. 33)

   → Das ist eine ______________________________, da sich der Ich-Erzähler an die beiden früheren Besuche am Weiher erinnert.

Dritter Schritt: Die Sprache untersuchen

Auch Erzähltexte sind sprachlich **gestaltet**. Diese Gestaltung musst du zunächst untersuchen, um sie anschließend beschreiben zu können. Wichtig ist auch hier, dass du eine Verbindung zum Inhalt herstellst, indem du die Wirkung der verwendeten Sprache beispielhaft erläuterst. Also: **Wie** wird etwas ausgesagt und welche **Wirkung** hat das auf dich als Leser?

1. Untersuche die Geschichte hinsichtlich der Verwendung **sprachlicher Mittel** (z. B. Metapher, Symbol, Wiederholung) und markiere sie mit der Farbe, die du für die „Sprache" reserviert hast.

TIPP Sprachliche Mittel

Im Glossar findest du auf Seite 120 eine Tabelle mit allen sprachlichen Mitteln. In den meisten Erzähltexten sind diese nicht ganz so häufig verwendet wie in Gedichten, aber einige kannst du sicherlich herausfinden.

2. Ergänze in der Tabelle die sprachlichen Mittel und überlege dir, welche Wirkung sie haben bzw. welcher Bezug zum Inhalt herstellbar ist.

Sprachliche Mittel	Wirkung bzw. Bezug zum Inhalt
Wiederholung der Frage „Warum frieren die Schwäne nicht?" (Z. 4, 20, 36 f.)	zentrales Problem für den Ich-Erzähler; Titel der Erzählung
Symbol	
	unterstreicht die Wirkung des Zeitsprungs; in der Zwischenzeit keine neuen Erkenntnisse in Bezug auf seine Fragestellung; Ernüchterung

Zur Untersuchung der sprachlichen Gestaltung gehört auch die Beschreibung der **Redeform**. Hier gibt es folgende Möglichkeiten:

Redeform

- **Erzählbericht (= die Geschichte wird nur vom Erzähler vermittelt)**
- **Figurenrede (= Figuren kommen selbst zu Wort)**
  - wörtliche/direkte Rede
    Beispiel:
    „‚Und die Füße?', fragte ich."
  - indirekte Rede
    Beispiel:
    „Ich fragte, was mit den Füßen sei."
  - innerer Monolog
    Beispiel:
    „Und was wäre, wenn sie mich anlügt? Müsste ich mich trennen?"
  - erlebte Rede
    Beispiel:
    „Ja, sie konnte mir so einiges erzählen. So leicht konnte sie mich um den Finger wickeln."

Die Redeform bestimmt, wie gut du dich in eine Person **hineinversetzen** kannst. Wenn du durch einen inneren Monolog ihre geheimen Wünsche und Gedanken kennenlernst, bist du ihr näher, als wenn du lediglich indirekte Äußerungen über sie erfährst.

TIPP Redeformen wiederholen

Schau im Glossar auf Seite 119 nach. Dort findest du Erklärungen und weitere Beispiele zu den Redeformen.

3. Unterstreiche in der Erzählung alle Stellen mit wörtlicher Rede. Entscheide dann, welche Aussagen richtig sind:

	trifft zu	**trifft nicht zu**
a) Wörtliche Rede findet sich in allen drei Abschnitten des Textes.	○	○
b) Wörtliche Rede wird nur im ersten und zweiten Abschnitt verwendet.	○	○
c) Der Ich-Erzähler plaudert einfach gern mit Menschen.	○	○
d) Er wird häufig von anderen Personen in Gespräche verwickelt.	○	○
e) Der Ich-Erzähler versucht, von anderen Menschen eine Antwort auf seine drängende Frage zu finden.	○	○
f) Eine zufriedenstellende Antwort findet er dann aber schließlich allein für sich.	○	○

Erzählungen kann man, im Unterschied zu den meisten Gedichten, als eine fortlaufende Verknüpfung von Sätzen verstehen. Bei Erzählungen kannst du deshalb auch den **Satzbau** untersuchen.

4. Unterstreiche bei den folgenden Sätze das finite Verb (= das Verb, das an die Person angepasst ist).

   a) „Ich bin vier oder fünf Jahre alt, stehe mit Vater und Mutter an einem eisigen, windigen Tag an einem Weiher."

   b) „Du versteckst dich vor dem schneidenden Wind unter meiner Jacke, drückst dein Gesicht an meinen Kragen."

   c) „Heute habe ich nochmal nachgeschaut, der Tag schien günstig, bitterkalt, wie damals und einst, nur einsamer."

Bei einem **Hauptsatz** steht das finite Verb an erster oder zweiter Position des Satzes.
Mehrere Hauptsätze, die aneinandergereiht sind, nennt man eine **Satzreihe** (= Parataxe). Der Satzbau ist dann **parataktisch**. Die Hauptsätze können dabei durch Kommas oder Punkte voneinander abgetrennt sein.
Bei einem **Nebensatz** steht das finite Verb am Ende des Satzes. Er kann nicht alleine stehen. Eine Verbindung aus Haupt- und Nebensatz nennt man **Satzgefüge** (= Hypotaxe).
Der Satzbau ist dann **hypotaktisch**.

5. Schau noch einmal die Sätze an, die du in Aufgabe 4 untersucht hast.
   Ergänze dann den Lückentext.

Bei diesen Sätzen handelt es sich ausschließlich um ______________________________,

die aneinandergereiht sind. Der Satzbau ist ______________________________.

6. Lies in der Erzählung „Warum frieren die Schwäne nicht?" nach.
   Überwiegen hier die Haupt- oder die Nebensätze?

   ____

   ____

Auch der **Satzbau** trägt zur **Wirkung** eines Textes bei:
Eine **Satzreihe** kann
- monoton,
- gefühlsarm,
- beruhigend,
- gleichmäßig,
- kühl,
- bedrückend

wirken.

INFO Ellipse

Die Ellipse, ein verkürzter Satz, kannst du auch als Sonderform des Satzbaus beschreiben. Sie wirkt oft kühl und nüchtern. Vermeide aber eine doppelte Beschreibung als Stilmittel und Satzbauform.

Ein **Satzgefüge** kann
- fröhlich,
- harmonisch,
- ausgeglichen,
- einengend,
- ungeduldig,
- aufgeregt

wirken.

INFO Satzreihe – Satzgefüge

Während eine Satzreihe aus mehreren aneinandergereihten Hauptsätzen besteht, bezeichnet das Satzgefüge eine Verbindung aus Haupt- und Nebensätzen.

Sicherlich hast du bei der Aufzählung bemerkt, dass die Wirkung ganz unterschiedlich, sogar gegensätzlich, sein kann. Du kannst also die Wirkung einer Satzreihe nicht einfach immer als bedrückend beschreiben. Überlege dir, ob es eine **Verbindung zum Inhalt** der Erzählung gibt. Dann sollte dir die passende Auswahl leichterfallen.

7. Versuche, eine Verbindung zwischen dem vorherrschenden parataktischen Satzbau und dem Inhalt der Erzählung von Reinhold Ziegler herzustellen:

   Die vielen Satzreihen der Erzählung verstärken den Eindruck ____________________

   ____

   ____

Wie in der Musik kann man auch mit dem **Sprachstil** ganz unterschiedliche Wirkungen erzeugen. Ein wildes Schlagzeugsolo reißt dich vielleicht eher vom Sofa als ein zartes Harfenkonzert. Die Wirkung der Sprache hängt z. B. mit der Auswahl der Wörter, der Sprachebene oder der Länge der Sätze zusammen. Vergleiche einmal folgende Beispiele:

„Habt ihr auch was?“
„Geht dich einen Scheißdreck an!“, brüllte Tschick zurück. […]
„Steck dir 'n Finger in' Arsch und halt's Maul!“
„Russenschwuchtel!“
„Ich komm gleich rüber.“
„Der böse Mann will rüberkommen! Und was willst du machen, wenn du hier bist? Na los, komm doch.“

Quelle: Wolfgang Herrndorf: Tschick. Rowohlt Berlin Verlag GmbH, Berlin 2010, S. 151

„Als ich aufwachte, drang der Duft frisch gebackenen Brotes vom Backofen auf der Küchenterrasse durch mein geöffnetes Fenster und kitzelte verlockend meine Nase. Zipora ist mal wieder sehr früh aufgestanden, um uns eine Freude zu machen, dachte ich dankbar. Da spürte ich noch nichts, da war ich noch ganz ich selbst. Der Duft frischen Brotes, ein zärtlicher Kuss von Recha, ein paar freundliche Worte Nathans […] – das alles erfüllte mich mit einer heiteren Zufriedenheit.“

Quelle: Mirjam Pressler: Nathan und seine Kinder. © 2009 Beltz & Gelberg in der Verlagsgruppe Beltz, Weinheim/Basel, S. 167/177

Das erste Beispiel ist gespickt mit umgangssprachlichen Ausdrücken (z. B. „was“, „'r“, „na los“) und Schimpfwörtern.
Die Sprache des zweiten Beispiels könnte man als bildhaft und sinnlich beschreiben (z. B. „kitzelte verlockend“, „spürte“, „zärtlicher Kuss“, „heiteren Zufriedenheit“).

8. Betrachte nun die Sprache unserer Beispielerzählung (ohne wörtliche Rede). Wie würdest du den Sprachstil der Erzählung umschreiben? Suche passende Adjektive aus:

bilderreich sachlich knapp alltäglich gehoben ausufernd umgangssprachlich schwelgerisch reduziert gefühlsbetont neutral

9. Der Sprachstil charakterisiert die jeweilige Figur (siehe Aufgabe 2 des zweiten Schrittes). Suche für den Vater und die Freundin des Ich-Erzählers weitere typische Äußerungen:

Vater: Gefieder, Wachs aus der Birzeldrüse, Isolationswirkung

Freundin: etwas so Schönes, nicht entstehen, nicht vergehen

INFO

Achtung: Die Darstellung des Vaters erfolgt nur in der Wiedergabe durch den Ich-Erzähler. Wir lernen den Vater sozusagen nur durch die Augen des Sohnes kennen. Eine andere Figur könnte ihn ganz anders sehen.

10. Stelle nun wiederum einen Bezug zwischen der Wirkung der Sprache und dem Inhalt her:

	Vater	Freundin
Wirkung	belehrt seinen Sohn, wählt keine kindgerechte Ausdrucksweise, erklärt zu lange und ausführlich aber: weiß doch nicht alles, wirkt teils ratlos	poetische, fantasievolle und teilweise lustige Erklärungen, wortgewandt aber: nicht unbedingt glaubwürdig
Bezug zum Inhalt		

Erzählungen beziehen sich meist auf vergangene Handlungen, deshalb ist das Präteritum (= einfache Vergangenheit, z. B. war, lachte) das übliche **Erzähltempus** (= Erzählzeit). Stellst du hiervon Abweichungen fest, solltest du diese in deinem Aufsatz beschreiben.

11. Wenn du die Zeitformen in der Erzählung anschaust, stellst du fest, dass Reinhold Ziegler zwischen Präsens und Präteritum (bzw. Perfekt) abwechselt. Untersuche, welches Tempus in den angegebenen Zeilen verwendet wird und welche Wirkung damit erzielt wird.

Z. 1 – 14 (bis „Papa"): Präsens → Der Leser ist am Weiher gegenwärtig/anwesend.

Z. 14 – 16:

Z. 17 – 29:

Z. 30 f.:

Z. 32 – 38:

Z. 38 – 40:

Vierter Schritt: Den Aufbau und die Form untersuchen

Zwischen dem **Aufbau** des Textes und dem Inhalt gibt es häufig einen Zusammenhang. Diesen solltest du herausfinden, indem du die Struktur des Textes untersuchst.

1. Teile die Erzählung in drei **Sinnabschnitte** ein und finde jeweils ein passendes Schlagwort:

INFO Sinnabschnitte

Die Sinnabschnitte stimmen nicht unbedingt mit den gesetzten Abschnitten überein. Überlege, in welche wichtigen Handlungsschritte du die Gesamthandlung aufteilen kannst.

Sinnabschnitt	Zeilen	Schlagwort
1		
2		
3		

Im nächsten Schritt musst du die Form des Textes beschreiben, also die Frage beantworten, um welche **Textsorte** es geht. Du weißt schon, dass es sich bei der Aufgabe 2 der Prüfung immer um einen Erzähltext handelt. Es ist klar, dass man dir eine relativ kurze Erzählform vorlegen wird, da du in der Prüfung nicht einen ganzen Roman oder eine Novelle lesen kannst. In den meisten Fällen wird dies eine **Kurzgeschichte** sein.

2. Lies den folgenden Infotext zur Kurzgeschichte durch und unterstreiche darin die wesentlichen Textsortenmerkmale.

INFO Kurzgeschichte

In der Kurzgeschichte (von der englischen Bezeichnung **Short Story** abgeleitet) wird häufig in knapper Form und in alltäglicher Sprache ein kurzer Ausschnitt aus dem Leben eines gewöhnlichen Menschen erzählt. Häufig tritt inmitten des Alltags eine unerwartete Wendung auf. Typische Merkmale der Kurzgeschichte sind der plötzliche Erzählanfang ohne Einleitung und ein offener Schluss. Personen sind häufig reduziert dargestellt, z. B. ohne Namen, genaue Beschreibung, Altersangabe. Oft sind die Personen Außenseiter. Der Ort der Handlung ist ebenfalls oft nicht genau beschrieben. Kurzgeschichten werden in Deutschland vermehrt erst seit 1945 geschrieben. Wolfgang Borchert, Ilse Aichinger, Heinrich Böll und Marie Luise Kaschnitz sind bekannte Autoren und Autorinnen von Kurzgeschichten.

3. Untersuche nun, ob die Erzählung „Warum frieren die Schwäne nicht?" eine Kurzgeschichte ist. Wähle fünf der im Infotext unterstrichenen Merkmale aus und suche entsprechende Belege aus dem Text heraus.

Merkmal der Kurzgeschichte	Textbeleg
plötzlicher Erzählanfang / keine Einleitung	„Ich war fünf oder sechs Jahre alt …"
überraschende Wende	

Fünfter Schritt: Die Textintention ermitteln

Nachdem du die Erzählung ausführlich auf ihre inhaltliche, sprachliche und formale Gestaltung und Wirkung hin untersucht hast, sollst du all diese Erkenntnisse nun auf einen Nenner bringen. Welche **Aussage** will der Text machen? Was könnte eine **Botschaft** an den Leser sein?

1. Mach ein Brainstorming zur Textaussage und halte deine Einfälle in der Mindmap fest. Die folgenden Fragen können dir Impulse liefern:
   - Worauf will der Text aufmerksam machen?
   - Worüber denkst du als Leser nach der Lektüre nach?
   - Wofür könnte die Frage „Warum frieren die Schwäne nicht?" stehen?
   - Zu welcher Erkenntnis kommt der Ich-Erzähler? Wann?
   - Wozu will der Text anregen?
   - Wie heißt der Titel des Buches, aus dem die Geschichte entnommen wurde (siehe Quellenangabe)?

„Textintention – Warum frieren die Schwäne nicht?"

Sechster Schritt: Die eigene Meinung darstellen

Nachdem du dich als Leser bis hierher in deinen persönlichen Äußerungen zurückhalten musstest, sollst du nun deine **eigene Meinung** zum Text darstellen. Damit ist nicht gemeint, dass du den Text bewertest. Nimm Stellung zum Thema, zu den Figuren und zur Handlung des Textes. Vielleicht magst du auch eine Verbindung zu deinen eigenen Erfahrungen äußern?

1. Die folgenden Sätze haben Schüler im letzten Abschnitt ihrer Textbeschreibung geschrieben. Lies sie durch und wähle diejenigen aus, die gut zu deiner eigenen Meinung passen. Notiere anschließend noch eigene Stichworte oder Sätze.

   – Mich hat zunächst die seltsame Frage des Ich-Erzählers verwirrt.
   – Die Antwort, die der Ich-Erzähler am Ende findet, finde ich ziemlich lustig.
   – Ich konnte mich nicht so gut in den Ich-Erzähler hineinversetzen.
   – Mich würde interessieren, warum der Ich-Erzähler seiner Freundin nicht vertrauen konnte.
   – Es gibt bestimmt Fragen, auf die man sein ganzes Leben lang eine Antwort sucht.
   – Können Schwäne eigentlich stolz sein?
   – Das Thema des Textes passt gut für Jugendliche, da diese auch noch viel über das Leben lernen müssen.
   – Mir war richtig kalt, nachdem ich die Geschichte gelesen hatte.

Siebter Schritt: Den Aufsatz ausformulieren

Nun geht es an die Schreibarbeit. Das ist anstrengend, kostet Zeit und Mühe, aber es lohnt sich. Du solltest vor der Prüfung unbedingt mehrere vollständige Textbeschreibungen anfertigen, denn du übst so das Formulieren. In der Prüfung wird dir das dann leichter von der Hand gehen.
Der **Aufbau** deines Aufsatzes ist derselbe wie bei der Gedichtbeschreibung. Präge dir die Übersichtstabelle von B 1, achter Schritt, auf Seite 22 gut ein.

EINLEITUNG

Der erste Satz

1. Ein Schüler hat seine Textbeschreibung von „Warum frieren die Schwäne nicht?" so begonnen:

> **LÖSUNGSHILFE Erster Satz**
> Auf Seite 17 findest du eine Satzvorlage.

Bei der Kurzgeschichte handelt es sich um „Warum frieren Schwäne nicht?" von Reinhard Ziegel, die 2001 in dem Buch „Der Straßengeher" auf den Seiten 93 und 94 abgedruckt wurde.

Was meinst du? Markiere zunächst alle Fehler und schreibe den ersten Satz dann neu.
Tipp: Sieh dir die Quellenangabe genau an!

____

____

Das Thema benennen

Was ist das Thema dieser Kurzgeschichte? Nachdem du dich schon sehr ausführlich mit ihr beschäftigt hast, wird dir eine passende Auswahl nicht schwerfallen. Kreuze an und formuliere anschließend einen Satz:

- ◯ Erwachsenwerden
- ◯ biologisches Grundwissen
- ◯ große Fragen des Lebens
- ◯ unglückliche Beziehungen
- ◯ Winterwetter
- ◯ Einsamkeit

> **LÖSUNGSHILFE Thema benennen**
> Es gibt hier nicht die eine richtige Lösung, sondern durchaus mehrere Möglichkeiten. Es kommt darauf an, welchen Fokus auf die Geschichte du wählst. Diesen solltest du dann im Hauptteil beibehalten.

Inhaltsangabe

2. In die folgende Kriterienliste zur Inhaltsangabe haben sich falsche Merkmale eingeschlichen. Streiche sie durch:

- Schreibe im Präsens.
- Verrate nicht den Schluss der Erzählung.
- Fasse die wichtigsten Handlungsschritte zusammen.
- Beantworte W-Fragen (Wer? Wo? Was?)
- Erzähle ausführlich, lasse nichts aus.
- Gib wörtliche Rede als indirekte Rede wieder.
- Zitiere aus der Kurzgeschichte.
- Wähle die wichtigsten Sätze aus der Kurzgeschichte aus und schreibe sie ab.

In der Beispielkurzgeschichte kommt viel wörtliche Rede vor. Wenn du diese Aussagen in der Inhaltsangabe verwenden willst, musst du sie als **indirekte Rede** wiedergeben. Dafür verwendest du den **Konjunktiv I**. Er wird vom Infinitiv (= Grundform) abgeleitet. An den Verbstamm hängst du die Personalendungen des Konjunktivs an:

Beispiel: könn **en**

ich könn **e**	du könn **est**	er/sie/es könn **e**
wir könn **en**	ihr könn **et**	sie könn **en**

3. Ergänze folgenden Auszug aus der Inhaltsangabe. Kürze dabei die Antwort, indem du Wesentliches auswählst.

   Er stellt auch ihr die Frage, warum Schwäne nicht frieren. Sie antwortet, weil ______

   ______

   ______

   ______

4. Schreibe nun die gesamte Inhaltsangabe auf ein separates Blatt.

HAUPTTEIL

Auch bei der Textbeschreibung des Erzähltextes kannst du dich entscheiden, ob du im Hauptteil einmal an der Geschichte entlang alle inhaltlichen, sprachlichen und formalen Merkmale erläuterst oder ob du dies in einem Dreischritt nacheinander erledigst (siehe Seite 19). Probiere aus, was dir besser liegt. Manchmal passt ein Verfahren auch eindeutig besser zu einer Geschichte. Wichtig ist, dass du dich **vor** dem Schreiben für ein Verfahren entscheidest und dieses dann durchgängig ausführst.

Beschreibung des Inhalts

Auf Seite 31 – 35 hast du den Inhalt der Erzählung bereits ausführlich erarbeitet. Nun musst du diese Erkenntnisse als zusammenhängenden Text ausformulieren. Wichtig ist, dass du dich hierbei in deinen Aussagen immer wieder auf den Text beziehst und **Zitate** zur Veranschaulichung einbaust. Dieser Abschnitt deines Aufsatzes wird in der Regel um einiges länger sein als bei einer Gedichtbeschreibung – aus dem einfachen Grund, dass Geschichten Handlungen erzählen.

Wenn du folgende **Checkliste** abarbeitest, solltest du keine wichtigen Aspekte vergessen:

CHECKLISTE Inhalt beschreiben

- ✓ Haupt- und Nebenfiguren benennen und charakterisieren
- ✓ Beziehung(en) der Figuren untereinander beschreiben (Figurenkonstellation)
- ✓ innere und äußere Handlung beschreiben
- ✓ Erzählform und Erzählerwissen benennen und in ihrer Wirkung beschreiben
- ✓ Ort und Zeit der Handlung beschreiben
- ✓ Zeitgestaltung und ihre Wirkung darstellen

Du kannst eine eigene Reihenfolge der einzelnen Punkte festlegen. Entscheide danach, wozu du Wesentliches sagen kannst.

5. Lies den Anfang folgender Beschreibung des Inhalts durch. Welcher Punkt der Checkliste wird darin ausgeführt? Hake ab und vervollständige sie dann auf einem separaten Blatt.

In der Erzählung kommen mehrere Personen vor: ein Junge, der am Ende der erzählten Handlung erwachsen ist, seine Freundin oder Frau, sein Vater und seine Mutter. Die Handlung wird aus der Sicht des Jungen bzw. Mannes in der Ich-Form erzählt „Ich bin vier oder fünf Jahre alt [...]" (Z. 1). Er ist deshalb als Hauptfigur des Textes anzusehen. Als Leser kann man sich in ihn am besten hineinversetzen, da man alle Beobachtungen und Erlebnisse aus seiner Sicht geschildert bekommt. Da die anderen Figuren nur in einzelnen Abschnitten in die Handlung eingebunden sind, können sie als Nebenfiguren angesehen werden.

Der Junge scheint ein neugieriger und wissbegieriger Junge zu sein, denn er ...

TIPP Formulierungshilfen

Hilfreiche Verben und Satzverbindungen findest du auf den Seiten 19 und 20.

Beschreibung der Sprache

Zu folgenden sprachlichen Merkmalen hast du auf Seite 36 – 41 Vorarbeiten geleistet:

- sprachliche Mittel und ihr Bezug zum Inhalt
- Redeform und ihr Bezug zum Inhalt
- Satzbau und seine Wirkung
- Sprachstil
- Erzähltempus

6. Lies folgende Zitate aus Schüleraufsätzen als Anregung durch. Fertige dann deine eigene Beschreibung der Sprache des Textes an. Auch hier kannst du selbst ein sinnvolle Reihenfolge festlegen.

Die drei Abschnitte der Geschichte sind sprachlich sehr unterschiedlich. Im ersten Abschnitt ist die Sprache zum einen sehr alltäglich, da der Junge als Vier- oder Fünfjähriger ganz normal spricht. Der Vater verwendet sehr viele Fachbegriffe, die sein kleiner Sohn noch gar nicht richtig verstehen kann. Das sieht man z. B. an dem Wort „doziert" (Z. 8), das der Ich-Erzähler verwendet, um den Redestil seines Vaters zu beschreiben.

Der Ort der Handlung ist nur ungenau beschrieben. Man erfährt nur, dass es ein Weiher ist, auf dem Schwäne und andere Vögel herumschwimmen. Der Satz „Heute habe ich noch mal nachgeschaut" (Z. 32) macht klar, dass es sich immer um denselben Weiher handelt.

In allen Abschnitten gibt es Hinweise auf das Wetter: „an einem eisigen windigen Tag" (Z. 1 f.), „vor dem schneidenden Wind" (Z. 18), „bitterkalt" (Z. 32). Das Wetter spielt also eine wichtige Rolle in dieser Geschichte. Wenn es nicht so kalt wäre, würde die Frage „Warum frieren die Schwäne nicht?" keinen Sinn machen.

Die Frage „Warum frieren die Schwäne nicht?" wird im Text dreimal wiederholt. Das zeigt, dass der Ich-Erzähler wirklich eine Antwort darauf finden will. Deshalb heißt die Geschichte auch so.

Beschreibung des Aufbaus und der Form

7. Auch hier hast du die wesentlichen Punkte schon erarbeitet (siehe Seite 41 f.). Formuliere diesen Abschnitt nun aus. Gehe dabei auch auf die überraschende Wendung der Handlung im letzten Abschnitt ein.

SCHLUSS

Viele Schüler machen nach dem langen Hauptteil des Aufsatzes an dieser Stelle schlapp. Sie wollen nur noch schnell fertig werden und schenken dem Schlussteil dann kaum Beachtung. Falls es dir genauso geht, mach an dieser Stelle eine kurze **Pause**, recke und strecke dich und mobilisiere nochmals deine letzten Energiereserven.

Die Textintention ausformulieren

In diesem Abschnitt kannst du zeigen, wie gut du die Geschichte durchdrungen hast. Du löst dich von der wörtlichen Ebene des Textes und formulierst eine darüber hinausgehende Aussage zur Bedeutung.

8. Lies deine Ideen der Mindmap (siehe Seite 43) durch und formuliere dann einige davon aus.

Die eigene Meinung darstellen

Den meisten Schülern fällt es leichter, die eigene Meinung zu einem Erzähltext zu formulieren als zu einem Gedicht. Man kann sich besser in die Figuren hineinversetzen, hat vielleicht ähnliche Erfahrungen gemacht wie sie und kann sich insgesamt alles besser vorstellen. Geht es dir genauso?

9. Auf Seite 43 hast du schon einige Ideen gesammelt. Formuliere sie nun aus.

Achter Schritt: Den Aufsatz kontrollieren und überarbeiten

Nicht schummeln und hier einfach aufhören. Mach eine Pause und arbeite dich dann noch einmal durch dein Werk. Arbeite dafür mit der Checkliste auf Seite 116 und benutze auch ein Rechtschreibwörterbuch.

Hast du durchgehalten? Dann bist du in deiner Prüfungsvorbereitung ein großes Stück weitergekommen. Glückwunsch!

Zur besseren Übersicht sind hier die **Schritte zur Textbeschreibung** noch einmal in Kurzform dargestellt:

INFO In acht Schritten zur Textbeschreibung

Erster Schritt: Text lesen
Zweiter Schritt: Inhalt erarbeiten
Dritter Schritt: Sprache untersuchen
Vierter Schritt: Aufbau und Form untersuchen
Fünfter Schritt: Textintention ermitteln
Sechster Schritt: eigene Meinung darstellen
Siebter Schritt: Aufsatz ausformulieren
Achter Schritt: Aufsatz kontrollieren und überarbeiten

B 4 Angeleitete Prüfungsaufgabe „Texte beschreiben“ (Erzähltext)

In diesem Kapitel übst du die einzelnen Schritte der Textbeschreibung an einem weiteren Erzähltext. Anhand von Fragen wirst du auf wesentliche Textstellen aufmerksam gemacht. Markiere sie im Text und notiere die Antworten auf einem Notizblatt. Arbeite bei den einzelnen Arbeitsschritten mit verschiedenen Farbstiften (siehe Tipp Seite 11). Die Lösungshilfe-Kästen helfen dir bei Unsicherheiten. Halte für die Bearbeitung eine Uhr bereit, mit der du deine Arbeitszeit für die einzelnen Schritte ermitteln kannst. Das ist wichtig, um ein Gefühl für die Bearbeitungszeit von 240 Minuten (= vier Zeitstunden), die dir in der Prüfung zur Verfügung steht, zu bekommen. Falls du nicht das gesamte Kapitel am Stück bearbeiten kannst oder magst, notiere dir die benötigte Arbeitszeit für die erledigten Schritte, um am Ende deine Gesamtarbeitszeit ausrechnen zu können. Sorge für eine ungestörte Arbeitsatmosphäre.

Streuselschnecke

Julia Franck

Der Anruf kam, als ich vierzehn war. Ich wohnte seit einem Jahr nicht mehr bei meiner Mutter und meinen Schwestern, sondern bei Freunden in Berlin. Eine fremde Stimme meldete sich, der Mann nannte seinen Namen, sagte mir, er lebe in Berlin, und fragte, ob ich ihn kennen lernen wollte. Ich zögerte, ich war mir nicht sicher. Zwar hatte ich schon viel über solche Treffen gehört und mir oft vorgestellt, wie so etwas wäre, aber als es so weit war, empfand ich eher Unbehagen. Wir verabredeten uns. Er trug Jeans, Jacke und Hose. Ich hatte mich geschminkt. Er führte mich ins Café Richter am Hindemithplatz und wir gingen ins Kino, ein Film von Rohmer. Unsympathisch war er nicht, eher schüchtern. Er nahm mich mit ins Restaurant und stellte mich seinen Freunden vor. Ein feines, ironisches Lächeln zog er zwischen sich und die anderen Menschen. Ich ahnte, was das Lächeln verriet. Einige Male durfte ich ihn bei seiner Arbeit besuchen. Er schrieb Drehbücher und führte Regie bei Filmen. Ich fragte mich, ob er mir Geld geben würde, wenn wir uns treffen, aber er gab mir keins, und ich traute mich nicht, danach zu fragen. Schlimm war das nicht, schließlich kannte ich ihn kaum, was sollte ich da schon verlangen? Außerdem konnte ich für mich selbst sorgen, ich ging zur Schule und putzen und arbeitete als Kindermädchen. Bald würde ich alt genug sein, um als Kellnerin zu arbeiten und vielleicht wurde ja auch eines Tages etwas Richtiges aus mir. Zwei Jahre später, der Mann und ich waren uns noch immer etwas fremd, sagte er mir, er sei krank. Er starb ein Jahr lang, ich besuchte ihn im Krankenhaus und fragte, was er sich wünsche. Er sagte mir, er habe Angst vor dem Tod und wolle es so schnell wie möglich hinter sich bringen. Er fragte mich, ob ich ihm Morphium besorgen könne. Ich dachte nach, ich hatte einige Freunde, die Drogen nahmen, aber keinen, der sich mit Morphium auskannte. Auch war ich mir nicht sicher, ob die im Krankenhaus herausfinden wollten und würden, woher es kam. Ich vergaß seine Bitte. Manchmal brachte ich ihm Blumen. Er fragte nach dem Morphium und ich fragte ihn, ob er sich Kuchen wünsche, schließlich wusste ich, wie gerne er Torte aß. Er sagte, die einfachen Dinge seien ihm jetzt die liebsten – er wolle nur Streuselschnecken, nichts sonst. Ich ging nach Hause und buk Streuselschnecken, zwei Bleche voll. Sie waren noch warm, als ich sie ins Krankenhaus brachte. Er sagte, er hätte gerne mit mir gelebt, es zumindest gern versucht, er habe immer gedacht, dafür sei noch Zeit, eines Tages – aber jetzt sei es zu spät. Kurz nach meinem siebzehnten Geburtstag war er tot. Meine kleine Schwester kam nach Berlin, wir gingen gemeinsam zur Beerdigung. Meine Mutter kam nicht. Ich nehme an, sie war mit anderem beschäftigt, außerdem hatte sie meinen Vater zu wenig gekannt und nicht geliebt.

Quelle: Julia Franck: Bauchlandung. Geschichten zum Anfassen. S. Fischer Verlag, Frankfurt am Main 2000

Erster Schritt: Den Erzähltext lesen

Hast du die Uhr im Blick?

1. Beachte zunächst nur die **Überschrift „Streuselschnecke“**. Halte deine Assoziationen dazu in Stichworten fest. Du kannst auch eine Mindmap zeichnen.

2. Lies nun den gesamten Text mindestens zweimal durch. Markiere und notiere mit einem Bleistift:

   - Gibt es auffällige oder schwierige Wörter?
   - Welche Stellen sind schwierig zu verstehen?
   - Was bleibt unklar?
   - Fällt dir sonst etwas auf?

Benötigte Zeit: *Für das Lesen des Textes habe ich ________ Minuten benötigt.*

Zweiter Schritt: Den Inhalt erarbeiten

1. Untersuche nun genau, **was** in der Geschichte **geschieht**. Markiere mit der Farbe, die du für den Inhalt festgelegt hast, und mach Notizen.

   - Welche Personen kommen in der Geschichte vor?
   - Welches sind Haupt- bzw. Nebenfiguren?
   - Was erfährst du über die Ich-Erzählerin?
   - Was erfährst du über den Mann?
   - Was erfährst du über die Mutter?
   - In welcher Beziehung steht die Ich-Erzählerin zu den anderen Figuren?
   - Schreibe die wichtigsten Handlungsschritte in kurzen Sätzen auf.
   - Kennzeichne innere und äußere Handlung.
   - Bestimme das Erzählverhalten und die Erzählform.
   - Welche Wirkung haben diese?
   - Wo spielt die Geschichte?
   - Gibt es Zeitangaben im Text?

LÖSUNGSHILFE Inhalt untersuchen

Solltest du einige der Fachbegriffe nicht verstehen, schau im Glossar (Seite 117 f.) oder auf Seite 31 – 35 nach.

2 Was könnte das Thema der Erzählung sein? Versuche, eine Überschrift zu finden, unter der du diese und ähnliche Geschichten zusammenfassen könntest.

LÖSUNGSHILFE Thema des Textes

Falls du das Thema jetzt noch nicht erkennen kannst, ist das nicht schlimm. Untersuche die Geschichte weiter und mach dir im Zusammenhang mit der Untersuchung der Textintention nochmals genauer Gedanken zum Thema.

Benötigte Zeit: *Für die Untersuchung des Inhalts habe ich* ________ *Minuten benötigt.*

Dritter Schritt: Die Sprache untersuchen

Vergiss nicht den Blick auf die Uhr.

1 Untersuche den Text auf die Verwendung **sprachlicher Mittel**. Markiere sie im Text mit der Farbe, die du für die „Sprache“ festgelegt hast. Notiere sie in Stichworten und überlege, welcher Bezug zum Inhalt herstellbar ist.

2 Wie kannst du die **Redeform** der Geschichte beschreiben? Wird die Geschichte ausschließlich von einem Erzähler erzählt oder kommt eine Figur oder kommen mehrere Figuren selbst zu Wort? Auf welche Weise bringen sich diese ein:

- wörtliche Rede
- indirekte Rede
- innerer Monolog
- erlebte Rede

In welche Figur kannst du dich als Leser besonders gut hineinversetzen? Warum? Welche Figuren bleiben dir eher fremd? Stelle einen Bezug zur Figurenkonstellation her.

3 Untersuche den **Satzbau** des Textes. Welche Wirkung entsteht? Stelle eine Verbindung zum Inhalt her.

4 Wie würdest du den **Sprachstil** beschreiben? Inwiefern unterstützt er die Wirkung des Inhalts auf dich als Leser?

5 Untersuche das **Erzähltempus** (= Zeitform). Gibt es Abweichungen vom Präteritum? Oder gibt es hier keine Auffälligkeiten?

LÖSUNGSHILFE Untersuchung der Sprache

Kannst du dich an einen der gefragten Begriffe nicht erinnern? Schau im vorherigen Kapitel (Seite 36 – 41) oder im Glossar nach.

Benötigte Zeit: *Für die Untersuchung der Sprache habe ich* ________ *Minuten benötigt.*

Vierter Schritt: Aufbau und Form untersuchen

Hast du schon auf die Uhr geschaut?

1. Der Text ist nicht in Abschnitte gegliedert. In welche **Sinnabschnitte** kannst du ihn gliedern?

2. Um was für eine **Textsorte** handelt es sich? Kannst du Merkmale einer Kurzgeschichte finden? Notiere dir Textbelege. Gibt es hier eine überraschende Wende? Wo? Worin besteht die Überraschung? Welche Wirkung hat diese?

LÖSUNGSHILFE Textsorte

Eine Kurzgeschichte muss nicht zwangsläufig alle Merkmale der Textsorte aufweisen. Wähle etwa vier aus und beschreibe diese.
Solltest du unschlüssig sein, ob es sich tatsächlich um eine Kurzgeschichte handelt, kannst du die Textsorte der zweiten Prüfungsaufgabe immer als „kurzen Erzähltext“ bezeichnen.

Benötigte Zeit: *Für die Untersuchung des Aufbaus habe ich ________ Minuten benötigt.*

Fünfter Schritt: Die Textintention ermitteln

Hast du die Uhr im Blick?

1. Welche **Aussage** will der Text machen? Was könnte eine **Botschaft** an den Leser sein? Schau nochmals alle deine Notizen an und sammle stichwortartig Ideen (z. B. als Mindmap). Es lohnt sich, hier einige Minuten nachzudenken, da du alle vorherigen Untersuchungsergebnisse stimmig einbeziehen sollst.

LÖSUNGSHILFE Textintention

Die Antworten auf folgende Fragen können dir Impulse liefern:
- Worüber denkst du als Leser nach der Lektüre der Erzählung nach?
- Wofür stehen die Streuselschnecken?
- Was veränderte sich für dich als Leser vom ersten zum zweiten Lesedurchgang?
- Welche Beziehung steht im Mittelpunkt der Geschichte?
- Liefert der Buchtitel einen Hinweis?

Sechster Schritt: Deine eigene Meinung darstellen

1. Welche Gedanken und Gefühle löst diese Geschichte bei dir persönlich aus? Folgende Fragen können dir eine Anregung sein:
   - Inwiefern unterscheidet sich dein Leben von dem der Ich-Erzählerin?
   - Was ist an ihr beeindruckend?
   - Wie empfindest du das Ende der Geschichte?
   - Wie beurteilst du die Vater-Tochter-Beziehung?
   - Was würde dich genauer interessieren?

Benötigte Zeit:
Für die Untersuchung der Intention und der eigenen Meinung habe ich ________ Minuten benötigt.

Siebter Schritt: Den Aufsatz ausformulieren

1 Im letzten Schritt formulierst du wieder deine Textbeschreibung aus. Die Tippkästen „Formulierungshilfen“ auf Seite 19 und 20, „Satzbausteine zur Textintention“ auf Seite 21 sowie „Kriterien für eine gute Darstellung der eigenen Meinung“ auf Seite 21 helfen dir dabei sicherlich. Beachte auch den „Aufbau einer Textbeschreibung“ auf Seite 22. Behalte nun auch wieder die Uhr im Blick.

Wie anfangen? Die folgenden Sätze können dir für jeden Abschnitt Anschubhilfe leisten:
Benötigte Zeit: *Für das Formulieren des Aufsatzes habe ich* ________ *Minuten benötigt.*

LÖSUNGSHILFE Wie anfangen?

erster Satz und Thema	Die Kurzgeschichte „Streuselschnecke“ von Julia Franck ist im Jahr 2000 in dem Buch „Bauchlandung. Geschichten zum Anfassen“ im S. Fischer Verlag veröffentlicht worden. Das Thema der Erzählung ...
Inhalts-angabe	Eine Vierzehnjährige bekommt einen Anruf ihres Vaters, den sie ...
Beschreibung des Inhalts	Die Geschichte wird aus der Sicht einer Ich-Erzählerin erzählt. Diese führt bereits ein sehr selbstständiges Leben: „Ich wohnte seit einem Jahr nicht mehr bei meiner Mutter [...], sondern bei Freunden“ (Z. 1 f.). Sie erhält überraschend einen Anruf ...
Beschreibung der Sprache	Die Geschichte ist in einer einfachen und klaren Sprache erzählt, die sehr nüchtern wirkt. Dies passt zum Charakter der Hauptfigur, die ...
Beschreibung der Form	Der Erzähltext lässt sich inhaltlich in drei Sinnabschnitte einteilen: der Anruf des fremden Vaters (Z. 1 – 5), ...
Textintention	Der Text stellt eine Jugendliche vor, die unter sehr problematischen Bedingungen aufwächst, aber dennoch gut klarzukommen scheint. Es kommt eben gerade nicht zu einer „Bauchlandung“ wie der Titel des Erzählbandes ...
eigene Meinung	Ich persönlich denke, dass ...

Achter Schritt: Aufsatz überarbeiten

1 Kontrolliere deinen Aufsatz aufmerksam mithilfe der Checkliste auf Seite 116 und einem Rechtschreibwörterbuch. Verbessere ihn.

Benötigte Zeit: *Für die Überprüfung des Aufsatzes habe ich* ________ *Minuten benötigt.*

Auswertung der Arbeitszeit

Wenn du dich von den Strapazen des Schreibens etwas erholt hast, ist es sicherlich interessant, deine benötigte Gesamtarbeitszeit zu ermitteln. In der unten stehenden Tabelle sind schon die Zeiten eingetragen, welche du in der Prüfung zusätzlich einplanen solltest. Übertrage nun die einzelnen Zeitabschnitte, die du für die „Streuselschnecke" benötigt hast, in die Tabelle:

Arbeitsschritt	Zeit
– Prüfungsaufgaben durchlesen – Auswahl der Aufgabe, die du bearbeiten willst	15 Minuten
– Erzähltext untersuchen: erster – sechster Schritt	
– Aufsatz ausformulieren: siebter Schritt	
– Aufsatz kontrollieren und überarbeiten	
– Reinschrift	
– 2 – 3 kurze Pausen	10 Minuten
– Puffer	15 Minuten
Summe Gesamtarbeitszeit	

Zur Erinnerung: Du hast **240 Minuten** in der Prüfung als Arbeitszeit zur Verfügung. Liegst du mit deinem aktuellen Ergebnis wesentlich über dieser Zeitspanne? Dann untersuche genau, bei welchen Schritten du noch viel Zeit benötigst. Übe diese Schritte gezielt! Falls du ein sehr ordentlicher Schreiber bist, kannst du eventuell auch bei der Reinschrift Zeit einsparen. Aber denke daran, dass die Darstellung deines Aufsatzes ebenfalls bewertet wird. Er sollte also insgesamt „sauber" aussehen.

Generalprobe

Bei den **Prüfungsaufgaben** im Kapitel C dieses Heftes findet du einen weiteren Erzähltext, den du zur Vorbereitung auf die Prüfung beschreiben kannst. Vielleicht magst du diese Aufgabe sogar als **Generalprobe** durchführen? Arbeite dann nur mit den zulässigen Hilfsmitteln und versuche, die 240 Minuten am Stück durchzuhalten.

Es kann sinnvoll sein, für die einzelnen Arbeitsschritte im Voraus Zeitabschnitte einzuplanen und diese mit der tatsächlich benötigten Arbeitszeit zu vergleichen. Falls du das ausprobieren möchtest, kannst du folgende Tabelle verwenden:

Zeitplanung zur Textbeschreibung „Anekdote aus der Hitlerzeit" (James Krüss)

Arbeitsschritt	Zeit	tatsächliche Arbeitszeit
– Prüfungsaufgaben durchlesen – Auswahl der Aufgabe, die du bearbeiten willst	15 Minuten	
– Erzähltext untersuchen: erster – sechster Schritt		
– Aufsatz ausformulieren: siebter Schritt		
– Aufsatz kontrollieren und überarbeiten		
– Reinschrift		
– 2 – 3 kurze Pausen	10 Minuten	
– Puffer	15 Minuten	
Summe Gesamtarbeitszeit		

Zur besseren Übersicht sind hier in einer **Zusammenstellung Merkmale** aufgelistet, die du an einem Erzähltext untersuchen kannst. Nicht bei allen Texten kannst du für alle Merkmale relevante Aussagen machen. Du musst folglich selbst herausfinden, welche Beschreibungen jeweils sinnvoll sind.

LESELUPE Beschreibung von Erzähltexten

Folgende Merkmale kannst du bei **erzählenden Texten** (z. B. Kurzgeschichte, Anekdote usw.) beschreiben:

INHALT:
- Haupt- und Nebenfiguren charakterisieren
- Figurenkonstellation beschreiben (Beziehungen zwischen den Figuren)
- Handlung: äußere und innere
- Erzählform und Erzählerwissen
- Ort und Zeit
- Zeitgestaltung

SPRACHE (→ Bezug zum Inhalt herstellen):
- sprachliche Mittel
- Redeform (Erzählbericht vs. Figurenrede)
- Satzbau
- Sprachtstil
- Erzähltempus

AUFBAU/FORM (→ Bezug zum Inhalt herstellen):
- Sinnabschnitte
- Textsorte bestimmen

B 5 Ein Kompendium erstellen und damit arbeiten (Rahmenthema: „Ernährung heute – Zwischen Mangel und Überfluss")

Fragen und Antworten zum Kompendium

Was ist eigentlich ein Kompendium?

Die meisten Schüler hören den Begriff Kompendium in der 9. oder 10. Klasse zum ersten Mal. Aber was ist das eigentlich?

Ein Kompendium ist eine Sammlung – in unserem Fall eine Sammlung von Texten und anderem Informationsmaterial zu einem bestimmten Thema. Nur leider ist es mit dem Sammeln und Abheften allein nicht getan. Du musst deine Texte und Materialien lesen, durcharbeiten, auswerten und vor allem gut kennen.

Wird ein Thema vorgegeben?

Ja. Das Kultusministerium gibt schon lange im Voraus das Rahmenthema für das Kompendium bekannt. Deshalb hast du auch viele Monate Zeit, Texte und Materialien zu sammeln. Das Rahmenthema für die Prüfung 2017 lautet: **„Ernährung heute – Zwischen Mangel und Überfluss"**. Mitgeliefert wird eine Mindmap, die zeigt, was alles zu dem Thema gehören kann.

Welchen Sinn hat ein Kompendium?

Indem du ein Kompendium zu einem bestimmten Thema erstellst, erfährst du nach und nach immer mehr darüber. Sicher hast du ein bestimmtes Vorwissen und eine spontane Meinung zu einem Thema. Wenn du nun Materialien dazu sammelst und bearbeitest, erweiterst du dein Wissen. Du wirst auf Argumente stoßen, die für deine Meinung sprechen, aber auch auf Gegenargumente. Vielleicht führt die Beschäftigung mit dem Kompendium sogar dazu, dass du deine ursprüngliche Meinung zum Thema mit der Zeit änderst.

Manche Schüler sind der Ansicht, ihnen würde schon selbst genügend zu einem Thema einfallen. Das mühsame Sammeln und Bearbeiten von Material könnten sie sich sparen. Das stimmt leider in den seltensten Fällen. Selbst Fachleute und Wissenschaftler sammeln erst einmal Material, bevor sie einen neuen Artikel oder ein neues Buch zu ihrem Spezialthema schreiben. Das heißt, sie recherchieren und forschen. So kommen sie manchmal auf Gedanken, die ihnen von selbst nicht eingefallen wären, und sie erhalten Informationen, die sie vorher noch nicht hatten.

Kann ich die Deutschprüfung auch ohne ein Kompendium schaffen?

Ja, sicher. Falls du dich dafür entscheidest, als Prüfungsaufsatz lieber eine Textbeschreibung (siehe Kapitel B 1 – B 4) oder eine produktive Schreibaufgabe zu einer Ganzschrift (siehe Kapitel B 7 – B 10) zu erstellen, kommst du auch ohne Kompendium zurecht. Aber damit schränkst du deine Auswahl unnötig ein. Außerdem wird die Erstellung des Kompendiums sicher Unterrichtsthema in Klasse 10 sein. Du wirst dich also auf jeden Fall damit beschäftigen. Mit etwas zusätzlichem Engagement über den Unterricht hinaus hast du schnell eine sehr brauchbare Sammlung. Ganz nebenher übst du dabei noch das Recherchieren und Auswerten von Informationen. Diese Fertigkeiten kommen dir bei vielen Berufsausbildungen zugute, vor allem aber, wenn du weiter zur Schule gehen und später vielleicht studieren möchtest.

INFO Quellenangaben

Bei allen Texten ist die Quellenangabe wichtig. Dazu gehören auf jeden Fall: Autor, Titel, wo ist der Text erschienen (Buch, Zeitung ...) und wann. Bei Texten aus dem Internet kopierst du die URL mit und schreibst das Erscheinungsdatum im Netz dazu (zumindest das Jahr) sowie das Datum, an dem du den Text heruntergeladen hast.

Was darf alles ins Kompendium?

- Texte aus Büchern, Zeitungen, Zeitschriften und aus dem Internet
- schriftliche Zusammenfassungen zu Fernsehberichten, Radiosendungen oder Büchern
- Interviews und Befragungen (auch selbst geführte!)
- Karikaturen, Grafiken und Diagramme
- Merkzettel (mit der Lehrkraft absprechen)
- Inhaltsverzeichnis
- Deckblatt (mit Name, Klasse, Schuljahr, Bearbeitungszeitraum, Thema: Ernährung heute – Zwischen Mangel und Überfluss)

TIPP Textauswahl

Achte darauf, dass die Texte nicht allzu lang und zu kompliziert sind. Du musst mit ihnen klarkommen. Es nützt dir nichts, halbe Bücher abzuheften, mit denen du dich kaum beschäftigt hast, oder die du kaum verstehst.

Vermutlich wird dein Deutschlehrer gewisse Vorgaben zum Inhaltsverzeichnis, zum Deckblatt und zur Erarbeitung der Materialien machen. In diesem Fall nimmst du die Informationen aus diesem Heft als zusätzliche Anregungen, hältst dich aber an das, was ihr im Unterricht besprecht.

Was darf nicht ins Kompendium?

- Beispielaufsätze oder Aufsatzteile (Einleitungen, Schlusssätze, Gliederungen usw.)
- gelöste Aufgaben aus diesem Heft
- Spickzettel

Frag zur Sicherheit noch einmal genau nach, was in euer Kompendium darf und was nicht. Entscheidend sind die Absprachen, die ihr mit eurem Lehrer getroffen habt. Sicher ist aber, dass das Kompendium vor, während oder nach der Prüfung kontrolliert wird. Also lieber kein Risiko eingehen.

Wird das Kompendium benotet?

Nicht in der Prüfung. Da interessiert nur dein Aufsatz. Manche Lehrkräfte benoten das Kompendium allerdings vorher und rechnen die Note in die Jahresleistung ein. Hier hast du die Chance, durch Fleiß und eine ordentliche, ansprechende Gestaltung deine Deutschnote zu verbessern.

Kann die Erstellung eines Kompendiums Spaß machen?

Ja! Manche Schüler sammeln sehr gerne und haben Spaß daran, ihre Materialien schön zu gestalten und zu präsentieren. Auch die Beschäftigung mit einem Thema über einen längeren Zeitraum hinweg kann interessant sein.

Wer kann mir helfen?

Lass möglichst viele Leute – Familie, Freunde, Bekannte – wissen, dass du Texte und Materialien zu einem bestimmten Thema suchst. Sie können für dich mitsammeln. Aber vergiss nicht, dass du zu jedem Text Quellenangaben brauchst.

TIPP Textbörse

Dazu triffst du dich mit ein paar Klassenkameraden. Jeder stellt den besten Text vor, den er bislang gefunden hat, und erzählt etwas darüber. Alle Teilnehmer an der Textbörse dürfen sich den Text dann kopieren.

Welchen Umfang muss das Kompendium haben?

Vermutlich wirst du zum Umfang des Kompendiums im Unterricht Vorgaben bekommen. Es kommt allerdings nicht darauf an, einen möglichst dicken Ordner zu präsentieren, in dem endlos lange Texte stecken, mit denen du vielleicht gar nichts anfangen kannst. Alles, was im Ordner ist, muss vielmehr mehrfach gelesen, weitestgehend verstanden und sinnvoll bearbeitet sein. Dazu findest du im Anschluss Übungen. Ein Kompendium mit etwa zehn Materialien, die du gut bearbeitet hast, ist deshalb nützlicher als eines mit 50 Beiträgen, die du nur oberflächlich oder gar nicht angeschaut hast. Außerdem verlierst du bei einem zu umfangreichen Kompendium leicht den Überblick und hast viel mehr Mühe, bestimmte Textstellen zu finden. Weniger als zehn Texte und andere Materialien sind allerdings auch bedenklich. Dann fehlt dir die Auswahl und du bist vielleicht nicht genügend über das Thema informiert.

Wie sehen die Prüfungsaufgaben zum Kompendium aus?
Häufig musst du in Aufgabe 3 entweder eine **Rede**, einen **Brief** oder **Leserbrief**, eine **Stellungnahme**, einen **Kommentar** oder einen **Zeitungsartikel** schreiben, in dem das Thema zunächst erklärt wird. Auch ein **Beitrag für ein Internetforum** ist als Schreibaufgabe denkbar. Meist geht es um Vor- und Nachteile, um Pro- und Kontra-Aspekte eines Themas.
Das bedeutet, du hast gleich mehrere Aufgaben. Du musst beim Schreiben an die Zielgruppe denken: An wen ist der Brief, die Rede, der Zeitungsartikel usw. gerichtet? Du musst das Thema erklären können und Argumente formulieren. Im Jahr 2017 könnte die Aufgabe beispielsweise lauten:

> An Ihrer Schule ist ein Streit um den Speiseplan der Schulmensa entbrannt. Zwei Tage mit rein vegetarischer Kost pro Woche erscheinen vielen Schülern und Eltern zu viel. Die SMV veranstaltet aus diesem Grund einen Diskussionsabend, zu dem Schüler, Eltern und Lehrkräfte eingeladen sind. Schreiben Sie für diesen Abend eine Rede zum Thema: Alternative Ernährungsformen: Ist vegetarische Kost nur ein Modetrend oder die Rettung für unseren Planeten?
>
> **Schreiben Sie diese Rede.**

Wie verwende ich das Kompendium in der Prüfung?
Zunächst hast du ja durch die Beschäftigung mit dem Inhalt deines Kompendiums Wissen erworben, das mehr oder weniger unbewusst in deinen Prüfungsaufsatz eingeht.
Außerdem wirst du im Prüfungsaufsatz aus deinem Kompendium zitieren, d. h. Textstellen indirekt oder auch wörtlich in den Aufsatz einbauen. Zitate können grundsätzlich an allen Stellen des Aufsatzes sinnvoll sein. Sie können den Text insgesamt lebendiger, Einleitungen und Schlüsse interessanter und Argumente überzeugender machen. Wie du richtig zitierst, erfährst du auf Seite 68 f.

Bearbeiten von Mustertexten und -materialien

Auf den folgenden Seiten findest du die Mindmap, die das Kultusministerium zum Rahmenthema herausgegeben hat, sowie Mustertexte und -materialien zum Thema. Du kannst sie kopieren und in dein Kompendium heften. Die Aufgaben dienen dir als Anregung und Hilfe für die weitere Erarbeitung eigener Texte und Materialien. Vergleiche deine Antworten mit den Vorschlägen im Lösungsheft. Schreibe die Antworten auf ein separates Blatt.

Mindmap zum Rahmenthema „Ernährung heute – Zwischen Mangel und Überfluss" verstehen
Die Mindmap soll dir Anregungen für deine Materialsammlung – dein Kompendium – geben. Sie ist so etwas wie ein erweiterbares Inhaltsverzeichnis für dein Kompendium. Du kannst zu jedem der vier Hauptäste weitere Unterpunkte suchen und zu jedem Teil der Mindmap Texte und andere Materialien sammeln. Aber zuerst musst du die Mindmap gut verstanden haben.

1. Schau dir zunächst das Thema an: „Ernährung heute – Zwischen Mangel und Überfluss". Erkläre, was damit gemeint sein könnte.

Schau dir jetzt die Mindmap genau an und bearbeite dann die Aufgaben dazu.

Mindmap
zum Rahmenthema „Ernährung heute – Zwischen Mangel und Überfluss“

Quelle: http://www.schule-bw.de/schularten/realschule/pruefungen/realabschlusspruefung/unterstuetzung/mindmap-rahmenthema-D-2017.pdf (Stand: 01.12.2015)

Fragen zur Mindmap

2. Schlage folgende Begriffe nach und erkläre sie: Nachhaltigkeit, Artenvielfalt, Subventionen, Warenströme, ethische Aspekte, Menschenrecht Artikel 25, Ressourcen, humanitäre Krisen, Lebensmitteldesign, ökologischer Anbau, alternative Ernährungsformen.
3. Suche zu jedem der vier Hauptäste noch je zwei weitere Gesichtspunkte. Du kannst sie direkt hier in die Mindmap schreiben oder auf ein separates Blatt.

Du hast jetzt eine ausführliche Mindmap. Zu jedem einzelnen Punkt und Unterpunkt kannst du Texte und Materialien sammeln und sie für dein Kompendium verwenden.
Auf den folgenden Seiten findest du Beispieltexte, die in das Kompendium passen. Übe mit ihnen das Bearbeiten und Auswerten von Materialien fürs Kompendium. Du kannst diese Texte dann auch in dein Kompendium aufnehmen.

Beispieltext 1: Lesen und bearbeiten
Vor dem Lesen

1. Schau dir zunächst nur die Überschrift an. Welche Erwartungen an den Text weckt sie? Welchen Inhalt vermutest du?
2. Schau dir den Text kurz an: Welche Textsorte liegt vor?

Lesen

Lies den Text mindestens zweimal – lieber öfter. Vielleicht willst du beim ersten Lesen wirklich nur lesen und dir noch keine Notizen machen. Spätestens beim zweiten Lesen brauchst du aber einen Stift.

- Unterstreiche oder markiere wichtige Textstellen und/oder Schlüsselwörter.
- Markiere besonders wichtige Aussagen mit „!“.
- Markiere unklare oder schwer verständliche Stellen mit „?“.

Deine Markierungen kannst du direkt am blau hinterlegten Beispieltext anbringen.

TIPP Texte lesen und markieren

Sicher werdet ihr im Unterricht ein bestimmtes System entwickeln, mit dem ihr Texte fürs Kompendium markiert und bearbeitet. Dann solltest du dich daran halten. Die hier vorgestellte Arbeitsweise kann dir dennoch als Anregung dienen.

Beispieltext 1

zum Rahmenthema „Ernährung heute – Zwischen Mangel und Überfluss“

Anuga gestartet

Bio und vegan sind die Topthemen

Yuriko Wahl-Immel

Vegan, halal oder glutenfrei: Auf der Ernährungsmesse Anuga dreht sich alles um die wichtigsten Trends bei Lebensmitteln. Mit vielen Neuheiten passt sich die Branche auch einem Verbraucher unter Zeitdruck an. Doch es gibt auch Kritik am Umgang mit Nahrungsmitteln.

[...] Mit so vielen Ausstellern wie noch nie ist am Samstag die weltgrößte Ernährungsmesse Anuga an den Start gegangen. Mehr als 7000 Anbieter aus 108 Ländern tischen dem Fachpublikum in den Kölner Messehallen bis Mittwoch eine breite Palette an Trends bei Lebensmitteln und alkoholfreien Getränken auf. Ein Topthema sind die boomenden veganen Lebensmittel sowie die stark nachgefragten vegetarischen, Bio- und fair gehandelten Produkte. Auch spezielle Free-From-Waren – etwa ohne Laktose oder Gluten – liegen im Trend, nicht nur bei Allergikern. Vor allem passen sich viele Angebote an den wachsenden Zeitdruck der Verbraucher an, die immer weniger kochen und häufiger auswärts essen, wie eine Studie von Ernährungsindustrie (BVE) und Konsumforschern der GfK ergeben hatte. So werden auch Neuheiten aus den Bereichen „Convenience“ und „Ready-To-Cook“ angeboten – also bequem zuzubereitende oder kochfertige Produkte. Eine Bühne bekommen Tiefkühlkost, Gourmet-Produkte oder Halal-Lebensmittel für Muslime. Partnerland der Anuga ist Griechenland. Zum Auftakt der Fachmesse beklagte Bundesagrarminister Christian Schmidt eine mangelnde Wertschätzung für Lebensmittel in der Gesellschaft. „Es ist nicht hinnehmbar, dass weltweit ein Drittel der Lebensmittel zwischen Feld und Teller verloren gehen“, sagte der CSU-Politiker zu Eröffnung. Um Verschwendung zu verhindern, müsse das gesellschaftliche Bewusstsein für den Wert von Lebensmitteln gefördert werden. Hier sieht Schmidt Bildungseinrichtungen in der Pflicht: „Ernährung gehört in den Stundenplan, am besten mit einem eigenen Fach.“

In Deutschland geben die Haushalte nach Angaben des Handelsverbands BVLH 296 Euro im Monat für Lebensmittel und alkoholfreie Getränke aus. Die Preise sollen auch 2016 nur leicht steigen. Der Inlandsmarkt gilt als gesättigt und umkämpft. Die Ernährungsindustrie musste im ersten Halbjahr 2015 ein reales Umsatzminus von 2,1 Prozent auf knapp 82 Milliarden Euro hinnehmen. Sie ist mit 5800 Betrieben und 560.000 Beschäftigten der drittgrößte deutsche Industriezweig.

Quelle: Yuriko Wahl-Immel: Anuga gestartet. Bio und vegan sind die Topthemen.
Aus: Ludwigsburger Kreiszeitung, Nr. 235, 12.10.2015

Nach dem Lesen

Jetzt beschäftigst du dich eingehend und detailliert mit dem Inhalt des Textes. Du musst nicht immer alles bis zum letzten Wort verstanden haben. Die Grundgedanken und die wichtigsten Begriffe sollten aber klar sein. Dabei hilft dir die Bearbeitung der folgenden Aufgaben.

Fragen zum Text

3. Was war der Anlass für die Entstehung des Textes?
4. Welche Ernährungstrends waren auf der Messe Thema?
5. Wie hoch ist laut der Rede des Bundesagrarministers der Anteil von Lebensmitteln, die zwischen Feld und Teller verloren gehen?
6. Überlege und recherchiere: Was könnten Gründe für diesen hohen Verlust sein?
7. Weshalb ist es ein Problem, wenn so viele Nahrungsmittel verloren gehen?
8. Welchen Vorschlag zur Verbesserung der Situation macht der Bundesagrarminister?
9. Stimmst du ihm zu? Begründe!
10. Wie viel Geld gibt ein Haushalt in Deutschland laut Handelsverband BVLH monatlich für Nahrungsmittel und alkoholfreie Getränke aus?
11. Warum macht die Ernährungsindustrie im Moment ein Umsatzminus?
12. Schlage die folgenden Begriffe nach und erkläre sie: Messe, vegan, halal, glutenfrei, boomend, vegetarisch, fair gehandelt, Free-from-Waren, Laktose, Convenience-Food, Ready-to-cook, Gourmet-Produkte, Bundesagrarminister, Wertschätzung, Markt gesättigt, Umsatz.
13. Zu welchem Punkt der Mindmap auf Seite 58 passt dieser Text?

TIPP Textverständnis

Um den Text besser zu verstehen, kannst du ihn nach dem stummen Lesen laut lesen. Noch besser ist es, wenn du die einzelnen Abschnitte anschließend in eigenen Worten zusammenfasst.

Merkzettel schreiben

Zu jedem Text und zu allen anderen Materialien im Kompendium schreibst du dir einen Merkzettel. Am besten heftest du ihn vor dem eigentlichen Text ins Kompendium. Auf diese Weise hast du schnell den Überblick, wenn du in der Prüfung nach einem bestimmten Text oder nach bestimmten Aussagen und Argumenten suchst. Vielleicht entwerft ihr im Unterricht eine andere Art von Merkzettel oder du hast eine bessere Idee.

14. Betrachte diesen Merkzettel als Anregung und schreibe ihn dir ab. Ergänze die Sätze unter „Inhalt / wichtige Gedanken", „Hauptaussage", „Bemerkungen und Zusatzinformationen" und „Nachgeschlagene Begriffe".

Merkzettel

Datum	Titel	Autor	Quellenangabe
(Tag der Bearbeitung eintragen)	Anuga gestartet. Bio und vegan sind die Topthemen	Yuriko Wahl-Immel	Yuriko Wahl-Immel: Anuga gestartet. Bio und vegan sind die Topthemen. Aus: Ludwigsburger Kreiszeitung, Nr. 235, 12.10.2015

Textsorte

Zeitungsartikel

Inhalt / wichtige Gedanken:

- Artikel über eine Ernährungsmesse und die momentanen Trends bei der Ernährung
- Zu den wichtigsten Trends gehören: ...
- Boomende Lebensmittel sind ...
- Stark nachgefragt werden außerdem ...
- Verbraucher stehen unter ...
- Verbraucher kochen ...
- Nur zwei Drittel der Nahrungsmittel ...
- Vorschlag: An den Schulen ...
- Momentan gibt es Umsatzeinbußen ...

Hauptaussage:

Topthemen bei Lebensmitteln sind derzeit: ...

Bemerkungen/Zusatzinformationen:

- Zeitungsartikel anlässlich der weltgrößten Ernährungsmesse in ...
- Aussteller aus ... Ländern

Nachgeschlagene Begriffe:

- Messe
- vegan
- halal
- glutenfrei
- boomend
- vegetarisch
- fair gehandelt
- Free-from-Waren
- Laktose
- Convenience-Food
- Ready-to-cook
- Gourmet-Produkte
- Bundesagrarminister
- Wertschätzung
- Markt gesättigt
- Umsatz

Übe jetzt mit einem weiteren Text.

Beispieltext 2: Lesen und bearbeiten

Vor dem Lesen

1. Welche Erwartung weckt die Überschrift in dir? Was fällt dir dazu ein?
2. Mit welcher Textsorte hast du es zu tun?

Lesen

Lies den Text mindestens zweimal – lieber öfter.

- Unterstreiche oder markiere wichtige Textstellen und/oder Schlüsselwörter.
- Markiere besonders wichtige Aussagen mit „!“.
- Markiere unklare oder schwer verständliche Stellen mit „?“.

Deine Markierungen kannst du direkt an dem blau hinterlegten Impulstext anbringen.

Beispieltext 2

zum Rahmenthema „Ernährung heute – Zwischen Mangel und Überfluss“

Gemüse statt Fleisch
Jugendliche Vegetarier leben gesünder

dpa/tmn

Will der Sohn oder die Tochter plötzlich kein Fleisch mehr essen, sind viele Eltern erstmal schockiert. Doch Fachleute sagen: Die jungen Leuten wissen, was sie tun. Und hip ist es außerdem.

„Ohne Fleisch geht gar nichts“ oder „In der allergrößten Not schmeckt die Wurst auch ohne Brot“ – das sind Sprüche aus Opas Zeiten. Trotzdem sind viele Eltern beunruhigt, wenn der Nachwuchs im Teenageralter plötzlich Nein zu Currywurst, Döner und Hamburger sagt. Experten geben aber Entwarnung: Jugendliche Vegetarier leben meist viel gesünder als ihre fleischessenden Altersgenossen. „Sie haben sich mit dem Thema Ernährung auseinandergesetzt und essen bewusster“, erklärt Armin Valet, Ernährungsexperte der Verbraucherzentrale Hamburg, anlässlich des Weltvegetariertages am 1. Oktober.

Prinzipiell sei es sogar so, dass diese Jugendlichen mehr Sport machen und weniger rauchen. „Es ist viel eher ein Mangel, wenn die Kinder nur Fleisch und Fastfood-Produkte essen“, erläutert Valet. „Wer vegetarisch lebt, geht normalerweise kein Risiko für eine Mangelernährung ein.“

Um weiterhin ausgewogen zu essen, sind keine besonderen Zusatzprodukte nötig. „Die Jugendlichen brauchen keine Sojaprodukte oder Vitamintabletten.“ Vielmehr sei wichtig, dass sie ausreichend Gemüse, Obst, Milchprodukte und Getreide zu sich nehmen. Ungesättigte Fettsäuren, die vor allem in Fisch vorkommen, sollten Vegetarier durch hochwertige pflanzliche Öle und Fette ersetzen. „Das fehlende Eiweiß kann man außerdem durch Hülsenfrüchte, Nüsse und Samen problemlos kompensieren.“

Eintopf funktioniert auch ohne Würstchen

Nach Schätzungen des Vegetarierbundes Deutschland (Vebu) leben knapp acht Prozent der Bevölkerung vegetarisch, bei Jugendlichen geht man von mindestens zwölf Prozent aus. „Die Gewohnheiten sind einfach noch nicht so festgefahren, und Jugendliche sind generell offener für Tierschutzthemen", sagt Sebastian Zösch, Vebu-Geschäftsführer. „Außerdem ist Vegetarismus hip und angesagt. Viele Promis leben vegetarisch, zum Beispiel die Tokio-Hotel-Brüder."
Mit den Wünschen ihres Kindes sollten Eltern sensibel umgehen und sie nicht ausschließen. „Beim Eintopf dürfen die Würstchen dann beispielsweise nicht reingeschnitten werden, sondern müssen separat verwendet werden", rät Valet. „Gerade auf den Spruch ‚Ach, das bisschen schadet doch nichts' reagieren Jugendliche besonders empfindlich." Die mögliche Folge: Die Jugendlichen fühlen sich nicht verstanden, vermeiden gemeinsame Essen und greifen schneller zu ungesunden Fertigprodukten.
Beim Einkauf sollten die Eltern auch das Kleingedruckte lesen: „Gelatine wird zum Teil auch in Fruchtjoghurts verwendet. Und sogar in Tomatensuppen kann sich Speck verstecken." Das kann einem Vegetarier eben den Appetit verderben.

Quelle: dpa/tmn: Gemüse statt Fleisch. Jugendliche Vegetarier leben gesünder. Aus: Kölner Stadt-Anzeiger, 18.10.2012 (http://www.ksta.de/ratgeber/gemuese-statt-fleisch-jugendliche-vegetarier-leben-gesuender,15189524,19927892.html; Stand: 01.12.2015)

Nach dem Lesen

Fragen zum Text

3. Welche Gründe haben Jugendliche laut Text für die vegetarische Ernährung?
4. Welche Bedenken haben Eltern oft?
5. Worauf muss man laut Text bei der vegetarischen Ernährung achten?
6. Woran merkt man, dass der Text bereits ein paar Jahre alt ist?
7. Im Text kommen verschiedene Personen zu Wort. Schon bevor du ihre Aussagen liest, weißt du, dass zumindest eine davon ein großer Fan der vegetarischen Ernährung ist. Um wen handelt es sich? Erkläre!
8. Welche Aussagen werden zum Thema Sport getroffen? Welche zum Thema Rauchen?
9. Wie sollen Eltern reagieren, wenn Jugendliche sich vegetarisch ernähren möchten?
10. Wie ist deine Meinung zum Thema vegetarische Ernährung?
11. Schlage folgende Begriffe nach: Hülsenfrüchte, ungesättigte Fettsäuren, kompensieren.
12. Zu welchem Punkt der Mindmap auf Seite 58 passt dieser Text?

Merkzettel

13. Schreibe nun für den zweiten Beispieltext einen Merkzettel wie für den ersten und hefte ihn in deinen Kompendiumsordner.

INFO Merkzettel und Prüfung

Achtung: Frag deinen Deutschlehrer, ob dieser Merkzettel während der Prüfung im Ordner bleiben darf, oder verwende den Merkzettel, den ihr im Unterricht benutzt.

Bearbeiten anderer Materialien

Ins Kompendium kannst du neben Texten auch viele andere Materialien aufnehmen: Umfragen, Filmprotokolle, Grafiken, Statistiken, Bilder, Cartoons usw. Im Grunde werden sie genauso bearbeitet und ausgewertet wie ein Text. Anhand der folgenden Grafik übst du die Auswertung solcher Quellen fürs Kompendium.

Vor dem genauen Betrachten

1. Welche Gefühle löst die Überschrift bei dir aus?
2. Um welche Art von Grafik handelt es sich?

INFO Auf die Quelle kommt es an

Achte bei allen Materialien darauf, von wem sie stammen. Viele Verfasser sind nicht neutral, sondern lassen ihre Meinung in die Artikel einfließen. Ein Beispiel: Veganer werden zum Thema „Produkt Tier" einen anderen Standpunkt vertreten als ein Vertreter der Landesanstalt für Schweinezucht. Vergleiche verschiedene Standpunkte und versuche, dir eine eigene Meinung zu bilden.

Grafik aus einer Onlinepetition des WWF Schweiz gegen Lebensmittelverschwendung

Quelle: WWF Schweiz: Unterschreiben Sie die Petition gegen Food Waste. Aus: Der Schweizer Lebensmittel-Skandal. www.storyfilter.com 15.10.2014 (http://www.storyfilter.com/sie-begreifen-erst-wie-viel-sie-verschwenden-wenn-es-jemand-vor-ihren-augentut/7731/; Stand: 01.12.2015)

Nach dem genauen Betrachten

Fragen zur Grafik

3. Rechne aus, wie viele Kilo Lebensmittel ein Schweizer Bürger durchschnittlich pro Jahr wegwirft.
4. Recherchiere im Internet, wie viele Kilo in Deutschland pro Bewohner und Jahr durchschnittlich weggeworfen werden.

5. Weshalb hat sich der WWF Schweiz für eine Grafik mit einem Foto von echtem Essen entschieden, anstatt nur ein gewöhnliches Balken- oder Tortendiagramm zu erstellen? Was möchte der WWF Schweiz mit dieser Darstellung bewirken?
6. Der WWF kümmert sich weltweit vorwiegend um Umwelt-, Natur- und Tierschutz. Weshalb engagiert sich eine solche Organisation gegen das Wegwerfen von Lebensmitteln?
7. Warum werden so viele Lebensmittel von den Verbrauchern weggeworfen? Forsche nach den Gründen.
8. Schlage nach: WWF, Onlinepetition.
9. Zu welchem Punkt der Mindmap auf Seite 58 passt diese Grafik?
10. **Anregung fürs Klassenzimmer:** Werft einen Blick in die Mülleimer der Schule. Versucht abzuschätzen, wie viele Lebensmittel im Schulmüll landen und welche Lebensmittel das sind. Denkt über Gründe und Verbesserungsmöglichkeiten nach.

Merkzettel

11. Schreibe auch für die Grafik einen Merkzettel. Gehe nach demselben Muster vor wie bei den Beispieltexten.

Weitere Recherche

Achte auf unterschiedliche Standpunkte und decke mit deiner Textsammlung möglichst viele Aspekte der Mindmap zum Rahmenthema ab

Über Ernährung wird gern und heiß diskutiert. Zu vielen Bereichen findest du sehr unterschiedliche Standpunkte. Du wirst zahlreiche Texte finden, in denen z. B. vegetarische Ernährung deutlich kritischer betrachtet wird als in dem Text hier im Heft. Am besten sammelst du zu allen Themenbereichen der Mindmap Pro- und Kontra-Materialien. So bist du optimal auf die Prüfung vorbereitet. Die gute Nachricht: Viele Texte und Materialien decken gleich mehrere Themenbereiche ab.

Vorsicht Internet!

Die Versuchung ist groß, allein auf Materialien aus dem Internet zurückzugreifen. Hier ist jedoch sorgfältiges Auswählen äußerst wichtig.

Gibst du Stichworte aus der Mindmap in eine Suchmaschine ein, so werden dir Hunderttausende von Seiten und Links angezeigt. Viele Artikel sind lang und unterscheiden sich kaum voneinander. Manche sind sehr kompliziert. Suche auf jeden Fall auch in **Büchern, Zeitungen** und **Zeitschriften**, aber auch in den **Infobroschüren von Apotheken, Ministerien** und **Behörden**. Veranstalte selbst eine **Umfrage** zum Thema „Ernährung“. Frage die Schüler deines Jahrgangs und werte die Ergebnisse aus.

Das Kompendium für die Prüfung fertigstellen

- Sortiere deine Materialien nach Themenbereichen, bevor du sie endgültig abheftest.
- Überprüfe noch einmal, ob du für alle Materialien Quellenangaben hast, denn wenn du in der Prüfung aus einem Text zitierst, musst du die Quelle angeben können.
- Hefte den ausgefüllten Merkzettel vor jeden Beitrag. Er ist eine Art Inhaltsverzeichnis und hilft dir, gesuchte Gedanken, Argumente usw. schneller zu finden.
- Entferne Übungsaufsätze und andere unerlaubte Übungsteile aus dem Kompendium. Frage im Zweifelsfall mehrere Tage vor der Prüfung nach, was im Kompendium bleiben darf und was nicht.
- Nummeriere alle Seiten des Kompendiums durch.
- Erstelle ein Inhaltsverzeichnis. So findest du in der Prüfung schnell die gesuchten Materialien.
- Erstelle ein Deckblatt: Name, Klasse, Schuljahr, Bearbeitungszeitraum, Thema.

B 6 Angeleitete Prüfungsaufgabe „Texte lesen, auswerten und schreiben“

Im vorigen Kapitel hast du dich mit dem Lesen und Auswerten von Texten und anderen Materialien befasst und sie im Kompendium gesammelt. Damit hast du dein Wissen über das Rahmenthema für 2017 „Ernährung heute – Zwischen Mangel und Überfluss“ erweitert und eine Sammlung geschaffen, aus der du zitieren kannst. Jetzt übst du das Schreiben von **Reden** bzw. **Vorträgen, Leserbriefen, Zeitungsartikeln** und **Kommentaren**, wie sie in Aufgabe 3 der Abschlussprüfung oft verlangt werden. Für alle diese Textsorten gelten drei gemeinsame Anforderungen, die du erfüllen musst:

- **Adressatenbezug:** Der Text wird für eine bestimmte Zielgruppe geschrieben. Diese Zielgruppe soll sich angesprochen fühlen und deinen Text verstehen. Du musst dir also Gedanken über die passende Anrede, die passende Sprache und die passenden Argumente machen.
- **Überzeugen mit Argumenten:** Oft sollst du dich in deinem Text für oder gegen etwas aussprechen, das Pro und Kontra eines Themas genauer beleuchten. Du kannst also nicht einfach bloß Behauptungen aufstellen. Nur Argumente überzeugen.
- **Untermauern durch Zitate:** Deine Argumente werden durch Zitate aus dem Kompendium untermauert und damit überzeugender. Aber auch in der Einleitung und im Schluss kannst du Zitate verwenden, um Aufmerksamkeit und Interesse zu wecken oder Gesagtes noch einmal zu unterstreichen.

Argumente aufbauen

Das schriftliche Argumentieren müsstest du eigentlich seit Klasse 8 immer wieder geübt haben. Auf den folgenden Seiten frischst du deine Kenntnisse noch einmal auf. Ein überzeugendes Argument besteht aus **drei Bauteilen**: **Behauptung, Begründung** und **Beispielen**. Allein mit einer Behauptung überzeugst du nur wenige Menschen. Du hast mehr Erfolg, wenn du diese Behauptung auch vernünftig begründen kannst. Noch klarer und verständlicher wird die Sache durch passende Beispiele. Zitate kannst du in jedes der drei Bauteile einfügen.

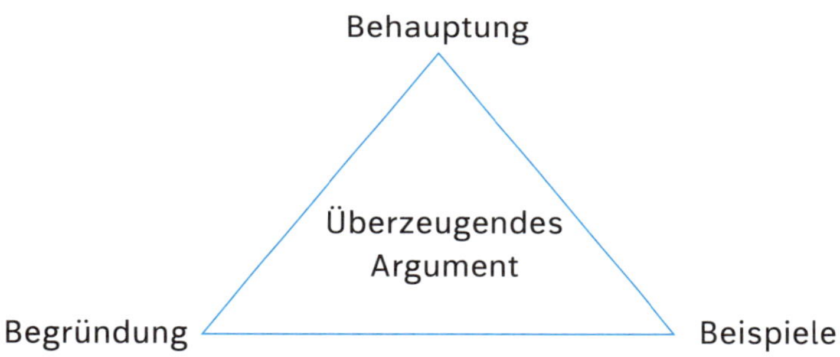

1. Unterstreiche im folgenden **Argument** die **Behauptung**. Unter die **Begründung** setzt du eine gestrichelte Linie, unter die **Beispiele** eine Wellenlinie.

   Viele Jugendliche interessieren sich sehr für das Thema Ernährung, denn für die meisten bedeutet essen mehr, als nur satt zu werden.
   Ein Dauerthema sind die Gerichte in der Schulmensa. Satt würde man sicher von jeder Speise im Tagesangebot. Aber das Aussehen und der Geschmack der Mahlzeiten werden unter den Schülerinnen und Schülern heiß diskutiert. Häufig wird auch darüber gestritten, ob es vegetarische oder vegane Gerichte geben soll und wie viel Fleisch und Wurst auf den Tisch kommt. Jugendliche mit Allergien und Unverträglichkeiten fragen darüber hinaus nach den Inhaltsstoffen des Essens.

Selbst junge Leute, die zunächst behaupten würden, das Thema Ernährung würde sie langweilen, posten mit Begeisterung Bilder von ihrem Essen auf diversen Internetseiten.
Auch dass sich etwa 12 % aller Jugendlichen vegetarisch ernähren (vgl. dpa/tmn: Gemüse statt Fleisch. Jugendliche Vegetarier leben gesünder. 18.10.2012, http://www.ksta.de/ratgeber/gemuese-statt-fleisch-jugendliche-vegetarier-leben-gesuender,15189524,19927892.html; Stand: 01.12.2015) zeigt, wie viele Gedanken sie sich übers Essen machen.

Nach diesem Schema – **Behauptung, Begründung, Beispiele** – kannst du Argumente klar und überzeugend formulieren. Fortgeschrittene **variieren die Reihenfolge der Bauteile**, um längere Texte mit vielen Argumenten etwas abwechslungsreicher zu gestalten. Hier findest du noch einmal dasselbe Argument nur mit anderem Aufbau. Wieder sind alle drei Bauteile vorhanden.

2. Kennzeichne im folgenden **Argument** die **Behauptung**, die **Begründung** und die **Beispiele** wie in Aufgabe 1. Aber Achtung, diesmal stehen die Bauteile in einer anderen Reihenfolge.

Man postet unzählige Fotos von Essen im Internet und die Gerichte in der Schulmensa sind ein Dauerthema. Satt würde man sicher von jeder Speise im Tagesangebot. Aber das Aussehen und der Geschmack der Mahlzeiten werden unter den Schülerinnen und Schülern heiß diskutiert. Häufig wird auch darüber gestritten, ob es vegetarische oder vegane Gerichte geben soll und wie viel Fleisch und Wurst auf den Tisch kommt. Jugendliche mit Allergien und Unverträglichkeiten fragen darüber hinaus nach den Inhaltsstoffen des Essens.
Auch dass sich etwa 12 % aller Jugendlichen vegetarisch ernähren (vgl. dpa/tmn: Gemüse statt Fleisch. Jugendliche Vegetarier leben gesünder. 18.10.2012, http://www.ksta.de/ratgeber/gemuese-statt-fleisch-jugendliche-vegetarier-leben-gesuender,15189524,19927892.html; Stand: 01.12.2015) zeigt, dass es ihnen nicht egal ist, was sie essen. Im Gegenteil: Jugendliche interessieren sich für das Thema Ernährung, denn für die meisten bedeutet essen mehr, als nur satt zu werden.

3. Formuliere nun selbst mit den vorgegebenen Stichworten eine Behauptung zu einem überzeugenden Argument aus. Halte dich bei dieser Übung an die **Reihenfolge Behauptung – Begründung – Beispiele**. Baue die vorgegebenen Zitate ein, so gut du kannst. Eine genaue Anleitung dazu folgt auf den nächsten Heftseiten.

Behauptung: Jugendliche, die beschließen, sich vegetarisch zu ernähren, haben es nicht leicht.
Stichworte Begründung: Eltern nicht begeistert ++ Zitat aus Beispieltext 2, Seite 62 f.: „Will der Sohn oder die Tochter plötzlich kein Fleisch mehr essen, sind viele Eltern erstmal schockiert."
Stichworte Beispiele: Eltern finden Verhalten seltsam ++ befürchten Mangelerscheinungen ++ Eltern glauben: Vitamintabletten und Soja nötig ++ nehmen Wunsch ihrer Kinder nicht ernst ++ versuchen, Kindern Fleisch oder Wurst unterzumogeln ++ lesen Packungsbeilagen nicht genau ++ Zitat aus Beispieltext 2, Seite 62 f.: „Gelatine wird zum Teil auch in Fruchtjoghurts verwendet."

TIPP Nicht zu knapp formulieren

Verfahre beim Ausformulieren nicht nach dem Grundsatz „Hauptsache fertig". Das merkt man deinen Argumenten an. Gib dir Mühe: Um andere überzeugen zu können, musst du selbst überzeugt wirken. Formuliere die Stichworte so ausführlich aus, als würdest du einem Gleichaltrigen die Sachlage erklären.

4. Formuliere die folgende **Behauptung** nun mithilfe von **Begründungen** und **Beispielen** selbstständig zu einem überzeugenden **Argument** aus: „Vielen Menschen ist nicht klar, wie wertvoll Essen ist.“

LÖSUNGSHILFE Suche nach Begründungen und Beispielen

Auf der Suche nach Begründungen und Beispielen hilft ein Blick in dein Kompendium. Du kannst auch auf deine eigenen Erfahrungen zurückgreifen oder deine Fantasie ein bisschen spielen lassen. Vermeide aber Verallgemeinerungen („Nur wer Tiere hasst, isst Fleisch.“) und Übertreibungen („Morgens rohe Karotten, mittags eines Stange Sellerie und abends einen Apfel – mehr gibt es nicht, wenn man sich so ernährt, wie manche Leute es für gut und richtig halten. Und im Winter kann man nur Sauerkraut mümmeln, weil in der Region nichts mehr wächst.“).

Zitieren und Quellenangaben im Prüfungsaufsatz

Du sollst bei der **Prüfungsaufgabe 3 „Texte lesen, auswerten und schreiben“** auch zeigen, dass du mit Zitaten arbeiten kannst. Bei den vorangegangenen Übungen hast du bereits gesehen, wie Zitate in die Argumente eingebaut werden. Häufig haben Schüler Fragen zu den Zitaten.

Warum muss ich Zitate einfügen?
Mit Zitaten machst du deinen Text lebendiger, du belegst Aussagen und zeigst, dass du mit deiner Meinung nicht alleine dastehst.

Wie viele Zitate muss ich im Prüfungsaufsatz verwenden?
Diese Frage ist schwer zu beantworten. Einerseits sollte dein Aufsatz kein Flickenteppich aus lauter Zitaten sein. Andererseits sollst du zeigen, dass du mit den Texten aus deinem Kompendium umgehen und arbeiten kannst. Die Zitate müssen genau in deinen Aufsatztext passen – thematisch und grammatikalisch. Das ist viel wichtiger als ihre Anzahl.

Muss ich irgendetwas beachten?
Für das Zitieren gibt es Regeln. Du kannst nicht einfach die Worte eines anderen als deine eigenen ausgeben, sondern musst das Zitat kenntlich machen. Schau dir die folgenden Hinweise genau an.

Zitiertechniken

Einzelne Wörter: Wenn du besonders aussagekräftige Wörter aus dem Originaltext in deinen Text einbauen möchtest, setzt du sie in Anführungszeichen und machst sie als Zitat kenntlich:
Vegetarisch zu essen, wird in einem Artikel von dpa/tmn als „hip“ bezeichnet. (dpa/tmn: Gemüse statt Fleisch. Jugendliche Vegetarier leben gesünder. 18.10.2012, http://www.ksta.de/ratgeber/gemuese-statt-fleisch-jugendliche-vegetarier-leben-gesuender,15189524,19927892.html; Stand: 01.12.2015)

Indirekt bzw. sinngemäß zitieren: Du schreibst etwas, was im Originaltext steht, in eigenen Worten nieder. Danach gibst du die Quelle hinter der Abkürzung „vgl.“, also „vergleiche“, an.
Es heißt, Jugendliche, die sich vegetarisch ernähren, würden mehr Sport machen und weniger rauchen. (vgl. dpa/tmn: Gemüse statt Fleisch. Jugendliche Vegetarier leben gesünder. 18.10.2012, http://www.ksta.de/ratgeber/gemuese-statt-fleisch-jugendliche-vegetarier-leben-gesuender, 15189524,19927892.html; Stand: 01.12.2015)

Wörtliches Zitieren von Sätzen oder Abschnitten:
a) Das Zitat wird unverändert aus dem Text übernommen und gestaltet wie eine wörtliche Rede: *„Vor allem passen sich viele Angebote an den wachsenden Zeitdruck der Verbraucher an", heißt es in einem Zeitungsartikel zum Start der Anuga. (Yuriko Wahl-Immel: Anuga gestartet. Bio und vegan sind die Topthemen. Aus: Ludwigsburger Kreiszeitung, Nr. 235, 12.10.2015)*
Wenn du in einem wörtlichen Zitat etwas weglässt, einfügst oder veränderst, musst du diese **Veränderung durch eckige Klammern kenntlich machen.** Häufig werden solche Veränderungen notwendig, wenn du ein Zitat in deinen eigenen Satz einbauen willst. Das siehst du im folgenden Beispiel.
b) Du fügst das Zitat in deinen eigenen Satz ein und musst es grammatikalisch anpassen: *Die Rede ist auch von Verbrauchern, „die [...] weniger kochen und häufiger auswärts essen [würden]." (Yuriko Wahl-Immel: Anuga gestartet. Bio und vegan sind die Topthemen. Aus: Ludwigsburger Kreiszeitung, Nr. 235, 12.10.2015)*

Quellen und Herkunftsnachweise
Wer in seinen Texten Gedanken und Formulierungen anderer Personen verwendet, muss die Quelle oder Herkunft dieser direkten und indirekten Zitate angeben. Schließlich handelt es sich um das geistige Eigentum einer anderen Person. Für das Zitieren und die Angabe von Quellen gibt es viele verschiedene Regeln. Halte dich in der Prüfung auf jeden Fall an die Absprachen mit eurem Deutschlehrer. Gebräuchlich sind u. a. folgende Möglichkeiten:

Quellen und Herkunftsnachweise

Zitate aus Büchern: Autor, Titel, Verlag, Stadt, Erscheinungsjahr:
Beispiel: *Elisabeth Zöller: Wir tanzen nicht nach Führers Pfeife, atv, München 2014*

Zitate aus Artikeln und Einzeltexten aus Büchern oder Zeitungen/Zeitschriften: Autor, Titel des Textes, Herausgeber des Buches, Titel des Buches oder Name der Zeitung/Zeitschrift, in der der Text erschienen ist; bei Büchern Verlag, Stadt, Erscheinungsjahr; bei Zeitungen und Zeitschriften Erscheinungsdatum bzw. Jahrgang oder Nummer der Ausgabe
Beispiel: *Yuriko Wahl-Immel: Anuga gestartet. Bio und vegan sind die Topthemen. Aus: Ludwigsburger Kreiszeitung, Nr. 235, 12.10.2015*

Texte aus dem Internet: Autor (wenn bekannt), Titel des Textes, Erscheinungsdatum des Textes im Internet – zumindest das Jahr –, URL und Datum, an dem der Text heruntergeladen wurde
Beispiel: *(dpa/tmn: Gemüse statt Fleisch. Jugendliche Vegetarier leben gesünder. 18.10.2012, http://www.ksta.de/ratgeber/gemuese-statt-fleisch-jugendliche-vegetarier-leben-gesuender,15189524,19927892.html; Stand: 01.12.2015)*

Bei Gedanken, Daten, Zahlen und Fakten, die du übernommen und in deine eigenen Formulierungen eingebaut hast und bei indirekten/sinngemäßen Zitaten beginnt die Quellenangabe mit der Abkürzung vgl. für „vergleiche". Dann folgt die Quellenangabe. Bei direkten Zitaten, die wie bei wörtlicher Rede gestaltet sind, steht diese Abkürzung nicht.
Beispiel: *Jeder Schweizer Bürger würde im Durchschnitt eine Mahlzeit am Tag wegwerfen. (vgl. WWF Schweiz: Unterschreiben Sie die Petition gegen Food Waste. Aus: Der Schweizer Lebensmittel-Skandal. 15.10.2014, http://www.storyfilter.com/sie-begreifen-erst-wie-viel-sie-verschwenden-wenn-es-jemand-vor-ihren-augen-tut/7731/; Stand: 01.12.2015)*

Wenn mehrmals aus demselben Text zitiert wird, musst du die vollständige Quellenangabe nur einmal aufschreiben. Bei allen weiteren Nennungen brauchst du nur noch den Namen des Autors und die Jahreszahl des Erscheinens hinter weitere Zitate aus demselben Text setzen. Fehlt der Autor, nennst du den Titel mit der Jahreszahl des Erscheinens.
Beispiel: *Elisabeth Zöller 2014*

Platzierung von Quellenangaben: Falls dich die vielen Quellenangaben in deinem Aufsatztext stören, kannst du hinter die Zitate auch fortlaufende Nummern setzen. Das sieht dann z. B. so aus: (1). Unter die Reinschrift deines Aufsatzes schreibst du die Überschrift **Quellen**. Nun listest du die Ziffern **auf** und schreibst dahinter die passenden Quellenangaben. Ausführlich musst du das nur bei der ersten Nennung der Quelle tun. Danach darfst du mit der Kurzversion – Autorname und Erscheinungsjahr bzw. Titel und Erscheinungsjahr – weiterarbeiten. Schau dir dazu später den Musteraufsatz im Lösungsheft Seite 13 an.

Arbeite beim Zitieren und bei den Quellenangaben genau. Alle Texte, aus denen du zitiert hast, werden zusammen mit deinem Prüfungsaufsatz eingesammelt. Die Exaktheit der Zitate und der Quellenangaben wird überprüft und geht in die Note ein.

Kurze Übungen zum Zitieren und zu Quellenangaben:

1. Hier wurde nur ein Wort aus dem Beispieltext 1 zitiert. Schreibe den Satz ab, setze das Wort in Anführungszeichen und füge die korrekte Quellenangabe hinzu.
   Wenn Schmidt von Bildungseinrichtungen spricht, meint er wohl vor allem Schulen.

2. Forme dieses direkte Zitat aus dem Beispieltext 1 in ein indirektes um und füge die korrekte Quellenangabe hinzu.
   „Ernährung gehört in den Stundenplan."
   Er meint ...

3. Forme dieses indirekte Zitat aus dem Beispieltext 2 in ein direktes um. Diesmal darfst du die verkürzte Quellenangabe anhängen.
   Es wird darauf hingewiesen, dass keine besonderen Zusatzprodukte nötig seien, um weiterhin ausgewogen zu essen.
   Außerdem heißt es: „...

INFO Zitieren aus verschiedenen Quellen

Hier in den Musterlösungen findest du immer dieselben wenigen Quellen – ganz einfach, weil du die verwendeten Texte und Materialien durch die Arbeit im vorigen Kapitel kennst. Achte aber in der Prüfung darauf, aus mehreren verschiedenen Quellen zu zitieren. So kommt nicht der Verdacht auf, dass du fürs Kompendium nur ein oder zwei Texte bearbeitet hast. Auch für die ausgewogene Meinungsbildung brauchst du mehr als nur zwei oder drei Quellen.

Prüfungsaufsätze üben

Jetzt bearbeitest du eine Aufgabe, wie sie dir auch in der Prüfung gestellt werden könnte. **Reden** bzw. **Vorträge, Leserbriefe, Zeitungsartikel** und **Kommentare** können in der Abschlussprüfung verlangt werden. In der folgenden Übung soll ein kompletter Aufsatz mit Zitaten und einer Quellenangabe entstehen. Du hast in der Prüfung 240 Minuten – vier Stunden – lang Zeit dafür. Gehe sorgfältig und planvoll vor, am besten in diesen fünf Schritten:

CHECKLISTE Aufsatzübungen

- ✓ Papier
- ✓ Stifte, Farbstifte
- ✓ Kompendium
- ✓ Klebezettel oder Papierstreifen zum Markieren von Stellen im Kompendium
- ✓ ruhiger Arbeitsplatz
- ✓ Zeit!

Erster Schritt: Die Aufgabe analysieren
Zweiter Schritt: Eine Stoffsammlung erstellen
Dritter Schritt: Eine Gliederung / Einen Schreibplan machen
Vierter Schritt: Den Text ausformulieren
Fünfter Schritt: Den Text überprüfen und überarbeiten

Notiere dir nach jedem einzelnen Schritt, wie viel Zeit du dafür gebraucht hast.
Den Musteraufsatz im Lösungsheft schaust du dir erst an, wenn du selbst deinen Aufsatz ganz fertig geschrieben, überarbeitet und verbessert hast.

Texte lesen, auswerten und schreiben

An Ihrer Schule wird derzeit heftig über das Mensaessen diskutiert. Sie gehören zu einer Schülergruppe, die sich für mindestens einen Veggie-Day* pro Woche einsetzt. Schreiben Sie einen entsprechenden Artikel für die Schulzeitung, die von Schülern, Lehrkräften und Eltern gelesen wird.

Schreiben Sie diesen Artikel!

*Tag mit vegetarischem Essen

Erster Schritt: Die Aufgabe analysieren

1. Analysiere die Aufgabe sorgfältig und beantworte die Fragen. Erkläre genau und vergleiche deine Antworten mit den Antworten im Lösungsheft.
   a) Lies die Aufgabe mindestens zweimal aufmerksam durch und unterstreiche die Schlüsselbegriffe.
   b) Welche Textsorte musst du produzieren?
   c) Aus welcher Perspektive musst du schreiben?
   d) Wer ist die Zielgruppe? Was ist dabei zu beachten?
   e) Was wird genau verlangt? Welchen Inhalt muss der Beitrag haben?

LÖSUNGSHILFE Auf Details und aufs Thema achten

Manchmal liest man die Aufgabe zu schnell oder übersieht in der Aufregung wichtige Details. Auch das **Rahmenthema** solltest du nicht vergessen und möglichst in deinen Aufsatz einfließen lassen. „Ernährung heute – Zwischen Mangel und Überfluss“ steht zwar nicht als Überschrift über dem Aufsatz, sollte aber darin vorkommen. Schau dir dazu später den Aufsatz im Lösungsheft an.

Benötigte Zeit: *Für das Analysieren der Aufgabe habe ich* ________ *Minuten benötigt.*

Zweiter Schritt: Eine Stoffsammlung erstellen

Ideen für die Einleitung

1. Mit der Einleitung Informationen geben:
   Suche Stichworte zu den vier W-Fragen unten. Wer seid ihr? Was wird diskutiert? (Oder auch: Um welches Thema geht es?) Wo soll es Veränderungen geben? Wann kam das Thema auf? (Oder auch: Aus welchem Anlass kam das Thema auf?)

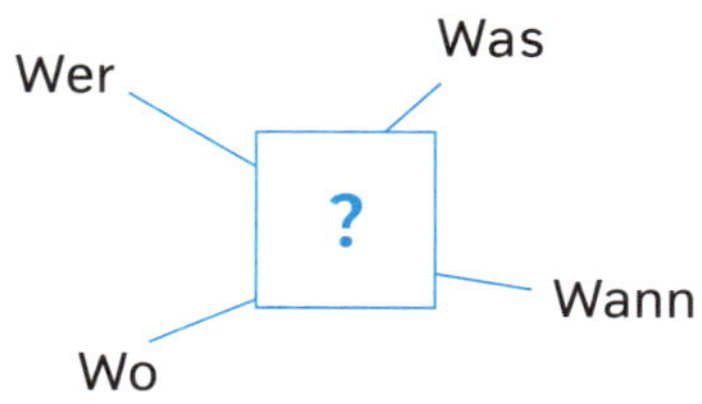

LÖSUNGSHILFE Einleitung

Für die Einleitung hast du viele Möglichkeiten. Nimm aber keine Argumente vorweg. Die gehören in den Hauptteil.
Meist gibt man in der Einleitung Basisinformationen zum Thema, stimmt die Leser ein und will Interesse wecken.

Ideen für den Hauptteil

Du solltest gute Argumente für die Einführung eines Veggie-Days in der Mensa formulieren. Interessanter wird dein Text, wenn darin auch die Einwände der Gegner einfließen. Du kannst die Einwände der Gegner als Behauptungen formulieren, die du mit deinen Argumenten entkräftest. Mit diesem kleinen Trick ist dein Aufsatz gleich schön gegliedert.

2. Hier findest du Ideen, die in deinen Aufsatz einfließen können. Suche zu jedem der Argumente bzw. Gedanken weitere Unterpunkte und Beispiele. Das kannst du wie hier in einer Liste machen oder mit einer Mindmap. (Nebenher überlegst du dir, ob du zu einzelnen Gedanken passende Texte für Zitate im Kompendium hast und markierst die Stellen im Kompendium.)

Behauptung 1: Vegetarier = Minderheit
Argument 1: Stimmt nicht wirklich
– 12 % der Jugendlichen ...
– wachsende Zahl ...
– ...

Behauptung 2: Vegetarisches Essen = uncool
Argument 2: Warum muss Essen cool sein?
– wachsender Trend ...
– ...

Behauptung 3: Veggie-Day = Mensa leer
Argument 3: Sicher nicht, denn
– ...
– ...

Behauptung 4: Vegetarier = Ökospinner
Argument 4: Ökobilanz von vegetarischer Ernährung ist tatsächlich besser, denn
– der Wasserbedarf ist geringer.
– ...

Behauptung 5: Vegetarische Ernährung = Mangelerscheinungen
Argument 5: Ist nur ein Gerücht, denn
– mit ausreichend Gemüse ...
– ...
– ...

TIPP weitere Übung

Vielleicht findest du persönlich einen Veggie-Day in der Schulmensa komplett überflüssig. Du könntest zur Übung einen weiteren Artikel für die Schulzeitung schreiben, in dem du dich als Veggie-Day-Gegner outest und dich gegen den Veggie-Day aussprichst.

Ideen für den Schluss des Beitrags

3. Für den Schluss kannst du eine dieser Ideen ausformulieren oder auch kombinieren.
   Aber vielleicht hast du ja einen eigenen, besseren Einfall.
   Idee 1: Hinweis auf Diskussionsveranstaltungen zum Thema, die in den nächsten Tagen und Wochen stattfinden werden. Einladung an alle Schüler, Eltern und Lehrkräfte
   Idee 2: wesentliche Gedanken aus dem Hauptteil noch einmal zusammenfassen und deine ganz persönliche Meinung anhängen (Gefahr: Du wiederholst dich und langweilst die Leser.)
   Idee 3: Lösungsvorschlag machen: Probelauf für den Veggie-Day
   Idee 4: Vorschlag machen: vegetarischer Kochwettbewerb für Schüler/Eltern/Lehrer-Teams, um Begeisterung für vegetarisches Essen zu wecken

Benötigte Zeit: *Für die (ausführliche) Stoffsammlung habe ich ________ Minuten benötigt.*

Dritter Schritt: Eine Gliederung / Einen Schreibplan machen

Deine Stoffsammlung hat bereits eine gewisse Ordnung. Trotzdem solltest du jetzt nicht einfach drauflosschreiben, sondern zuvor die **Reihenfolge** festlegen, in der die einzelnen Ideen aus der Stoffsammlung in deinem Aufsatz auftauchen sollen. **Nummeriere deine Notizen** aus der Stoffsammlung oder markiere sie mit Farben anhand dieses Schreibplans:

1 Überschrift: z. B.: Her mit dem Gemüse! Keine Angst vor dem Veggie-Day!
2 Einleitung: Sprich die Leser direkt an. Erläutere kurz die Thematik, damit alle wissen, worum es geht. Greif die W-Fragen auf.
3 Hauptteil: Behauptungen von Veggie-Day-Gegnern werden durch Argumente widerlegt. Vergiss die Beispiele und Zitate nicht! Lege die Reihenfolge fest, in der du die Argumente aufschreibst. Bei diesem Übungsaufsatz ist zwar eine Reihenfolge vorgegeben, aber vielleicht findest du eine andere sinnvoller. Markiere die Stellen, an denen du Zitate einfügen kannst. Markiere die passenden Zitate im Kompendium. Nimm zwischendurch auch Bezug auf das Rahmenthema. (In diesem Übungsaufsatz findet das vor allem in den Argumenten 1 und 4 statt, in denen es um gegenwärtige Trends und um die weltweiten Auswirkungen bestimmter Ernährungsformen geht.)
4 Schluss: Sprich die Leser noch einmal direkt an. Du kannst einen der Vorschläge oben ausformulieren oder dir selbst etwas ausdenken.

Gliedere deinen Aufsatz auch optisch durch Abschnitte, die zeigen, dass ein Textteil endet und ein neuer beginnt. Das erleichtert die Übersicht und das Lesen.

Benötigte Zeit: *Für die Gliederung bzw. den Schreibplan habe ich ________ Minuten benötigt.*

INFO Anordnung von Argumenten

Wenn möglich, stellst du das stärkste Argument ans Ende des Hauptteils. Denn an das letzte Argument erinnert man sich am besten und du willst die Leser ja von deinem Standpunkt überzeugen.

Vierter Schritt: Den Text ausformulieren

1. Nach dieser sorgfältigen Vorarbeit kannst du nun deine gegliederten bzw. nummerierten Notizen zu einem vollständigen Text ausformulieren. Vergiss die Zitate und die Quellenangaben nicht. Halte dich dabei an die Vorgaben aus deinem Deutschunterricht. Falls du noch keine Vorgaben hast, verfährst du so, wie du es weiter vorn in Kapitel B 6 nachlesen kannst.

LÖSUNGSHILFE Adressatenbezug/Zielgruppe

Beim Ausformulieren solltest du immer daran denken, für wen du schreibst. Die Schulzeitung wird von Schülern, Lehrkräften, Eltern und der Schulleitung gelesen. Verzichte deshalb auf momentan angesagte Ausdrücke der Jugendsprache und allzu cool klingende Formulierungen. Trotzdem musst du nicht förmlich und gestelzt schreiben. Bleib natürlich!

Benötigte Zeit: *Für das Ausformulieren des gesamten Textes habe ich* ________ *Minuten benötigt.*

Fünfter Schritt: Den Text überprüfen und überarbeiten

Nach dem vierten Schritt machst du eine Pause. In der Prüfung könntest du jetzt eine Kleinigkeit essen und trinken oder mal zur Toilette gehen. Jetzt beim Üben kannst du den Text über Nacht liegen lassen. Mit etwas Abstand findet man seine eigenen Fehler besser.
Die Checkliste, nach der du vorgehst, sieht zwar für jeden Aufsatz ein bisschen anders aus, aber im Grunde ähneln sich die Fragen, die du dir bzw. an deinen Text stellst:

TIPP Laut lesen

In der Prüfung geht das leider nicht. Aber jetzt bei der Übung kannst du deinen Aufsatz laut lesen. So findest du viel leichter unklare Stellen und Wiederholungen.

CHECKLISTE

	erfüllt	nicht erfüllt
Überprüfung des Inhalts		
✓ Sind alle Teile vorhanden? (Überschrift, Einleitung, Behauptungen der Gegner, Argumente [mit Beispielen und Zitaten], Schluss, Quellenangaben)	☐	☐
✓ Achtung Überschrift! Sie wird häufig vergessen. Überprüfe am Ende noch einmal: Ist sie vorhanden? Passt sie zum Text und zur Zielgruppe des Textes?	☐	☐
✓ Hast du in der richtigen Perspektive geschrieben? (Ich-Perspektive ist möglich. Du bist Schüler an der betroffenen Schule und befürwortest einen Veggie-Day.)	☐	☐
✓ Hast du die Zielgruppe angesprochen?	☐	☐
✓ Hast du Zitate mit korrekten Quellenangaben eingebaut?	☐	☐
✓ Passen die Zitate inhaltlich und grammatikalisch gut in den Text?	☐	☐
✓ Hast du unabsichtliche Wiederholungen von Gedanken und Aussagen vermieden?	☐	☐
✓ Hast du das Rahmenthema einfließen lassen?	☐	☐
Überprüfung der Form		
✓ Hast du ordentlich geschrieben, sinnvolle Absätze gesetzt und an die Quellenangaben gedacht?	☐	☐
Überprüfung der Sprachrichtigkeit		
✓ Hast du schwierige Wörter nachgeschlagen?	☐	☐
✓ Hast du unabsichtliche Wortwiederholungen vermieden?	☐	☐
✓ Passt die Sprache zur Zielgruppe?	☐	☐
✓ Ist die Sprache nicht zu jugendlich?	☐	☐

Benötigte Zeit: *Für die Überarbeitung habe ich* ________ *Minuten benötigt.*

Überarbeite jetzt die Aufsatzteile, bei denen du noch Verbesserungsbedarf siehst.
Anschließend kannst du den **Musteraufsatz im Lösungsheft** lesen. Im Musteraufsatz findest du unterstrichene Stellen. An diesen Stellen wurde das Rahmenthema/Motto der Projekttage „Ernährung heute – Zwischen Mangel und Überfluss" aufgegriffen und in den Text eingearbeitet.

INFO Konzept und Reinschrift

In der Prüfung würdest du deinen fertigen, überarbeiteten und verbesserten Aufsatz jetzt noch ins Reine schreiben, damit er gut lesbar ist und eine ansprechende Form hat.
Probiere aus, wie lange du für eine Seite Reinschrift brauchst. Dann hast du eine Vorstellung, wie viel Zeit du dafür in der Prüfung reservieren musst.

Auswertung der Arbeitszeit
In der Tabelle unten sind schon einige Zeiten eingetragen, die du in der Prüfung zusätzlich einplanen solltest. Übertrage die einzelnen Zeitabschnitte, die du für die Teilschritte benötigt hast, in die Tabelle:

Arbeitsschritt	Zeit
– Prüfungsaufgaben durchlesen – Auswahl der Aufgabe, die du bearbeiten willst	15 Minuten
– Aufgabe analysieren	
– Stoffsammlung erstellen	
– Stoffsammlung gliedern / Schreibplan machen	
– Text ausformulieren	
– Text überprüfen und überarbeiten	
– Reinschrift anfertigen	
– 2 – 3 kurze Pausen	10 Minuten
– Puffer	15 Minuten
Summe Gesamtarbeitszeit	

Möglicherweise kommst du mit der Zeit noch nicht ganz aus. Aber du wirst mit jeder Übung schneller.

Weiterer Übungsaufsatz

Du hast nun einen Übungsaufsatz für die Prüfung geschrieben und dazu viele Hilfestellungen erhalten. Versuche, die folgende Übung selbstständig zu bearbeiten. Gehe dabei nach dem **Fünf-Schritte-Schema** vor, das du in Kapitel B 6 bereits angewendet hast. Notiere dir auch diesmal die Zeit, die du für die einzelnen Schritte benötigst. Versuche mindestens einmal als Generalprobe für die Prüfung, einen Aufsatz komplett am Stück zu erarbeiten. Nutze dabei die vier Stunden Arbeitszeit aus.

Texte lesen, auswerten und schreiben

Hauptsache schnell und billig? Gedanken zum Thema Ernährung
Mit einer guten Rede zu diesem Thema können Sie einen Restaurantbesuch mit zehn Freunden gewinnen. Schüler aller Schularten sind eingeladen, sich an dem Redewettbewerb für Schüler von Abschlussklassen im Landkreis zu beteiligen. In der Jury sitzen Lehrkräfte, Vertreter von Umweltverbänden, Restaurantbesitzer, Landwirte sowie vier Jugendliche. Das Publikum besteht aus Schülern der Abschlussklassen.

Schreiben Sie eine Rede für den Wettbewerb!

LÖSUNGSHILFE zum Übungsaufsatz

Bevor du loslegst:
Beachte, dass in der Aufgabenstellung ein Fragezeichen steht. Das kann nur bedeuten, dass du „schnell“ und „billig“ auch kritisch beleuchten sollst.

Vorschläge für den Inhalt:
1. Beschreibe, was man als Schüler im Lauf der Woche zu sich nimmt.
2. Zeige auf, was daran „schnell“ und „billig“ ist.
3. Beschreibe Vor- und Nachteile deiner derzeitigen Ernährung. Welche Auswirkung hat sie?
4. Mache Verbesserungsvorschläge und wirf einen Blick in die Zukunft.

Denk daran, dass du deine Aussagen erklären, begründen und mit Beispielen belegen musst. Suche im Kompendium nach passenden Zitaten.

Schreibstil:
Dein Stil sollte nicht gestelzt und nicht zu förmlich sein. Bei Reden darf auch mal gelacht werden. Obwohl dein Publikum größtenteils aus Jugendlichen besteht, solltest du auf allzu lässige Sprüche verzichten, denn in der Jury sitzen viele Erwachsene und das Thema ist ernst und wichtig.

B 7 Produktiv mit einer Ganzschrift umgehen: „Der Hauptmann von Köpenick“ (Carl Zuckmayer)

Die Aufgabe 4 der Realschulabschlussprüfung bezieht sich auf eine **Ganzschrift (Lektüre)**, die im Unterricht erarbeitet wird. Diese Lektüre sollst du an einer vorgegebenen Stelle produktiv, d. h. durch einen eigenen Text, erweitern. Die Aufgabe gibt zudem vor, welche Form dein Text haben soll. Das kann z. B. ein Brief, ein Tagebucheintrag oder ein innerer Monolog sein, den du aus der Perspektive einer Figur schreiben sollst. Das Kultusministerium hat für das Schuljahr 2016/17 **zwei Prüfungslektüren** vorgeschlagen. Welches der beiden Bücher an deiner Schule ausgewählt wird, erfragst du am besten bei deinem Deutschlehrer bzw. deiner Deutschlehrerin. Vielleicht dürft ihr ja sogar mitentscheiden? Für die Prüfung wird nur die Aufgabe zum ausgewählten Buch ausgegeben. Es lohnt sich also nicht – zumindest für die Prüfung –, beide Lektüren vorzubereiten.
In diesem Kapitel setzt du dich anhand verschiedener Aufgaben mit der Lektüre „Der Hauptmann von Köpenick“ von Carl Zuckmayer auseinander. Alle Seitenangaben dieses Heftes beziehen sich auf die Ausgabe des Fischer Verlags von 2015 (ISBN 978-3-596-27002-6). Aufgaben zur Lektüre „Wir tanzen nicht nach Führers Pfeife“ von Elisabeth Zöller findest du ab Seite 92.

Strategien zur Sicherung der Textkenntnis

Eine grundlegende Voraussetzung für jede produktive Schreibaufgabe ist eine **genaue** und **detaillierte** Textkenntnis. Dazu gehört zunächst das Verstehen auf der sprachlichen Ebene, d. h., dass du **Wörter**, die du nicht kennst, **nachschlägst** oder erfragst. Darüber hinaus musst du dich mit dem Inhalt der Erzählung (Handlungsverlauf, Personencharakterisierung und -konstellation, Themenbereiche) vertraut machen. Ihr werdet euch im Unterricht ausführlich mit der Analyse der Ganzschrift beschäftigen. In diesem Kapitel lernst du zusätzlich einige **hilfreiche Strategien** kennen, mit deren Hilfe du deine Erkenntnisse sammeln und sichern kannst, sodass du in der Prüfung schnell darauf zugreifen kannst.

Strategie: Sich im Text orientieren
Während der Prüfung darfst du die an der Schule eingeführte und im Unterricht verwendete persönliche Ausgabe verwenden. **Eigene Notizen, Markierungen** und **kurze Anmerkungen** im Buch sind ausdrücklich erlaubt – nicht jedoch eine komplette Zusammenfassung oder längere Personenbeschreibungen. Damit du dich während der Prüfung innerhalb des Buches schnell orientieren kannst, solltest du in der Vorbereitung mit verschiedenen Markierungen arbeiten. Du kannst beispielsweise den **Hauptfiguren** jeweils **eine Farbe zuordnen** und in dieser Farbe wichtige Textstellen markieren. Du kannst so die wichtigsten Informationen zur Figur, aus deren Perspektive du schreiben sollst, schnell und gezielt auffinden. Bewährt haben sich auch verschiedenfarbige **Haftstreifen**, die du seitlich einkleben kannst, um z. B. Zeitabschnitte, wichtige Stellen der Handlung oder Themenbereiche zu kennzeichnen. Lege auch hier eine eindeutige Farbzuordnung fest, die du als Gedankenstütze auf der letzten Buchseite eintragen kannst.

INFO Lektüre wird eingesammelt

Ein oder zwei Tage vor der Deutschprüfung wird dein Deutschlehrer alle Lektüren einsammeln und auf unzulässige Eintragungen (z. B. kompletter Aufsatz, ausführliche Zusammenfassung) hin kontrollieren. Ebenfalls nicht erlaubt sind eingelegte Zettel mit ausgearbeiteten Texten. Deine eigene Ausgabe wirst du dann erst in der Prüfung zurückbekommen.

Strategie: Handlungsverlauf in einer Zeitleiste darstellen

In der Prüfung wird dir ein Zitat (mit Seitenangabe) aus dem Drama vorgelegt. Ausgehend von diesem Zitat schreibst du deinen eigenen Text in der vorgegeben Form. Wichtig ist, dass sich dein Text nahtlos in den Handlungsverlauf des Dramas einfügt bzw. sich daran anschließt. Du musst also einen genauen Überblick darüber haben, was bis zur Zitatstelle schon geschehen ist und welchen Wissenstand die einzelnen Personen haben. Eine gute Möglichkeit hierfür ist es, den Handlungsverlauf stichwortartig zeitlich zu ordnen. Dafür eignet sich eine Tabelle.

1. Trage in die unten stehende Tabelle stichwortartig die wichtigsten Ereignisse ein, die für den Verlauf der Handlung wesentlich sind.

Jahr	Gliederung	Handlungsschritte
	Vorgeschichte	
ca. 1900	Erster Akt	
ca. 1910	Zweiter Akt	
ca. 1910	Dritter Akt	

TIPP Der Autor Carl Zuckmayer

Für die Prüfung werden keine Kenntnisse über den Autor vorausgesetzt. Falls du aber neugierig bist und mehr über Carl Zuckmayer und seine Werke erfahren willst, kannst du hier nachlesen:
http://www.carl-zuckmayer.de
http://www.hdg.de/lemo/biografie/carl-zuckmayer
http://www.spiegel.de/spiegel/print/d-41002007.html

Strategie: Biografien erstellen
Die produktive Schreibaufgabe verlangt von dir, dich in eine der Figuren der Erzählung hineinzuversetzen und aus ihrer Perspektive zu schreiben. Damit dir das gut gelingen kann, musst du die einzelnen Personen sehr genau kennen: Wie stehen sie zu den Ereignissen? Welche Haltung haben sie anderen Figuren gegenüber? Welchen gesellschaftlichen Rang haben sie? Welche Eigenschaften haben sie? Wie denken und sprechen sie? Eine gute Strategie – um hier den Überblick zu bewahren – ist es, für die wichtigsten Personen Biografien zu erstellen:

2. Ergänze so genau wie möglich die biografischen Angaben (z. B. Aussehen, Alter, Beruf, politische Gesinnung, Charaktereigenschaften usw.) für die wichtigsten Personen der Erzählung:

Wilhelm Voigt	**Marie und Friedrich Hoprecht**

Hauptmann von Schlettow	**Bürgermeister Obermüller**

3. Test zur Textkenntnis
   Hast du die Lektüre aufmerksam gelesen und dich intensiv damit auseinandergesetzt?
   Mit diesem Test kannst du selbst überprüfen, wie „textfit" du schon bist. Kreuze jeweils an.

	richtig	falsch	weiß nicht
a) Wilhelm Voigt ist mit 18 Jahren zum ersten Mal straffällig geworden.	☐	☐	☐
b) Er erhält keinen Pass, weil er schon mehrfach vorbestraft ist.	☐	☐	☐
c) Von Beruf ist er Schuster.	☐	☐	☐
d) Er hat einige Zeit bei einem Schuhfabrikanten im Ausland gearbeitet.	☐	☐	☐
e) Er versucht, bei verschiedenen Ämtern Arbeitslosenunterstützung zu beantragen.	☐	☐	☐
f) Wilhelm Voigt überfällt mit Kalle das Polizeirevier, um an Passunterlagen zu kommen.	☐	☐	☐
g) Während seiner Zeit im Gefängnis wird er regelmäßig von seiner Schwester besucht.	☐	☐	☐
h) Anschließend kann er für einige Zeit bei ihr wohnen.	☐	☐	☐
i) Marie und Friedrich Hoprecht haben eine kranke Tochter.	☐	☐	☐
j) Friedrich Hoprecht will seine Kontakte nutzen, um seinem Schwager zu einem Pass zu verhelfen.	☐	☐	☐
k) Bürgermeister Obermüller braucht dringend eine neue Uniform, weil er am Kaisermanöver teilnehmen will.	☐	☐	☐
l) Wilhelm Voigt darf nicht weiter bei seiner Schwester wohnen, weil er wieder straffällig geworden ist.	☐	☐	☐
m) Friedrich Hoprecht ist nicht befördert worden, weil Gelder gestrichen wurden.	☐	☐	☐
n) Wilhelm Voigt besorgt sich in einem Kleiderladen eine Uniform für einen Maskenball.	☐	☐	☐
o) Er will den Oberbürgermeister verhaften, um an die Gemeindekasse zu kommen.	☐	☐	☐
p) Er spielt den Hauptmann so überzeugend, dass ihm alle gehorchen.	☐	☐	☐
q) Er flieht mit der Beute ins Ausland und beginnt dort ein neues Leben.	☐	☐	☐

Überprüfe deine Antworten mithilfe des Lösungsheftes (siehe Seite 14). Für jede richtig angekreuzte Antwort erhältst du einen Punkt.

Auswertung:
13–17 Punkte: Gratuliere, du hast genau gelesen und schon vieles richtig verstanden! Versuche aber, letzte Lücken zu schließen, indem du die Stellen der Erzählung nochmals nachliest, die du noch nicht richtig einordnen konntest.
7–12 Punkte: Nicht schlecht! Du hast die Erzählung in wesentlichen Teilen richtig verstanden. Allerdings sind dir einige Details der Handlung nicht ganz klar geworden. Lies an diesen Stellen nochmals genau nach!
6 und weniger Punkte: Du hast noch größere Lücken, was die Textkenntnis anbelangt. Hast du das gesamte Buch aufmerksam gelesen? Hast du alle unbekannten Wörter nachgeschlagen? Falls nicht, solltest du das unbedingt schnell nachholen. Falls du weiterhin Verständnisschwierigkeiten hast, frage bei deinem Deutschlehrer oder einem Mitschüler nach.

Eine produktive Schreibaufgabe bearbeiten

Worauf kommt es bei einer sogenannten produktiven Schreibaufgabe an und was genau wird bewertet? Die Aufgabe setzt an **Leerstellen** der Ganzschrift an, d. h., sie bezieht sich auf Lücken in der Handlung, die von dir kreativ gefüllt werden sollen. Dabei ist es wichtig, den in der Aufgabe genannten **Schreibanlass zu beachten** (z. B. Reflexion einer Figur oder Austausch zweier Figuren) und deinen Aufsatz im **Handlungsablauf richtig zu verorten**. Der Blick der Figuren ist dabei oft auf das bereits Geschehene gerichtet. Wichtig ist hierbei, dass du nicht einfach aus der Perspektive einer Figur nacherzählst, sondern die Figur **über das Vergangene nachdenken** lässt. Der Blick kann aber auch **auf Zukünftiges gerichtet** sein, wenn z. B. eine Figur einen Ausweg aus einer problematischen Situation sucht. Dabei ist es wichtig, dass du die **Charaktere (auch sprachlich) möglichst** authentisch darstellst. Dein Text, der eine vom Autor offengelassene Leerstelle ausfüllen soll, muss **mit dem Inhalt des Dramas übereinstimmen**, also mit dem weiteren Verlauf stimmig sein. Als mögliche Textsorten können von dir u. a. ein **Tagebucheintrag**, ein **innerer Monolog**, ein **Brief**, eine **Rede** oder ein **Gespräch** verlangt werden. Es gibt also ganz schön viel zu beachten! Am besten gehst du gezielt **in einzelnen Schritten** vor. Präge dir die Abfolge des Vorgehens schon jetzt beim Üben ein, dann sollte dir das in der Prüfung ganz leicht von der Hand gehen.

Eine **produktive Schreibaufgabe** besteht aus einem **Zitat** aus der Ganzschrift und einem **Arbeitsauftrag**. Lies dir folgendes Beispiel für eine produktive Schreibaufgabe durch:

Voigt: De innere Stimme. Da hatse jesprochen, du, und da is alles totenstill jeworden in de Welt, und da hab ick's vernommen: Mensch, hatse jesagt – einmal kneift jeder 'n Arsch zu, du auch, hatse jesagt. Und denn, denn stehste vor Gott dem Vater, stehste, der allens jeweckt hat, vor dem stehste denn, und der fragt dir ins Jesichte: Willem Voigt, wat haste jemacht mit dein Leben? Und da muß ick sagen – Fußmatte, muß ick sagen. Die hab ick jeflochten im Jefängnis, und dann sind se alle druff rumjetrampelt, muß ick sagen. Und zum Schluß haste jeröchelt und jewürcht, um det bißchen Luft, und denn war's aus. Det sagste vor Gott, Mensch. Aber der sagt zu dir: Jeh wech! Sagt er! Ausweisung! Sagt er! Dafür hab ick dir det Leben nich jeschenkt, sagt er! Det biste mir schuldig! Wo is et? Wat haste mit jemacht? (Ganz ruhig) Und denn, Friedrich – und denn is et wieder nischt mit de Aufenthaltserlaubnis.
Hoprecht: Willem – du pochst an de Weltordnung – dat is ne Versündigung, Willem! Det änderste nich, Willem! Det änderste doch nich!!
Voigt: Det will ick auch nicht. Det will ick nich, Friedrich. Det könnt ick ja nich, da bin ick viel zu alleine für ... Aber so knickerich, verstehste, möchte ick mal nicht vor mein Schöpfer stehn. Ick will ihm nichts schuldig bleiben, verstehste? Ick wer noch was machen mit.

2. Akt, 14. Szene, Seite 101 f.

Nach dem Einkauf in Krakauers Kleiderladen sitzt Wilhelm Voigt auf einer Parkbank im herbstlichen Park von Sanssouci. Er denkt über sein bisheriges und sein zukünftiges Leben nach.

Schreiben Sie diesen inneren Monolog.

Strategie zur Bearbeitung einer produktiven Schreibaufgabe

Erster Schritt: Die Aufgabe analysieren

Nicht selten passiert es in der Prüfung, dass Schüler in der Aufregung die Aufgabenstellung nicht genau untersuchen und deshalb **wesentliche Hinweise** zur Lösung der Aufgabe übersehen. Beginne deshalb immer mit einer sorgfältigen Analyse der Aufgabenstellung.

1. Markiere in dem blau hinterlegten Beispiel zur produktiven Schreibaufgabe (Seite 81) zunächst das Textzitat und den eigentlichen Arbeitsauftrag mit zwei verschiedenen Farben. Lies dann die gesamte Aufgabe nochmals durch und unterstreiche wichtige Schlüsselwörter.

2. Nun solltest du folgende Fragen beantworten können:

   a) Wo findest du das Zitat im Drama? ______________________

   b) In welcher emotionalen Verfassung ist Wilhelm Voigt? ______________________

   c) Welches Bild sieht er vor seinem inneren Auge? ______________________

   d) Was nimmt er sich vor? ______________________

   e) Wie reagiert sein Schwager Friedrich? ______________________

Zweiter Schritt: Die Textstelle analysieren

Mach dir nun im nächsten Schritt möglichst genau bewusst, an welcher **Stelle des Handlungsverlaufs** das angegebene Zitat steht. Nimm das Buch zur Hand und markiere das Zitat auf Seite 101 f. Dann solltest du **überfliegend** nochmals **nachlesen**: Was ist Wilhelm Voigt bis zu diesem Zeitpunkt schon widerfahren? Was hat sich kurz zuvor ereignet? Aber auch: Was ist noch nicht geschehen? Hier macht sich deine **gute Vorarbeit** bezahlt: Wenn du die wichtigsten Textstellen der zitierten Figuren bereits farbig markiert hast und du einen guten Überblick über die Gesamthandlung hast, solltest du die folgende Aufgabe leicht lösen können.

1. Trage bei den folgenden (unsortierten) Handlungsschritten jeweils ein, ob sie vor (V) oder nach (N) dem in der Aufgabe angegebenen Zitat im Drama stehen:

   ☐ a) Wilhelm Voigt stellt sich freiwillig der Polizei.
   ☐ b) Sein Antrag auf Aufenthaltsbewilligung bei seiner Schwester ist abgelehnt worden.
   ☐ c) Er dringt als verkleideter Hauptmann ins Rathaus von Köpenick ein.
   ☐ d) Wilhelm Voigt hat die Polizeidienststelle überfallen.
   ☐ e) Er sitzt deshalb im Gefängnis.
   ☐ f) Die kranke Untermieterin seiner Schwester ist gestorben.
   ☐ g) Friedrich Hoprecht ist nicht – wie erwartet – befördert worden.

Achtung: Zwischen Zitat und angegebenem Zeitpunkt des inneren Monologs ist bei dieser Aufgabe ein weiterer wesentlicher Handlungsschritt geschehen: Wilhelm Voigt hat sich in Krakauers Kleiderladen eine gebrauchte Uniform besorgt.

Dritter Schritt: Eine Stoffsammlung anlegen

Im nächsten Schritt überlegst du dir, wie du den Monolog von Wilhelm Voigt **inhaltlich füllen** kannst. Hierzu solltest du eine **Stoffsammlung in Stichworten** anlegen. Dabei kannst du von den **Schlüsselbegriffen** ausgehen, die du in der Aufgabenstellung markiert hast. Überlege dir, ob sich ein **Oberbegriff** zu allen Schlüsselbegriffen finden lässt. Eine gute Möglichkeit, dies übersichtlich zu gestalten, ist eine Mindmap.

1. In der folgenden Mindmap sind wesentliche Schlüsselbegriffe bereits eingetragen. Sie alle kreisen um die große Frage, was Wilhelm Voigt in seiner jetzigen Situation noch tun kann. Lies auf den unterhalb der Mindmap angegebenen Seiten nach und mach dir bei den entsprechenden Schlüsselbegriffen stichwortartige Notizen.

Seitenangaben:
Seite 14 ff., Seite 36, Seite 44, Seite 59, Seite 62, Seite 69 ff., Seite 78 ff., Seite 86, Seite 97 ff.

Vierter Schritt: Den Text ausformulieren

Nachdem du nun alle Vorarbeiten erledigt hast, kannst du dich an das eigentliche Ausformulieren deines Textes machen. Beim Schreiben musst du auch die Kriterien der jeweiligen **Textsorte** (z. B. innerer Monolog) beachten. Eine Übersicht hierzu findest du auf Seite 119.

1. Suche aus dem folgenden Wortfeld mit Textmerkmalen diejenigen aus, die für die Textsorte „innerer Monolog" zutreffend sind, und notiere sie (wie unten dargestellt) auf einem separaten Blatt.

Ich-Form, Grußformel „Sehr geehrte/-r ...", Datum, Gedanken können springen, abbrechen, wiederholt werden, Dank an die Zuhörer, Ausgangssituation – Auseinandersetzung – Ergebnis, ähnelt einem Selbstgespräch, direkte Anrede der Zuhörer, mögliche Reaktion des Lesers einbeziehen, sehr persönlich, gibt die Gedanken und Gefühle einer Person wieder, direkte Rede, Gedankenaustausch, Fragen an sich selbst, kann unvollständige Sätze enthalten, klarer Aufbau, die Sprache richtet sich nach den Zuhörern (Adressatenbezug), sehr förmliche Sprache, Sprache ähnelt der gesprochenen Sprache, kann Flüche, Freudenrufe und Ähnliches enthalten, ist ein Dialog mit einer anderen Person

Textmerkmale eines inneren Monologs

- Ich-Form
-
-

2. Versuche nun, den inneren Monolog von Wilhelm Voigt zu schreiben. Verwende dafür deine Notizen aus Aufgabe 1 des dritten Schrittes (Seite 83) und versuche, die Kriterien der Textsorte „innerer Monolog" (siehe oben, Aufgabe 1, vierter Schritt) umzusetzen. Schreibe deinen inneren Monolog auf separates Papier.

Du könntest so beginnen:

(Wilhelm Voigt sitzt auf einer Parkbank in der Sonne)
Die Sonne wärmt ... und lässt alles erstrahlen. Wo doch so wenig Glanz ist in der Welt ... dafür jede Menge Unrecht. Wo soll ich denn hin? Reinfügen, meinte mein lieber Schwager. Das täte ich schon sehr gerne, aber man lässt mich ja nicht. Was habe ich denn noch für eine Wahl?

Anmerkung zur Sprache von Wilhelm Voigt:
Im Drama selbst spricht Wilhelm Voigt – wie die meisten anderen Figuren auch – Berliner Dialekt. Es kann von dir sicherlich nicht erwartet werden, diesen perfekt zu kopieren. Du kannst den inneren Monolog deshalb in Hochdeutsch schreiben und eventuell nur an passenden Stellen einige Berliner Sprengsel einbauen.

Fünfter Schritt: Den Text überprüfen und überarbeiten

Nach dem Schreiben deines Textes hast du erst mal eine kleine Pause verdient. Atme kurz durch, recke und strecke dich und mach dich dann an die **Überprüfung** und **Überarbeitung** deines Textes. Diesen letzten Schritt solltest du keinesfalls weglassen, denn auch jeder professionelle Autor feilt und arbeitet lange an einem Text, bis er fertig ist. Durch eine Überarbeitung kannst du deinen Text oft noch wesentlich verbessern. Bei der Überarbeitung solltest du die drei folgenden Schwerpunkte immer im Blick haben:

- **Inhalt überprüfen:** Ist das in der Aufgabe dargestellte Problem bzw. die beschriebene Situation umfassend, d. h. in allen Bezügen (zu verschiedenen Figuren, zu vorangegangenen Ereignissen, in zukünftigen Auswirkungen) aufgegriffen? Sind die Personen in ihrem Charakter und ihrer Ausdrucksweise stimmig mit der Textvorlage?
- **Form überprüfen:** Sind die Kriterien der Textsorte durchgehend eingehalten?
- **Sprachrichtigkeit überprüfen:** Sind Rechtschreibung und Zeichensetzung korrekt?

1. Überprüfe anhand der folgenden Fragen, an welchen Punkten du deinen inneren Monolog von Wilhelm Voigt noch verbessern kannst:

Fragen zum Inhalt	ja	nein
– Schließt sich der Monolog an den in der Aufgabenstellung angegebenen Zeitpunkt (Seite 106 f.) an? Lies zur Überprüfung auch auf den nächsten Seiten nach.	☐	☐
– Denkt Wilhelm Voigt über sein geplantes Vorhaben nach?	☐	☐
– Wägt er eventuelle Risiken und Folgen ab?	☐	☐
– Denkt er zumindest ansatzweise über Handlungsalternativen nach?	☐	☐
– Spricht er sich selbst Mut zu?	☐	☐
– Macht er sich Gedanken über seine Zukunft (nach der Tat)?	☐	☐
– Kommt er schließlich zum Entschluss, seinen Plan auszuführen?	☐	☐
Fragen zur Form		
– Hast du aus der Perspektive von Wilhelm Voigt geschrieben (Ich-Form)?	☐	☐
– Sind die Gefühle und Gedanken von Wilhelm Voigt wiedergegeben?	☐	☐
– Werden Gedankengänge auch unterbrochen?	☐	☐
– Stellt sich Wilhelm Voigt selbst Fragen?	☐	☐
– Sind unvollständige Sätze enthalten?	☐	☐
Fragen zur Sprachrichtigkeit		
– Hast du im Rechtschreibwörterbuch schwierige Wörter nachgeschlagen?	☐	☐
– Hast du die Zeichensetzung durchgängig überprüft?	☐	☐

2. Überarbeite nun die Punkte, bei denen du „nein“ angekreuzt hast. Dies kann bedeuten, dass du einzelne Teile deines Textes **ganz streichst** und sie **neu formulierst**. Das kann aber auch bedeuten, dass du fehlende Teile **ergänzt** und sie an den entsprechenden Stellen **einfügst**. Bei weiteren Abschnitten kann es genügen, einzelne Wörter oder Sätze zu ergänzen bzw. **auszutauschen**. Es lohnt sich, hier **gründlich** zu sein und nochmals etwas Anstrengung und Kraft zu investieren, denn nur so wirst du dein optimales Leistungsvermögen abrufen.

Zusammenfassung

Zur besseren Übersicht findest du hier die **Strategie zur Bearbeitung einer produktiven Schreibaufgabe** nochmals zusammengefasst aufgelistet:

INFO In fünf Schritten eine produktive Schreibaufgabe bearbeiten

Erster Schritt: Die Aufgabe analysieren
Zweiter Schritt: Die Textstelle analysieren
Dritter Schritt: Eine Stoffsammlung anlegen
Vierter Schritt: Den Text ausformulieren
Fünfter Schritt: Den Text überprüfen und überarbeiten

Präge dir die Abfolge der fünf Schritte schon beim Üben ein und gehe auch in der Prüfung so vor. Das mag dir vielleicht zunächst etwas aufwendig und umständlich erscheinen, aber so wirst du die Aufgabe in der geforderten Ausführlichkeit bearbeiten. Es geht immerhin um deinen Prüfungsaufsatz und für eine gute Note musst du etwas Anstrengung in Kauf nehmen.

TIPP Konzept und Reinschrift

In der Prüfung hast du 240 Minuten Arbeitszeit. Das sind vier Zeitstunden zur Bearbeitung einer der vier Prüfungsaufgaben. Dein Aufsatz sollte auch von der äußeren Form her – ähnlich wie eine Bewerbung – einen ordentlichen Eindruck machen. Viele Schüler schreiben deshalb in der Prüfung den Aufsatz zunächst auf das grüne Konzeptpapier, überarbeiten ihn und fertigen dann eine saubere Reinschrift auf dem weißen Papier an.

B 8 Angeleitete Prüfungsaufgabe „Produktiver Umgang mit Texten“

In diesem Kapitel übst du die einzelnen Schritte zur Bearbeitung einer produktiven Schreibaufgabe an einem weiteren Aufgabenbeispiel aus dem Drama „Der Hauptmann von Köpenick“ von Carl Zuckmayer. Anhand von Fragen und Arbeitsaufträgen wirst du auf wesentliche Punkte hingewiesen. Die Lösungshilfe-Kästen helfen dir bei Unsicherheiten. Halte für die Bearbeitung nun auch eine Uhr bereit, mit der du die Arbeitszeit für die einzelnen Schritte ermitteln kannst. Das ist wichtig, um nach und nach ein Gefühl für die Bearbeitungszeit von 240 Minuten (= vier Zeitstunden), die dir in der Prüfung zur Verfügung steht, zu bekommen. Du kannst das Kapitel als „Generalprobe“ für die Prüfung am Stück durcharbeiten. Falls du nicht das gesamte Kapitel auf einmal bearbeiten kannst oder magst, notiere dir die benötigte Arbeitszeit für die erledigten Schritte, um am Ende deine Gesamtarbeitszeit ausrechnen zu können. Halte neben deiner Ganzschrift auch einige Farbstifte sowie genügend Schreibpapier bereit und sorge für eine ungestörte Arbeitsatmosphäre. Notiere die Antworten auf alle Fragen auf separatem Papier. Viel Erfolg!

Voigt: Ick hab mir's lange überlegt – ob ick rauf soll – ick war auch schon 'n paarmal drunten vors Haus.

Frau Hoprecht: Siehste, Willem, et is überhaupt ne Schande, daß de früher nie den Weg zu deine Schwester jefunden hast, wer weiß, vielleicht wär denn alles anders jekommen.

Voigt: Früher – da hätt ick hier nich rinjepaßt, Marie. Ick hab mir auch nich jetraut. – aber jetzt...

Frau Hoprecht: Nee, das war nich recht, Willem, daß de dir nie hast sehn lassen. Und wenn de mal geschrieben hättest, wenn wir nur jewußt hätten, in welcher Strafanstalt daß de bist, denn hätt ick dir mal 'n Weihnachtspaket jeschickt.

Voigt: Das is scheen von dir ...

2. Akt, 9. Szene, Seite 65

Nach seinem Auftritt als falscher Hauptmann auf dem Rathaus in Köpenick wird Wilhelm Voigt erneut zu einer Freiheitsstrafe verurteilt. Er erinnert sich im Gefängnis an das Gespräch mit seiner Schwester und beschließt, ihr von dort einen Brief zu schreiben.

Schreiben Sie diesen Brief.

Erster Schritt: Die Aufgabe analysieren

1. Lies das Zitat und den Arbeitsauftrag genau durch und bearbeite folgende Fragen.
   - Kennzeichne in der Aufgabe das Textzitat und den eigentlichen Arbeitsauftrag mit zwei verschiedenen Farben. Lies die gesamte Aufgabenstellung mindestens zweimal durch und markiere Schlüsselbegriffe (siehe Lösungshilfe auf Seite 88).
   - Welche Textsorte sollst du produzieren?

Benötigte Zeit: *Für die Analyse der Aufgabe habe ich ________ Minuten benötigt.*

LÖSUNGSHILFE Schlüsselbegriffe

Fällt es dir noch schwer zu erkennen, welche Wörter der Aufgabenstellung Schlüsselbegriffe sein könnten? Vielleicht hilft dir die Frage: „Um welche Themen geht es?" Alternativ kannst du zunächst alle Wörter markieren, die dir wichtig erscheinen und diese dann zu Oberbegriffen zusammenfassen.

Zweiter Schritt: Die Textstelle analysieren

1 Nimm dir die Textstelle vor und beantworte folgende Fragen.

- Markiere in deiner Ganzschrift das in der Aufgabenstellung angegebene Zitat.
- Wie verhält sich Marie Hoprecht gegenüber ihrem straffälligen Bruder?
- Wie tritt Wilhelm auf?
- In welcher Situation erinnert er sich an dieses Gespräch zurück?

Benötigte Zeit: *Für die Untersuchung der Textstelle habe ich* ________ *Minuten benötigt.*

Dritter Schritt: Eine Stoffsammlung anlegen

1 Nun beginnst du mit der Stoffsammlung. Die folgenden Arbeitsaufträge helfen dir.

- Notiere nun die ausgewählten Schlüsselbegriffe so auf einem DIN-A4-Blatt, dass du viel Platz für die Zuordnung von Stichworten hast (z. B. als Mindmap).
- Um welchen zentralen Begriff kreisen alle diese Themen? Schreibe ihn als Überschrift auf, bzw. ins Zentrum der Mindmap.

LÖSUNGSHILFE Zentraler Begriff

Findest du den zentralen Begriff nicht, wähle aus folgenden Vorschlägen aus: Voigts Zukunft, Rechtfertigung seiner Tat, Beziehung zur Schwester, Bitte um Hilfe.

- Sammle nun möglichst viele Stichworte zu den Schlüsselbegriffen, indem du im Drama weitere Stellen suchst, an denen sich Wilhelms Haltung und Charakter zeigen. Notiere jeweils auch eine Seitenangabe, sodass du die Schlüsselbegriffe schnell wieder auffinden kannst.

LÖSUNGSHILFE Relevante Textstellen

Richte deinen Fokus beim überfliegenden Lesen auf die Figur, aus deren Perspektive du deinen Text schreiben sollst. Hier zahlt sich wieder eine gute Vorarbeit aus: Wenn du wichtige Stellen der Figur bereits in der Vorbereitung markiert hast, kannst du dir jetzt schnell einen Überblick darüber verschaffen, womit Wilhelm immer wieder zu kämpfen hatte.

- Lies deine Notizen nochmals durch und notiere, in welcher Reihenfolge du die einzelnen Themen in Wilhelm Voigts Brief anordnen möchtest.

Benötigte Zeit: *Für das Anlegen der Stoffsammlung habe ich* ________ *Minuten benötigt.*

Vierter Schritt: Den Text ausformulieren

1 Für die Ausformulierung deines Textes solltest du dir folgende Punkte vergegenwärtigen.

- Welche Textsortenkriterien musst du beim Verfassen eines Briefes beachten? Schreibe sie auch auf dein Notizpapier, sodass du sie während des Formulierens im Blick behalten kannst.

LÖSUNGSHILFE Textmerkmale Brief

Auf der Seite 119 findest du eine Übersicht zu möglichen Textsorten und ihren Merkmalen.

- Versuche nun, dich in Wilhelm Voigt hineinzuversetzen. Was geht in dieser Situation in ihm vor? Welche Gedanken, Gefühle, Erinnerungen hat er? Was könnte er seiner Schwester sagen wollen? Formuliere seinen Brief aus diesem Nachempfinden heraus.

LÖSUNGSHILFE Aller Anfang ...

... ist manchmal schwer. Vielleicht helfen dir folgende mögliche Anfangssätze:
Liebste Marie,
nun sind schon einige Monate vergangen, dass wir uns zuletzt gesehen haben. Viel ist in der Zwischenzeit geschehen und so viel habe ich an dich gedacht, meine liebe, gute Schwester. Ich hoffe sehr, dass du meinen Brief lesen kannst, ohne allzu großen Groll gegen mich zu empfinden. Ich zähle auf dein großes und gutes Herz. Du weißt ...

Benötigte Zeit: *Für das Ausformulieren des Textes habe ich* ________ *Minuten benötigt.*

Fünfter Schritt: Den Text überprüfen und überarbeiten

1 Nutze den folgenden Katalog für die Überprüfung und Überarbeitung deines Textes.

Überprüfung des Inhalts
- Nennt Wilhelm einen Anlass für seinen Brief?
- Versucht Wilhelm Voigt, seine Tat zu erklären?
- Macht er klar, wie er heute zu der Tat steht?
- Bittet er seine Schwester um Verständnis?
- Erläutert er die Umstände, die ihn zu der Tat veranlasst haben?
- Spricht er über die Zeit nach seiner Haft?
- Erkundigt er sich nach seinem Schwager?

Überprüfung der Form
- Hast du einen Ort und ein Datum angegeben?
- Wurde eine persönliche und liebevolle Anrede gewählt?
- Spricht Wilhelm seine Schwester persönlich an?
- Sind vollständige Sätze formuliert?
- Schließt der Brief mit einer liebevollen Grußformel?

Überprüfung der Sprachrichtigkeit
- Hast du schwierige Wörter im Rechtschreibwörterbuch nachgeschlagen?
- Hast du die Regeln zur Zeichensetzung durchgängig beachtet?

Überarbeite nun deinen Textentwurf: ergänze, streiche, ordne neu an, verbessere ...

Benötigte Zeit: *Für die Überprüfung und Überarbeitung des Textes habe ich ________ Minuten benötigt.*

TIPP Aufsatzkontrolle

Für die Prüfung ist es zwar wichtig, dass du deinen Aufsatz selbstständig kontrollieren und überarbeiten kannst, in der Vorbereitungsphase kann es aber auch sinnvoll sein, zusätzlich die Rückmeldung einer anderen Person (z. B. Eltern, große Schwester) einzuholen.

Fertige zum Schluss eine Reinschrift des gesamten Textes an.

Benötigte Zeit: *Für die Reinschrift des Textes habe ich ________ Minuten benötigt.*

Auswertung der Arbeitszeit
Wenn du dich von den Strapazen des Schreibens etwas erholt hast, ist es sicherlich interessant, deine benötigte Gesamtarbeitszeit zu ermitteln. In der unten stehenden Tabelle sind schon die Zeiten eingetragen, welche du in der Prüfung zusätzlich einplanen solltest. Übertrage nun die einzelnen Zeitabschnitte, die du für die Teilschritte benötigt hast, in die Tabelle:

Arbeitsschritt	Zeit
– Prüfungsaufgaben durchlesen – Auswahl der Aufgabe, die du bearbeiten willst	15 Minuten
– Aufgabe analysieren	
– Textstelle analysieren	
– Stoffsammlung anlegen	
– Text ausformulieren	
– Text überprüfen und überarbeiten	
– Reinschrift anfertigen	
– 2 – 3 kurze Pausen	10 Minuten
– Puffer	15 Minuten
Summe Gesamtarbeitszeit	

Zur Erinnerung: Du hast **240 Minuten** in der Prüfung als Arbeitszeit zur Verfügung. Liegst du mit deinem aktuellen Ergebnis wesentlich über dieser Zeitspanne? Dann untersuche genau, bei welchen Schritten du noch viel Zeit benötigst. Übe gezielt diese Schritte! Falls du ein sehr ordentlicher Schreiber bist, kannst du eventuell auch bei der Reinschrift Zeit einsparen. Aber denke daran, dass die Darstellung deines Aufsatzes ebenfalls bewertet wird. Er sollte also insgesamt „sauber“ aussehen.

Weitere produktive Schreibaufgabe

Mit der folgenden Aufgabenvariation kannst du vor allem die **Textkriterien** und das **Ausformulieren** weiter üben:

Voigt: Ick hab mir's lange überlegt – ob ick rauf soll – ick war auch schon 'n paarmal drunten vors Haus.

Frau Hoprecht: Siehste, Willem, et is überhaupt ne Schande, daß de früher nie den Weg zu deine Schwester jefunden hast, wer weiß, vielleicht wär denn alles anders jekommen.

Voigt: Früher – da hätt ick hier nich rinjepaßt, Marie. Ick hab mir auch nich jetraut. – aber jetzt...

Frau Hoprecht: Nee, das war nich recht, Willem, daß de dir nie hast sehn lassen. Und wenn de mal geschrieben hättest, wenn wir nur jewußt hätten, in welcher Strafanstalt daß de bist, denn hätt ick dir mal 'n Weihnachtspaket jeschickt.

Voigt: Das is scheen von dir ...

2. Akt, 9. Szene, Seite 65

Marie Hoprecht konnte über ihren Mann in Erfahrung bringen, in welcher Haftanstalt Wilhelm Voigt sitzt. Etwa ein halbes Jahr nach der Tat besucht sie ihn dort.

Schreiben Sie das Gespräch zwischen Wilhelm Voigt und Marie Hoprecht.

TIPP Häufige Fehler vermeiden

- Die inhaltliche Ausarbeitung bleibt **zu oberflächlich**; der eigene Text ist **zu knapp**.
  → ausführliche und sorgfältige Vorbereitung des Textes: die Aufgabe ausführlich analysieren, Textstelle untersuchen, in der Ganzschrift Textstellen aufsuchen und Notizen machen
- Die **Figur stimmt in Sprache oder Charakter** nicht mit der Vorgabe überein.
  → eigene Ausdrucksweise (z. B. Jugendsprache) vermeiden, Figuren in der Vorarbeit genau untersuchen, ihre Sprache nach der Ganzschrift imitieren
- Der Text hat **keinen Spannungsbogen**, **keine nachvollziehbare Dramaturgie**.
  → vor dem Schreiben die Notizen in eine Reihenfolge bringen; häufige Abfolge: Ausgangssituation/Anlass/Problemlage, Auseinandersetzung, Lösung/Ergebnis
- Der **Inhalt wird nacherzählt**; die Figur „erzählt" sich selbst Dinge, die sie weiß bzw. erlebt hat.
  → beim Schreiben in die Figur, aus deren Perspektive geschrieben wird, hineinversetzen; sie setzt sich mit dem Thema intensiv auseinander und berichtet nicht einfach, was bereits passiert ist
- Die Figur **greift in der Handlung voraus**; die Abfolge der Handlungsschritte stimmt nicht.
  → gute Textkenntnis, Textstelle genau untersuchen, Handlungsabfolge grafisch darstellen

B 9 Produktiv mit einer Ganzschrift umgehen: „Wir tanzen nicht nach Führers Pfeife" (Elisabeth Zöller)

Das Kultusministerium hat für das Schuljahr 2016/17 **zwei Ganzschriften** vorgeschlagen, aus denen an den Schulen eine ausgewählt und im Unterricht behandelt wird. Vielleicht ist an deiner Schule die Entscheidung für den Roman „Wir tanzen nicht nach Führers Pfeife" von Elisabeth Zöller gefallen. Falls das andere Buch („Der Hauptmann von Köpenick" von Carl Zuckmayer) ausgewählt wurde, beschäftigst du dich am besten mit den Heftteilen B 7 und B 8. Manches, was dort bereits angesprochen wurde, wird sich hier wiederholen, denn viele Tipps und Hinweise gelten nicht nur für ein ganz bestimmtes Buch, sondern helfen ganz allgemein bei der **Aufgabe 4 der Abschlussprüfung**, dem **produktiven Umgang mit Texten**. Hier im Heft geht es auch nicht darum, die Ganzschrift genau zu erarbeiten oder zu interpretieren. Vielmehr sollst du Hilfen für einen möglichen Prüfungsaufsatz bekommen, der auf der Ganzschrift basiert.

TIPP Frühzeitig informieren

Frage deinen Deutschlehrer gleich zu Anfang des Schuljahres, welches der beiden Bücher behandelt werden soll. Frage auch genau nach, welche Ausgabe des Buches benutzt wird und besorge sie dir. Dann hast du mehr Zeit zum Lesen und zur Vorbereitung.

In Aufgabe 4 der Prüfung wird von dir verlangt, entweder einen **inneren Monolog**, einen **Tagebucheintrag**, einen **Brief**, eine **Rede** oder ein **Gespräch** zu schreiben. Das sind die üblichen Aufgabenformen. Was du schreibst, ist sehr eng mit dem Inhalt des Buches und den im Buch vorkommenden Personen verknüpft. Erfahrungsgemäß wählen sehr viele Schüler diese Prüfungsaufgabe. Deshalb lohnt es sich, Zeit und Energie in die Vorbereitung zu investieren. Alle Seitenangaben in diesem Heft beziehen sich auf die dtv-Taschenbuchausgabe von 2014 (ISBN 978-3-423-62563-0).

TIPP Wie üben?

Dieses Kapitel bearbeitest du am besten der Reihe nach, Schritt für Schritt. Zwar bauen nicht alle Übungen aufeinander auf, aber in diesem Teil des Heftes lernst du am meisten, wenn du dich an die vorgegebene Reihenfolge hältst. Übe ruhig über mehrere Tage oder Wochen hinweg. Wiederhole die Übungen, die dir schwerfallen.

Strategien zur Sicherung der Textkenntnis

Um die Prüfungsaufgabe erfolgreich bearbeiten zu können, musst du die Ganzschrift genau gelesen haben. Du kennst die **Handlung**, die **zeitlichen Abläufe** und die **Handlungsorte** und bist mit den **Personen** im Buch vertraut. Wenn du noch einen Schritt weitergehen willst, informierst du dich zusätzlich über Themen, die im Buch eine wichtige Rolle spielen. Bei „Wir tanzen nicht nach Führers Pfeife" sind das u. a. Nationalsozialismus, Zweiter Weltkrieg, Widerstandsgruppen, die Edelweißpiraten, aber auch nationalsozialistische Jugendorganisationen wie die Hitlerjugend. Viele dieser Themen sind dir aus dem Geschichtsunterricht bekannt.

Strategie: Sich im Text orientieren

In der Prüfung darfst du das Buch benutzen, mit dem ihr auch im Unterricht gearbeitet habt. Sicher habt ihr es mit **Notizen** versehen, Stellen **farbig markiert** und **angestrichen**. Das ist nicht nur erlaubt, sondern erwünscht. Jede **Hauptfigur** bekommt ihre **eigene Farbe**. In dieser Farbe werden wichtige Aussagen und Handlungen der Person unterstrichen, aber auch Stellen, an denen die Person beschrieben wird. **Haftstreifen** oder **Rahmen** können Schlüsselstellen (entscheidende Stellen für die Handlung) oder Kernaussagen kennzeichnen. Sicher werdet ihr im Unterricht ein gemeinsames System für Markierungen und Notizen verwenden. Seiten, auf denen wichtige Ereignisse beschrieben werden, kannst du mit einer Überschrift versehen.

INFO Markierungen und Anmerkungen im Buch

Erlaubt sind kurze Notizen, Randbemerkungen, kleine Zeichnungen, Mindmaps, farbige Markierungen, Symbole (auch Smileys). **Nicht erlaubt** sind komplette Aufsatzteile oder Aufsätze auf freien Buchseiten oder Einlegezetteln. Das gilt in der Prüfung als Betrugsversuch. Frage frühzeitig nach, ob du außer den gemeinsam im Unterricht erarbeiteten Einträgen noch eigene im Buch unterbringen darfst. Rechne damit, dass dein Buch **eingesammelt** und **überprüft** wird.

Strategie: Den Inhalt des Buches erfassen

Nur wenige Menschen schaffen es, ein Buch zu lesen und sich den Inhalt einfach zu merken. Damit du nicht Teile der Ganzschrift bis zur Prüfung wieder vergessen hast, kannst du Folgendes tun:

- für wichtige Ereignisse eine Überschrift finden, die den Inhalt kurz zusammenfasst
- das Buch in Blöcke von je etwa 20 Seiten einteilen und diese in je fünf Sätzen zusammenfassen
- zu jedem dieser Blöcke zehn Stichworte aufschreiben
- eine Inhaltsangabe zum gesamten Buch schreiben (etwa eine DIN-A4-Seite lang)

TIPP Textkenntnis weiter überprüfen

Schlage das Buch an einer beliebigen Stelle auf, lies einen Abschnitt und erzähle dir dann selbst, was davor und was danach geschieht. Wiederhole diese Übung mit verschiedenen Textstellen. Du kannst dir auch jemanden suchen, der dich auf diese Weise abfragt.

Wenn du das Buch bereits gelesen hast, kannst du hier deine Kenntnisse zum Inhalt überprüfen.

1. Test zur Textkenntnis

	richtig	falsch	weiß nicht
a) Die Details der Handlung sind erfunden, aber das Buch basiert auf Tatsachen.	○	○	○
b) Die Handlung findet während des Zweiten Weltkriegs statt.	○	○	○
c) Bastian und seine Freunde sind in der Hitlerjugend.	○	○	○
d) Herr Wutz ist eine Handpuppe.	○	○	○
e) Eugen Ziegen ist Pauls Vater.	○	○	○
f) Bastian und Paul sind von Anfang an gute Freunde.	○	○	○
g) Franzi hat ein Pferd namens Hennes.	○	○	○
h) Paul heißt in Wirklichkeit Peter König.	○	○	○
i) Sebastians Vater war in der Gewerkschaft.	○	○	○
j) Sebastians Vater ist beim Minenräumen gestorben.	○	○	○
k) Frau Martha Osmann ist Pauls Tante.	○	○	○
l) Die Gestapo hat in Köln ihren Sitz im EL-DE Haus.	○	○	○
m) Hotte muss zum Militär.	○	○	○
n) Die Edelweißpiraten erkennen sich manchmal gegenseitig an den Liedern, die sie singen.	○	○	○
o) Am Ende des Buches sind Franzi und Paul ein glückliches Paar.	○	○	○
p) Die Edelweißpiraten verstecken Paul anfangs in einer Schrebergartensiedlung.	○	○	○

Überprüfe deine Antworten mithilfe des Lösungsheftes (siehe Seite 15). Für jede richtig angekreuzte Antwort erhältst du einen Punkt.

Auswertung:
13 – 16 Punkte: Wunderbar! Du kennst dich im Buch schon ziemlich gut aus und hast dir große Teile der Handlung gemerkt. Möglicherweise gibt es Stellen, die du nicht ganz verstehst oder die du wieder vergessen hast. Lies noch einmal nach.
7 – 12 Punkte: Nicht schlecht! Vieles weißt du schon, aber manche Details kennst du nicht. Lies im Buch nach und unterhalte dich mit Mitschülern über diese Stellen.
6 und weniger Punkte: Lies das Buch am besten noch einmal. Suche dir einen Partner, der es ebenfalls liest und mit dir darüber sprechen kann.

Strategie: Die zeitliche Abfolge der Geschehnisse richtig einordnen

Nur selten wird die Handlung in einem Buch komplett chronologisch vom zeitlich am weitesten zurückliegenden Ereignis bis zu den neuesten Geschehnissen aufgeschrieben. Hin und wieder gibt es **Rückblenden** oder man erfährt an irgendeiner Stelle des Buches durch ein **Gespräch** oder eine **Bemerkung** plötzlich **Wissenswertes über die Vergangenheit**. Damit dir bei der Schreibaufgabe keine Fehler unterlaufen, musst du wissen, wann was passiert ist. Und was noch wichtiger ist: Du musst wissen, wovon die Personen im Buch wissen können und wovon nicht.

2. Geschehnisse zeitlich sortieren: Hier findest du eine Auflistung von Geschehnissen, die du ordnen sollst. Fange mit dem frühesten Geschehnis in der Vergangenheit an und arbeite dich bis zu den Tagen kurz vor dem Ende des Zweiten Weltkriegs vor. Schreibe jedes Ereignis auf einen Papierstreifen und sortiere. Dann vergleichst du deine Version mit der Version im Lösungsheft (siehe Seite 15). Anschließend schreibst du die Geschehnisse in der richtigen Reihenfolge ab oder du klebst die Papierstreifen auf. Du kannst auch einen Zeitstrahl zeichnen und die Geschehnisse darauf eintragen.

Billi nimmt Peter Königs Papiere für Paul an sich. b) Paul macht sich auf den Weg nach Köln. c) Billi wird verhaftet. d) Paul muss zur Gegenüberstellung mit Frau Osmann. e) Paul verliebt sich in Franzi. f) Ziegen verlangt von Paul, dass er die Edelweißpiraten bespitzelt. g) Paul kauft Hennes. h) Pauls Vater wird zur Sammelstelle bestellt und geht hin. i) Otto ist bereit, für Paul Papiere zu fälschen, verlangt aber eine Gegenleistung. j) Paul wird von den Edelweißpiraten in einer Schrebergartensiedlung versteckt. k) Paul rettet Elli, Frau Frei und die Oma aus dem Keller. l) Franzi und Bastian knutschen einen Nachmittag lang. m) Bastian wird zusammen mit anderen Edelweißpiraten und weiteren Häftlingen zur Hinrichtung gefahren. n) Frau Frei bricht mit Elli, Oma und mit Opa Tesch nach Pfronten auf. o) Bastian wird in Pfronten verhaftet, aber wieder freigelassen. p) Paul arbeitet in der Gärtnerei mit. q) Bastian kommt nach einer langen Flucht in Pfronten an. r) Bastian wird ins Wehrertüchtigungslager gesteckt. s) Paul erschießt Ziegen und flieht. t) Pauls Mutter stirbt. u) Abschied von Hotte am Bahnhof v) Franzi ist schwanger. w) Flugblattaktion im Kölner Hauptbahnhof

TIPP Arbeite weiter!

Wenn du noch ein bisschen Zeit hast, kannst du weitere Geschehnisse in die Liste aufnehmen.
Je genauer du das Buch kennst und bearbeitet hast, desto leichter fällt dir die Prüfungsaufgabe.

Strategie: Die Personen im Buch genau kennenlernen

Häufig musst du bei der Prüfungsaufgabe **aus der Sicht einer Person** im Buch schreiben. Deshalb ist es wichtig, dass du die Hauptfiguren so gut wie möglich kennst, etwas über ihr Aussehen, ihren Charakter, ihre Erlebnisse und Gewohnheiten weißt. Wie bereits gesagt, solltest du jeder Person beim Lesen eine Farbe zuordnen (in Absprache mit deinem Deutschlehrer) und Passagen, die Informationen zu der Person enthalten, immer gleich unterstreichen oder einrahmen.

3. Sammle Informationen zu den unten genannten Personen. Zeichne zu jeder ein Cluster und trage Merkmale, Eigenschaften und Fakten darin ein. Hinter den Namen findest du in Klammern die Anzahl der einzelnen Informationen, die du zu der Person mindestens finden solltest. Vergleiche dann mit dem Lösungsheft. Wenn du noch mehr tun willst, sammelst du auch Informationen zu weiteren Figuren wie Karlu, Werner, Ralle, Fatz, Jupp Jablonski, Otto, Opa Tesch, Elli und Alfons.

Paul (15), Bastian (15), Eugen Ziegen (10), Franzi (10), Billi (10)

TIPP Faktenblätter zu den Personen

Lege dir DIN-A4-Blätter oder große Karteikarten bereit, wenn du das Buch liest. Jede Person erhält ein eigenes Blatt oder eine eigene Karte. Wenn du wichtige Informationen zu einer Person findest, trägst du sie immer sofort auf dem Blatt oder der Karte ein, am besten mit Seitenzahl. Das kannst du in Form von Mindmaps oder Listen machen. So hast du am Ende einen genauen Steckbrief für alle wichtigen Figuren aus dem Buch.

Strategie: Besondere Stellen im Buch kennen

In der Prüfung kannst du glänzen, indem du besondere Stellen aus dem Buch in deinen Text einfließen lässt. Das können **Schlüsselszenen** sein, also Szenen, die den gesamten Ablauf der Handlung beeinflussen, aber auch **Details** wie Gegenstände, Gewohnheiten einer Person usw. Sicher werdet ihr im Unterricht solche Stellen besprechen und vielleicht fallen dir beim Lesen selbst noch andere auf. In der folgenden Aufgabe beschäftigst du dich näher mit einigen besonderen Stellen.

4. Schlage die hier angegebenen Stellen im Buch nach, lies die Seite davor und dahinter und beantworte die Fragen.

   a) „‚Tut es immer noch weh?‘“ (Seite 27)

   – Wer sagt das? ______________________________

   – Zu wem? ______________________________

   – Was ist passiert? ______________________________

   ____

   ____

b) „‚Er hatte mich, Geld, eine Pistole und ein Pferd.'" (Seite 51)

– Wer spricht über wen? ______

– Was ist passiert? ______

______

c) „‚Die wissen nichts.'" (Seite 76)

– Wer spricht mit wem? ______

– Wen meint er mit „die"? ______

– Wo sind die Jungs und weshalb? ______

______

______

d) „Er hatte eine Familie." (Seite 147)

– Wer ist gemeint? ______

– Was beobachtet Paul? ______

______

– Welchen Schluss kann man daraus ziehen? ______

______

e) Zweimal hatte sein Vater ihn geschlagen. (Seite 239)

– Von wem ist die Rede? ______

– Worauf ist Bastian stolz? ______

______

f) „‚So viel Glück können wir doch gar nicht haben.'" (Seite 269)

– Worüber freut sich Paul? ______

______

– Was ist ironisch an dieser Situation? ______

______

______

g) „‚Jetzt beginnt die Zeit der Hoffnung.'" (S.397)

– Beende den folgenden Satz: Dieser Satz ist der Schlusssatz ... ______

______

______

– Die kleine Geschichte kommt im Buch mehrmals vor. Was soll sie bewirken? ______

______

______

Strategie: Merkmale der Textsorten kennen

Bislang hast du dich vor allem mit der Ganzschrift beschäftigt. Jetzt setzt du dich mit den Textsorten auseinander, die du für die Prüfung kennen musst. Aufgabe kann sein, einen **inneren Monolog**, einen **Tagebucheintrag**, einen **Brief**, ein **Gespräch** oder eine **Rede** zu schreiben. Auch andere Textsorten sind denkbar. Bislang beschränkten sich die Prüfungsaufgaben allerdings auf die fünf genannten Möglichkeiten. Um dir noch einmal einen kurzen Überblick über die Merkmale dieser Texte zu verschaffen, löst du die folgende Aufgabe.

5. Lies die aufgeführten Merkmale in den Kästen durch und streiche alle falschen durch.

Innerer Monolog
ähnelt einem Selbstgespräch ++ ist ein Dialog mit einer anderen Person ++ wird fast immer in der Ich-Form geschrieben ++ sehr förmlich ++ sehr persönlich ++ gibt Einblick in die tiefsten Geheimnisse eines Menschen ++ gibt die Gedanken und Gefühle einer Person wieder ++ ähnelt sehr der gesprochenen Sprache ++ alle Sätze müssen vollständig sein ++ kann unvollständige Sätze enthalten ++ kann Flüche, Freudenrufe und Ähnliches enthalten ++ im Aufbau ist eine strikte Reihenfolge einzuhalten ++ kann Fragen an sich selbst enthalten ++ Gedanken können springen, abbrechen, wiederholt werden ++ je nachdem, worüber die Person nachdenkt – Vergangenes, Gegenwärtiges, Zukünftiges –, kann sich die Zeitform ändern ++ Zeitform immer Präsens

Tagebucheintrag
ähnelt einem inneren Monolog ++ muss immer mit „Liebes Tagebuch" beginnen –+ kann mit „Liebes Tagebuch" beginnen, wenn das zur schreibenden Person passt ++ das Tagebuch kann einen Namen haben ++ das Tagebuch muss einen Namen haben ++ wird meist in der Ich-Form geschrieben ++ der Tagebucheintrag trägt das Datum der Prüfung ++ kann das Datum tragen, an dem die Person es laut Aufgabenstellung schreibt ++ hat nie mehr als eine Seite ++ kann unvollständige Sätze enthalten ++ handelt von den Gedanken, Gefühlen, Ängsten und Geheimnissen einer Person ++ setzt sich immer nur mit Vergangenem auseinander ++ kann Vergangenes, Gegenwärtiges und für die Zukunft Geplantes enthalten ++ im Aufbau ist eine strikte zeitliche Reihenfolge einzuhalten ++ Gedanken können springen ++ kann Fragesätze enthalten ++ alle Fragen müssen beantwortet werden ++ alle Zeitformen können vorkommen ++ Zeitform immer Präteritum

Brief
hat normalerweise eine Anrede, ein Datum und am Ende eine Grußformel ++ fängt immer mit „Sehr geehrte/-r ..." an ++ die Sprache ist immer sehr förmlich und höflich ++ die Sprache richtet sich nach dem Adressaten, je nachdem, ob man an einen Freund, einen guten Bekannten, einen Fremden, eine offizielle Stelle usw. schreibt ++ Aufbau je nach Lust und Laune ++ Briefe müssen so kurz wie möglich sein ++ normalerweise klarerer Aufbau als bei innerem Monolog und Tagebucheintrag ++ enthält häufig Verweise auf gemeinsam Erlebtes ++ beachten, welches Vorwissen Schreiber und Adressat haben ++ Fragen sind unhöflich ++ Fragen an den Adressaten sind möglich ++ alle Zeitformen sind möglich +– Briefe schreibt man im Futur

Gespräch
stets in reinem Hochdeutsch ++ die Personen reden meist so, wie sie auch normalerweise reden würden ++ die Sprache der Personen richtet sich häufig danach, wer ihr Gesprächspartner ist ++ die Gesprächspartner lassen einander ausreden ++ alle Sätze sind vollständig ++ Sätze können unvollständig sein ++ jeder drückt sich so klar aus, dass der Gesprächspartner alles sofort versteht ++ es dürfen nur Fakten angesprochen werden ++ Vermutungen, Vorwürfe, Fragen, Entschuldigungen usw. kommen vor ++ die Gefühle der Gesprächspartner können durch Worte, Pausen und Ausrufe zum Ausdruck gebracht werden ++ die Gesprächspartner haben sehr sachlich zu bleiben ++ die Gesprächsanteile der Personen müssen gleich lang sein ++ am Ende müssen sich die Gesprächspartner versöhnen ++ alle Zeitformen können vorkommen ++ Gespräche schreibt man im Präsens

Rede
ist langweilig ++ beginnt mit „Liebes Publikum“ ++ beginnt mit einer Begrüßung der Zuhörer ++ die Sprache richtet sich danach, wer die Zuhörer sind (Adressatenbezug) ++ die Sprache ist sehr gestelzt ++ die Sprache ist näher an der Schriftsprache als beim inneren Monolog und Tagebuch ++ wird meist in der Ich-Form geschrieben ++ hat einen klaren Aufbau ++ bei einer Rede sagt man kreuz und quer, was einem gerade so einfällt ++ wird normalerweise schriftlich vorbereitet (Redner hat Zettel/Manuskript dabei) ++ darf keine Fragen enthalten ++ kann Fragen enthalten ++ während einer Rede kann man die Zuhörer ab und zu direkt ansprechen („Wie Sie ja wissen …“, „Sicher habt ihr schon mal …“) ++ Reden stehen im Präteritum ++ kann alle Zeitformen enthalten

Eine produktive Schreibaufgabe bearbeiten

Du hast dich mit der Ganzschrift beschäftigt, kennst den Inhalt, die zeitlichen Abläufe und die Personen gut. Auch die Merkmale der Textsorten, von denen du eine in Aufgabe 4 der Prüfung produzieren sollst, sind dir nun wieder ganz frisch im Gedächtnis.
Falls du dich in der Prüfung für diese Aufgabe entscheidest, wird von dir erwartet, dass du einen Text verfasst, den auch die Autorin des Buches geschrieben haben könnte. Das bedeutet, dein Text muss zum **bisherigen Ablauf der Handlung** und zu den **zeitlichen Abläufen** der Geschichte passen. Er müsste sich nahtlos ins Buch einfügen und dürfte dort nicht wie ein Fremdkörper wirken. Zudem nimmst du meist die **Perspektive einer Person** aus dem Buch ein. Dazu musst du den Charakter und die Eigenheiten der Person gut kennen. Ein Junge wie Bastian, der sich entschlossen gegen die Nationalsozialisten wehrt, kann beispielsweise nicht plötzlich Begeisterung für die Hitlerjugend entwickeln und ein unerschrockenes Mädchen wie Franzi wird auch in Krisenzeiten immer noch einen Rest Hoffnung oder Trotz in sich tragen. In fast allen Fällen wird die **produktive Schreibaufgabe** aus einem **Zitat** aus dem Buch und einem **Arbeitsauftrag** bestehen. Hier findest du ein Beispiel:

Die Bäuerin klopfte ihm auf den Rücken: „Passt wie angegossen.“
In Wirklichkeit war ihm die Uniform etwas zu klein. Wie sein Kommunionanzug, den er bei Omas rundem Geburtstag mit zwölf Jahren noch einmal anziehen musste.
„Jetzt siehst du schon anders aus“, sagte auch der Bauer. Mehr nicht. Aber Bastian wusste, dass er den beiden trauen konnte.
Seite 399 f.

An diesem Abend unterhalten sich der Bauer und die Bäuerin über Bastian und die Situation, in der sie sich befinden.
Schreiben Sie dieses Gespräch.

INFO Länge deines Prüfungstextes

Schüler fragen häufig: Wie lang muss mein Text für die Prüfung sein? Leider lässt sich diese Frage nicht leicht beantworten. Ein sehr langer Text wird nicht automatisch besser bewertet als ein kürzerer. Ein langer Text, in dem es vor Wiederholungen und unklaren Formulierungen wimmelt, wird dir eine schlechtere Note einbringen als ein kürzerer mit einigen guten Ideen und gelungenen Formulierungen. Wenn du aber doch gerne eine Seitenzahl haben möchtest, hier ein grober Richtwert: Die Erfahrung zeigt, dass die Texte der produktiven Schreibaufgabe kaum kürzer sein können als drei Seiten. Wenn du zu den Vielschreibern gehörst, die gerne zehn bis zwölf Seiten abgeben, solltest du deinen Text vorsichtshalber nach Wiederholungen durchforsten, die du vielleicht streichen kannst.

Strategie zur Bearbeitung einer produktiven Schreibaufgabe

Bei den folgenden **fünf Schritten** übst du ganz systematisch und mit vielen Hilfestellungen eine Aufgabe, wie sie auch in der Prüfung auf dich zukommen kann. In der Prüfung hast du dafür vier volle Stunden (= 240 Minuten) Zeit. Daran solltest du auch bei dieser Übung denken und auf die Uhr schauen. Die fünf Schritte wurden bereits in Kapitel B 7 und B 8 erklärt. Trotzdem werden sie hier noch einmal ausführlich dargestellt, da du dich im Unterricht und in der Prüfung nur mit einer der beiden im FiNALE-Heft vorgestellten Ganzschriften beschäftigen wirst. Die Wiederholung der fünf Punkte in diesem Kapitel ermöglicht ein zügigeres Üben ohne lästiges Hin- und Herblättern. Die **Musterlösung** der Schreibaufgabe steht **nicht im Lösungsheft**, sondern **am Ende dieses Kapitels** (Seite 102 f.). Die Musterlösung ist mit Kommentaren versehen. Sie zeigen dir, worauf es in der Prüfung ankommt. Aber bitte nicht schummeln! Schau dir den Musteraufsatz erst an, wenn du selbst einen geschrieben hast.

Erster Schritt: Die Aufgabe analysieren

Lies die Aufgabe immer sehr genau und mehrmals. In der Aufregung bei der Prüfung kannst du leicht Teile der Aufgabe übersehen oder Hinweise zur Lösung nicht wahrnehmen. Lass dir deshalb an dieser Stelle viel Zeit.

1. Arbeite mit zwei verschiedenen Farben: Umrahme mit einer Farbe das Textzitat und mit der anderen die Arbeitsaufgabe. Dann liest du die gesamte Aufgabe noch einmal genau und unterstreichst alles Wichtige.

2. Nun solltest du folgende Fragen beantworten können:

   a) Wo findest du das Zitat im Roman?

   ____

   b) Wer spricht/denkt in dem Zitat?

   ____

   c) Wo befindet sich Bastian?

   ____

   d) Wie wird er behandelt?

   ____

   ____

   e) Was ist direkt vor dem Textzitat aus der Prüfungsaufgabe passiert, was passiert direkt hinterher?

   ____

   ____

   ____

Zweiter Schritt: Die Textstelle analysieren

Jetzt überlegst du genau, an welcher Stelle im Handlungsverlauf das Zitat steht. Markiere das Zitat im Buch Seite 399 f. Lies noch einmal quer: Was ist bis zu diesem Zeitpunkt schon geschehen? Was ist noch nicht geschehen? Löse jetzt die folgende Aufgabe.

1. Trage bei diesen **unsortierten** Handlungsschritten jeweils ein, ob sie vor (V) oder nach (N) dem in der Aufgabe angegebenen Zitat stattgefunden haben. Wichtig ist nicht, wo sie im Buch stehen, sondern ob sie **rein zeitlich** betrachtet bereits geschehen sind oder nicht.

   ☐ a) Bastian wird zu seiner Hinrichtung gefahren.
   ☐ b) Bastians Vater ist gestorben.
   ☐ c) Die Bauersleute haben (vermutlich) ihren Sohn verloren.
   ☐ d) Der Sohn war offenbar bei der Hitlerjugend.
   ☐ e) Bastian fährt das letzte Stück nach Pfronten mit dem Zug.
   ☐ f) Das Ende des Krieges ist absehbar.
   ☐ g) Köln wird viele Monate lang immer wieder bombardiert.
   ☐ h) Bastian wird in Pfronten verhaftet.
   ☐ i) Bastian soll ein gutes Wort für die Polizisten einlegen.
   ☐ j) Zahllose Gegner der Nationalsozialisten sind hingerichtet worden.

Dritter Schritt: Eine Stoffsammlung anlegen

Jetzt überlegst du dir, worüber die Bauersleute sich unterhalten könnten. Was halten sie von Bastian und dessen Geschichte? Was wissen sie über die allgemeine Lage? Welche Beweggründe könnten sie haben, ihm zu helfen? Haben sie vielleicht Angst? Warum? Fällt es ihnen leicht oder schwer zu helfen? Warum? Was wollen sie noch für Bastian tun?

1. In der Mindmap sind die Hauptgedanken zum Inhalt des Gesprächs bereits vorhanden. Sammle weitere Informationen. Behalte dabei immer im Kopf, was die Bauersleute wissen und wie ihnen zumute ist. Die beiden sind ungestört, sie können also auch Gefühle und Gedanken ausdrücken, die nicht für die Öffentlichkeit bestimmt sind. Schreibe die Stoffsammlung auf ein separates Blatt und vergleiche dann mit dem Lösungsheft.

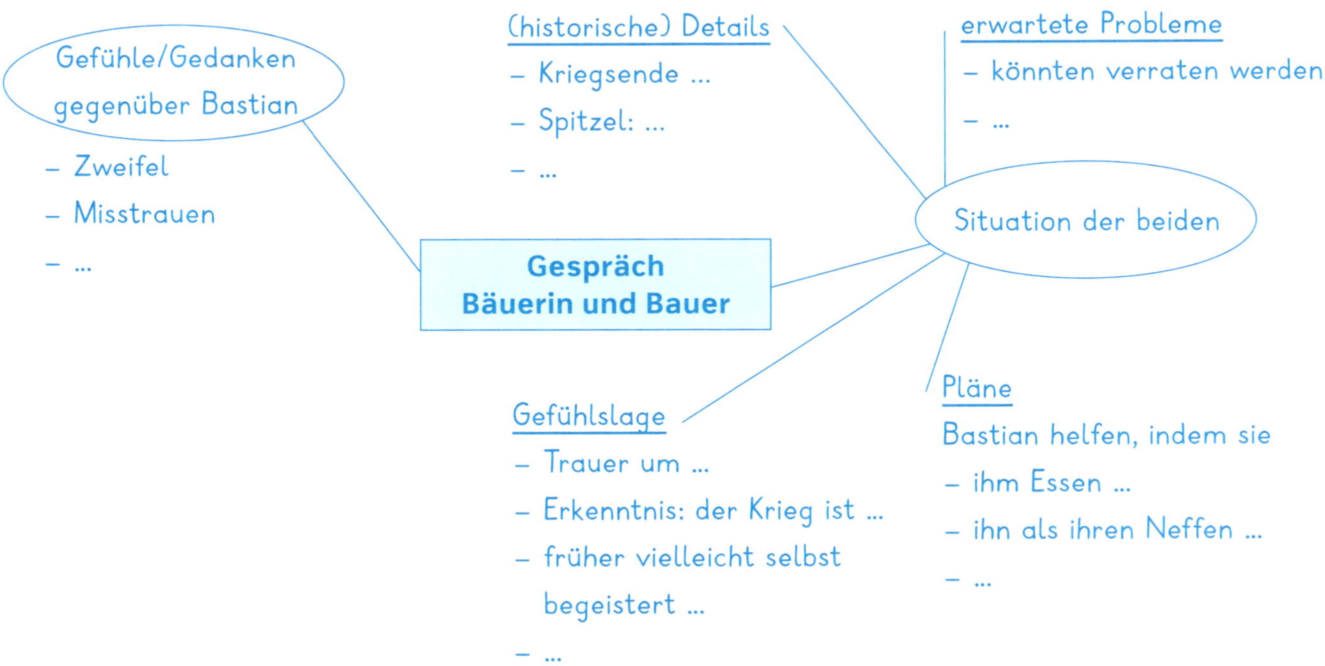

Vierter Schritt: Den Text ausformulieren

Nach diesen Vorarbeiten machst du dich jetzt ans **Ausformulieren des Gesprächs**. Schau dir **vorher** noch einmal die **Merkmale der Textsorte Gespräch** an. Dazu hast du auf Seite 97 die Wegstreichübung gemacht. Mach dir vor dem Schreiben einen **Schreibplan**, indem du die Notizen aus deiner Stoffsammlung in der Reihenfolge **durchnummerierst**, in der sie im Gespräch erscheinen sollen. Schreibe das Gespräch auf separates Papier.

Fünfter Schritt: Den Text überprüfen und überarbeiten

In der Prüfung wäre jetzt der geeignete Zeitpunkt für eine etwas längere Pause – wenn es die Zeit erlaubt. Schau aus dem Fenster, iss eine Kleinigkeit, bette den Kopf einen Moment lang auf die Arme und ruh dich aus oder geh kurz zur Toilette. So sorgst du für etwas Abstand zu deinem Text und findest anschließend leichter Fehler, Wiederholungen, Unstimmigkeiten usw.
Jetzt in der Übungsphase kannst du noch etwas tun, was in der Prüfung nicht mehr möglich ist: Lies den Text noch einmal durch, korrigiere Fehler, die dir auffallen, und **lass ihn dann mehrere Stunden liegen**, vielleicht sogar über Nacht. Mit etwas zeitlichem Abstand findet man Schwachstellen leichter. Dann beginnst du mit der Überprüfung. Die folgende Checkliste kann dir helfen.

CHECKLISTE

	erfüllt	nicht erfüllt
Überprüfung des Inhalts		
✓ Habe ich die Aufgabenstellung erledigt (Gefühle, Gedanken, Fakten eingebaut, die zur Situation passen)?	☐	☐
✓ Habe ich nur Fakten eingebaut, die die Bauersleute tatsächlich kennen?	☐	☐
✓ Passt mein Text nahtlos an die vorgegebene Stelle im Buch? Hätte diese Unterhaltung tatsächlich so stattfinden können?	☐	☐
✓ Versteht man, warum die beiden Bast an helfen?	☐	☐
✓ Gibt es unterschiedliche Gefühle? (Das sollte so sein.)	☐	☐
✓ Gibt es unabsichtliche Wiederholungen von Gedanken oder ganzen Passagen? (kürzen und streichen)	☐	☐
Überprüfung der Form		
✓ Erkennt man, wer spricht? Du kannst z. B. „Er:“ und „Sie:“ vor die Sätze der beiden setzen oder den Sprechenden Namen geben.	☐	☐
✓ Ist der Aufbau des Gesprächs schlüssig?	☐	☐
✓ Sprechen die beiden natürlich oder klingt das, was sie sagen, zu hochtrabend und gestelzt?	☐	☐
✓ Gibt es unabsichtliche Wortwiederholungen?	☐	☐
✓ Passt die Sprache zum Alter der beiden und zu der Zeit, in der die Handlung spielt?	☐	☐
✓ Hast du (bezogen auf die Reinschrift) leserlich und ordentlich geschrieben?	☐	☐
Überprüfung der Sprache		
✓ Hast du rechtschreibschwierige Wörter nachgeschlagen?	☐	☐
✓ Stimmt die Zeichensetzung?	☐	☐

Zusammenfassung

Eine kurze Zusammenfassung der **fünf Schritte** findest du in Kapitel B 7 auf Seite 86. Präge dir die fünf Schritte ein. So systematisch vorzugehen, macht zwar viel Arbeit, gibt aber auch Sicherheit.

TIPP Konzept und Reinschrift – Zeitnot?

In der Prüfung hättest du bis zu diesem Zeitpunkt auf Konzeptpapier geschrieben. Nach der Überarbeitung fertigst du die saubere Reinschrift an. Behalte die Zeit (vier Stunden = 240 Minuten) im Auge. Falls du nicht fertig wirst: keine Panik. In diesem Fall wird das Konzept bewertet. Verwende bei Zeitnot die letzten Prüfungsminuten darauf, genau kenntlich zu machen, was zu deiner Endfassung gehört und in welcher Reihenfolge die Teile gelesen werden sollen. Dazu kannst du die Abschnitte umrahmen und nummerieren.

Strategie: An einem Beispielaufsatz lernen

Wenn du das Gespräch, wie oben in der Prüfungsaufgabe gefordert, geschrieben und überarbeitet hast, schaust du dir die Musterlösung an und vergleichst deine Version damit. Die Musterlösung und die Kommentare zu den einzelnen Teilen sollen dir Anregungen bieten und dir helfen, bei der Prüfung möglichst viele Pluspunkte zu sammeln.

Gespräch der Bauersleute

Berta: Herrje (7), Heiner (7). Ich bin ganz zittrig (5). Stolpert der Junge einfach hier so rein (1) und ... (2)

Heiner: Pssst, sei lieber leise. Heutzutage haben sogar die Wände Ohren (3) (5). Aber, ja, als ich ihn draußen gesehen habe, habe ich einen Moment lang gedacht, unser Josef ... (2) (6)

Berta: Ach Heiner (5), mir ist es genauso gegangen. Die Augen und die Haare ... (2) (5) (6) Aber er ist so dünn, dieser Bastian. So dünn war unser Josef nie. Trotzdem war es mir fast, als wenn unser Sohn wieder da wäre (5), als Bastian in der Zinkwanne gehockt hat. Ich habe ihm den Rücken geschrubbt, ohne mir was zu denken. Sicher hat der arme (5) Junge sich geniert.

Heiner: Meinst du, er hat uns die Wahrheit gesagt (5)? Das ist schon eine ziemlich abenteuerliche Geschichte, die er da erzählt hat. Obwohl – den großen Bombenangriff auf Köln, damals an Peter und Paul, den hat er nicht erfunden (3). Aber in der Zeitung könnte er davon gelesen haben.

Berta: Der Junge lügt nicht, das spüre ich (5). Er hat doch nichts davon, wenn er uns erzählt, dass er bei diesen Edelweißpiraten ist. Im Gegenteil, das könnte sogar ganz schön gefährlich für ihn werden. Er kann ja nicht wissen, ob wir vielleicht begeisterte Nazis sind oder ihn melden.

Heiner: Stimmt, wenn schon lügen, dann so, dass es Vorteile bringt. Dann hätte er uns erzählen können, dass sein Vater ein ganz hohes Tier bei den Nazis ist. Aber ein Edelweißpirat? Bisher habe ich immer geglaubt, das sei nur so eine Geschichte.

Berta: Die soll es ja vor allem in der Gegend um Köln und im Ruhrpott geben (3). Und der Junge spricht so, als würde er von dort kommen. Stell dir vor, unser Josef hätte bei so was mitgemacht. Da hättest du ihm ganz schön die Hammelbeine (7) langgezogen.

Heiner: Da kannst du recht haben, Berta (7). Aber unser Bub (7), der war ja so begeistert von der HJ. Und du und ich, wir haben zuerst doch auch geglaubt, die Braunen würden unser Land wieder auf die Beine kriegen ... (3) (2)

Berta: Ich will gar nicht dran denken, wie laut wir „Hurra!“ gerufen haben (3). Jetzt schäme ich mich manchmal richtig (5).

Heiner: Lass das hier im Dorf bloß niemanden hören. Sonst kommen wir in Teufels Küche (5). Du weißt ja, hier gibt es ein paar ganz Eifrige, die immer noch an den Endsieg glauben (3). Ha! (5) Mir sind die Augen auch erst aufgegangen, als unser Josef (6) an die Front gemusst hat und ... (2)

Berta: Vielleicht ist es ja Schicksal, dass dieser Bastian ausgerechnet bei uns gelandet ist. Wenn wir ihm helfen, machen wir nichts ungeschehen (7). Aber wir müssen uns nicht mehr so schämen (5). Und wir wären auch froh gewesen, wenn unserm Sohn jemand beigestanden hätte (6).

Heiner: Ich bin froh, dass du das sagst (5). Ich habe mir schon überlegt, wie ich dich dazu überreden soll, dass wir den dürren Kerl ein bisschen aufpäppeln.

Berta: Dazu musst du mich nicht lange überreden. Wir setzen ihn nicht einfach vor die Tür und melden tun wir ihn schon gar nicht. Bloß was machen wir, wenn jemand vorbeikommt und wissen will, wer er ist (5)?

Heiner: Das wäre schlecht! Hier kennt ja jeder jeden. Aber wir könnten sagen, er sei unser Neffe (4). Durch diesen Krieg sind so viele Leute kreuz und quer durchs Land unterwegs (3), da könnte doch auch ein Neffe aus Köln bei uns landen.

Berta: Vielleicht fällt uns noch was Besseres ein. Vielleicht kommt ja auch keiner. Und falls doch, dann ist es sicher gut, dass Bastian die alte HJ-Uniform von Josef anhat.

Heiner: Ein bisschen zu klein ist sie ihm ja schon. Aber das war eine gute Idee. Trotzdem wird es auffallen, wenn wir den Jungen zu lang hierbehalten. Die sammeln doch jeden ein, der ein Gewehr tragen kann, und schicken ihn an die Front und dann ... (2)

Berta: Der Krieg ist bald vorbei, auch wenn die im Radio (3) immer was anderes verkünden. In ein paar Wochen ist alles rum. Das würden auch die Soldaten sagen, wenn die reden dürften, wie sie wollen (3; vgl. Flugblätter S. 349).

Heiner: Trotzdem, wenn der Junge weitermöchte, halten wir ihn nicht auf. Du weißt, was mit Leuten passiert, die Flüchtlinge oder Deserteure verstecken (5). Außerdem will Bastian sicher bald zu seiner Mutter.

Berta: Weit hat er es nicht mehr. Das letzte Stück kann er sogar mit dem Zug fahren (4). So lang er die Uniform anbehält, ist er halbwegs sicher.

Heiner: Er soll sich ausschlafen und satt essen und bleiben, so lang er will. Und wenn er los möchte, bringe ich ihn zum Zug. Und von unserem Notgroschen (7) bekommt er dann auch was (1) (4) ab. Das ist das Mindeste, was wir tun können.

Berta: Weißt du was, Heiner?

Heiner: Hm?

Berta: Ich bin stolz auf dich (5).

(1) Beim Sprechen benutzt man oft Kurzformen wie „rein" anstatt „herein" oder „was" anstelle von „etwas". So klingt der Text mehr nach gesprochener Sprache.

(2) Nicht immer beendet man in Gesprächen seine Sätze. Manchmal wird man unterbrochen, man verliert den Faden oder spricht etwas absichtlich nicht aus.

(3) Indem du Details einbaust, die du aus dem Buch kennst, zeigst du, dass du das Buch gelesen und die Zusammenhänge verstanden hast. Du kennst dich mit der Handlung, mit Details und mit der Zeit, in der das Buch spielt, aus. Damit beeindruckst du deine Leser.

(4) Auf Seite 400 passiert das tatsächlich. Wenn du so etwas in das Gespräch einbauen kannst, zeigt das, dass du mitdenkst und den Text kennst. Das wird auf deine Leser Eindruck machen. An dieser Stelle siehst du auch, wie wichtig es ist, die Seiten vor und nach dem Zitat in der Prüfungsaufgabe vor dem Schreiben noch einmal zu lesen.

(5) An diesen und anderen Stellen im Gespräch schimmern Gefühle durch. Gerade bei einem solchen Gespräch ist das wichtig. Angst vor Verfolgung, Trauer um den eigenen Sohn, Misstrauen, Zweifel und Mitleid, aber auch Trotz und Entschlossenheit passen gut in dieses Gespräch.

(6) Eine Stelle im Buch (S. 399: „‚Die ist von unserem Josef', sagte sie. Und für einen Moment flog Trauer über ihr Gesicht.") lässt vermuten, dass die Bauersleute einen Sohn hatten, der nicht mehr lebt, der vermisst wird oder auf andere Art verschwunden ist und seinen Eltern fehlt. Auch das könnte ein Grund für ihre Hilfsbereitschaft gegenüber einem fremden Jungen sein.

(7) An manchen Stellen deutet die altmodische Wortwahl darauf hin, dass dieses Gespräch vor über 70 Jahren stattgefunden hat. Die altmodisch klingenden Namen der Sprechenden sind erfunden. Der Name der Bauersleute wird im Buch nicht genannt. Solche „Effekte" solltest du aber nicht übertreiben und nur verwenden, wenn du dir sicher bist.

Vergleiche nun das Gespräch, das du selbst geschrieben hast, mit der Musterlösung. Nimm dazu auch noch einmal die Checkliste vom fünften Schritt auf Seite 101 zur Hand. Überlege dir, was du an deinem Gespräch noch verbessern kannst.

TIPP Häufige Fehler vermeiden

- Die vorgegebene Aufgabe wurde nur teilweise erfüllt (hier z. B.: nur über Bastian und nicht über die derzeitige Situation geschrieben).
  → Lies die Prüfungsaufgabe mehrmals, unterstreiche wichtige Begriffe und mach dir klar, was alles von dir verlangt wird.
- Dein Text ist zu knapp und/oder zu oberflächlich.
  → Mach dir klar, dass in der Prüfung nicht umsonst vier Zeitstunden zur Verfügung stehen. Gehe beim Schreiben nach der beschriebenen Fünf-Schritte-Methode vor.
- Dein Text ist zu langatmig, enthält zu viel Nebensächliches, wiederholt sich in Teilen.
  → Wenn du bei der produktiven Schreibaufgabe mehr als fünf Seiten produziert hast, solltest du deinen Text noch einmal kritisch anschauen. Manchmal sind Wiederholungen gewollt, wenn z. B. bei einem inneren Monolog die Gedanken immer wieder um ein spezielles Thema kreisen. Aber bitte nicht übertreiben. In Briefen, Tagebüchern und Reden darf nicht durch Wiederholung künstlich Länge produziert werden.
- Der Text gleicht einer Nacherzählung, er enthält längere, nur wenig veränderte Passagen aus der Ganzschrift.
  → Versetze dich beim Schreiben in die Person(en), aus deren Perspektive du schreiben musst. Die Person berichtet nicht einfach nur, was passiert ist, sondern macht sich ihre eigenen Gedanken dazu, hat ihre eigene Sicht der Dinge. Die musst du aufschreiben.
- Die Figur weiß in deinem Text Dinge, die sie gar nicht wissen kann.
  → Nicht alle Personen im Buch kennen jeden Teil der Handlung. Deshalb musst du das Buch genau gelesen haben. Lies die Textstelle in der Aufgabenstellung genau und überlege, was die Personen bis dahin wissen können.
- Du hast den Charakter / die Sprache der Figur(en) verändert.
  → Vermeide Jugendsprache und Modewörter (Ausnahme: Die Figur verwendet sie im Buch selbst.). Untersuche die Personen im Buch schon beim Lesen genau (siehe Aufgabe 3, Seite 95).

B 10 Angeleitete Prüfungsaufgabe „Produktiver Umgang mit Texten“

In diesem Kapitel findest du weitere produktive Schreibaufgaben zur Ganzschrift „Wir tanzen nicht nach Führers Pfeife“, wie sie auch in der Prüfung auf dich zukommen können. Anders als in der Prüfung erhältst du bei diesen Übungen noch Hilfestellungen. Damit du ein Gefühl für die vier Stunden Arbeitszeit (= 240 Minuten) in der Prüfung bekommst, schaust du beim Üben auf die Uhr und notierst dir, wie viel Zeit du für die einzelnen Schritte brauchst. Du solltest eine der produktiven Schreibaufgaben aus diesem Kapitel an einem Stück durcharbeiten.

CHECKLISTE fürs Üben

Das solltest du parat haben:
- ✓ Ganzschrift
- ✓ Zeit
- ✓ Schreibzeug
- ✓ Uhr
- ✓ Farbstifte und Textmarker
- ✓ ruhiger Arbeitsplatz
- ✓ Papier

„Brauweiler.“ Bastian dachte nach. „Dann wird denen das EL-DE-Haus zu eng. Kannst du herausfinden, was sie mit den Gefangenen machen, wenn sie mit ihnen fertig sind? Ich meine die, die sie nicht hier verscharren.“ „Du denkst an Billi? Ich frage mich, wie sie es bis jetzt geschafft hat, den Mund zu halten.“
Bastian antwortete nicht auf die Frage. Obschon auch er Billi im Stillen bewunderte ...

Seite 339

Billi ist offenbar bereits seit Tagen oder sogar Wochen im EL-DE-Haus in Haft. Zwischen den Verhören denkt sie viel nach.
Schreiben Sie Billis inneren Monolog.

Erster Schritt: Die Aufgabe analysieren

1. Lies das Zitat und den Arbeitsauftrag genau durch und bearbeite folgende Fragen.
   - Kennzeichne in der Aufgabe das Textzitat und den Arbeitsauftrag mit zwei verschiedenen Farben. Lies die gesamte Aufgabe noch einmal genau und unterstreiche alles Wichtige.
   - Welche Textsorte sollst du produzieren?

Benötigte Zeit: *Für die Analyse der Aufgabe habe ich* ________ *Minuten benötigt.*

Zweiter Schritt: Die Textstelle (und andere passenden Stellen) analysieren

1. Nimm die nun die Textstelle vor und bearbeite folgende Aufträge.
   - Markiere das Zitat im Buch Seite 339 und lies es genau.
   - Auf Seite 339 findest du nicht viel Stoff für Billis inneren Monolog. Jetzt zahlt es sich aus, wenn du das Buch mit vielen Notizen versehen und Informationen über die einzelnen Figuren farbig markiert hast. Nützliche Textstellen zum Nachlesen findest du beispielsweise auf folgenden Seiten: Seite 61 f., Seite 82, Seite 103 f., Seite 202 f., Seite 221, Seite 226, Seite 229 f., Seite 243 f., Seite 274, Seite 364.
   - Überlege dir mithilfe deiner Notizen im Buch und den oben angegebenen Textstellen Gedankengänge, die du in Billis inneren Monolog einfließen lassen kannst.
   - Wie sah Billis Arbeit aus?
   - Von welchem Beruf hat sie geträumt?
   - An welchen Aktionen der Edelweißpiraten war sie maßgeblich beteiligt?

- Wer hat Billi vermutlich verraten? Warum?
- Woher kennt Zacks Mutter Billi?
- Wann erfahren die anderen Edelweißpiraten, dass Billi eingesperrt wurde?

LÖSUNGSHILFE Inhalt des inneren Monologs

Natürlich könntest du Billis Gedanken auch frei erfinden. Doch je mehr Bezug ihre Gedanken zum Buchinhalt haben, desto besser wird dein Aufsatz. Hilfreiche Hinweise zum Inhalt eines möglichen inneren Monologs findest du z. B. auf den im zweiten Schritt angegebenen Buchseiten. Auch deine Kurzzusammenfassungen, Inhaltsangaben und Notizen zum Buch helfen dir jetzt.

Benötigte Zeit: *Für die Analyse der Textstelle und der zusätzlich angegebenen Seiten habe ich ________ Minuten benötigt.*

Dritter Schritt: Eine Stoffsammlung anlegen

Eine Stoffsammlung kannst du in Form einer Mindmap oder auch als Liste anlegen. Lege schon bei der Analyse der Aufgabe (erster Schritt) Stift und Papier bereit, damit du spontane Ideen sofort notieren kannst. Anhand des zweiten Schrittes musst du dann allerdings überprüfen, ob du die Ideen auch verwenden kannst. Egal ob du die Stoffsammlung als Liste oder Mindmap festhältst: Genehmige dir sehr viel Platz für die einzelnen Notizen. So kannst du weitere passende Ideen immer gleich an den richtigen Stellen hinzufügen, Verbindungslinien zu anderen Teilen deiner Notizen einfügen usw.

1. In der Prüfung bist du jetzt auf dich gestellt. Du kannst einfach **drauflossammeln**, was immer dir einfällt, und deine Ideen **anschließend sortieren**. Oder du überlegst dir **Schlüsselbegriffe** und sammelst von Anfang an systematisch. Hier bei dieser Übung kannst du die folgenden Schlüsselbegriffe verwenden und zu ihnen weiteren Stoff sammeln. Schreibe auf ein separates Blatt.

LÖSUNGSHILFE Ideen zum inneren Monolog

Bei einem inneren Monolog geht es selten um nur eine Sache. Gedanken können von einem Thema zum anderen springen. Ein Gedanke kann das Stichwort für den nächsten liefern. Nicht alles muss zu Ende gedacht werden. Gedanken folgen keinen strengen Vorschriften und sind daher nicht immer logisch. Außerdem sind sie privat. Deshalb kann in einem inneren Monolog auch etwas ausgedrückt werden, was man vielleicht nicht laut aussprechen würde.

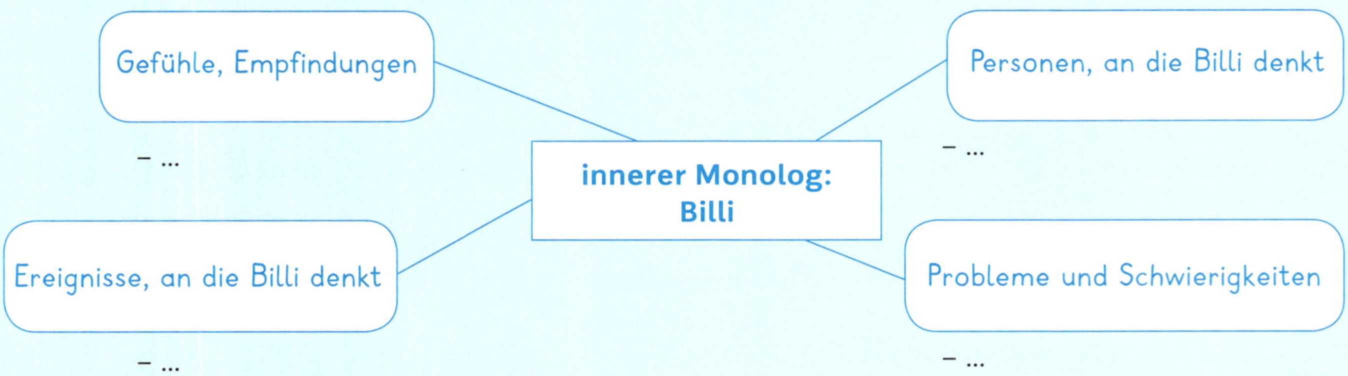

Vergleiche deine Stoffsammlung mit der Version im Lösungsheft. Nimm Ergänzungen vor, falls dir wichtige Punkte fehlen.

Benötigte Zeit: *Für das Anlegen der Stoffsammlung habe ich ________ Minuten benötigt.*

Vierter Schritt: Den Text ausformulieren

Im dritten Schritt hast du eine Stoffsammlung gemacht, die vielleicht ziemlich umfangreich ist. Deshalb legst du nun die Reihenfolge fest, in der die gesammelten Ideen und Gedanken in deinem Text erscheinen sollen. Nummeriere also deine Notizen durch, bevor du mit dem Schreiben loslegst. Mach dir vor dem Ausformulieren noch einmal folgende Punkte klar:

- Denk daran, dass Billi ein junges Mädchen ist, das sicher schreckliche Angst hat, aber auch sehr mutig und entschlossen ist.
- Im inneren Monolog benutzt man normalerweise keine gestelzte Sprache. Du kannst unvollständige Sätze schreiben und die Kurzform von Worten verwenden („was“ anstelle von „etwas“ usw.). Verzichte aber hier auf Jugendsprache und momentan angesagte Ausdrücke, denn die Handlung des Buches liegt mehr als 70 Jahre zurück.
- Lass Billi über Vergangenes nachdenken, über ihre derzeitige Lage und auch über die Zukunft. Vergiss ihre Gefühle nicht.
- Oft stellt sich der oder die Denkende im inneren Monolog selbst Fragen. (Beispiel: „Und jetzt? Wie geht es jetzt weiter?“) Denke daran, dieses Stilmittel einzusetzen.

LÖSUNGSHILFE Textmerkmale innerer Monolog

Schau dir die Merkmale der Textsorte innerer Monolog noch einmal an (Seite 97 oder Seite 119).

Natürlich kannst du dir einen eigenen **Einstieg in den inneren Monolog** überlegen. Falls es dir schwerfällt, einen Anfang zu finden, kannst du auch so beginnen:

Innerer Monolog Billi:
Schmerzen, Hunger, Angst, Gestank, Schmerzen, Hunger, Angst, Gestank.

Ich hocke hier völlig fertig zwischen den anderen Jammergestalten in diesem dunklen Dreckloch. Dabei könnte ich draußen den Verletzten helfen ...

1 Schreibe nun den inneren Monolog weiter.

Benötigte Zeit: *Für das Ausformulieren des Textes habe ich ________ Minuten benötigt.*

Fünfter Schritt: Den Text überprüfen und überarbeiten

1 Nutze den folgenden Katalog für die Überprüfung und Überarbeitung deines Textes.

Überprüfung des Inhalts

- Wird klar, dass Billli sich seit längerer Zeit in Haft befindet?
- Hat Billi unterschiedliche oder gegensätzliche Gefühle? (So sollte es sein.)
- Enthalten ihre Gedanken Ängste, Befürchtungen, Hoffnungen? (So sollte es sein.)

- Hast du einige Details eingebaut, die zeigen, wie gut du dich im Buch auskennst? (z. B. Haftbedingungen, Billis Arbeit, ihr Traum, Ärztin zu werden, Peter Königs Papiere, Flugblattaktion im Bahnhof)
- Hast du darauf geachtet, nur Informationen einzubauen, die Billi tatsächlich hat? (So sollte es sein.)

Überprüfung der Form
- Wird deutlich, dass es sich hier um den Gedankenfluss eines Menschen handelt?
- Hast du die Textmerkmale eines inneren Monologs beachtet?
- Gedanken wiederholen sich oft. Aber gibt es auch unbeabsichtigte Wiederholungen?
- Passt der Sprachstil zur Person?
- Passt die Sprache zum Alter der Person?
- Ist die Sprache und Ausdrucksweise typisch für Gedankengänge? (Gedanken sind privat, es dürfen also ruhig Übertreibungen, Flüche usw. vorkommen. Man muss nicht alles zu Ende denken.)

TIPP Aufsatzkontrolle

In der Prüfung arbeitest du alleine. Jetzt kannst du dir noch helfen lassen. Gehe deinen Übungsaufsatz mit anderen Personen durch. Mitschüler, die gute Aufsatzschreiber sind und das Buch ebenfalls gelesen haben, können dir helfen. Sei offen für Kritik und Vorschläge.

Überprüfung der Sprachrichtigkeit
- Hast du rechtschreibschwierige Wörter nachgeschlagen?
- Stimmt die Zeichensetzung?

Benötigte Zeit: *Für die Überprüfung und Überarbeitung des Textes habe ich* ________ *Minuten benötigt.*

In der Prüfung kommt nach dem fünften Schritt noch die Reinschrift. Unterschätze nicht, wie viel Zeit du dafür brauchst. Teste, wie lange es dauert, eine Seite Konzept ins Reine zu schreiben. Dann hast du eine Vorstellung, wie viel Zeit du dafür in der Prüfung reservieren musst.

Benötigte Zeit: *Für die Reinschrift des Textes habe ich* ________ *Minuten benötigt.*

Auswertung der Arbeitszeit
Ermittle nun, wie viel Zeit du insgesamt für den Übungsaufsatz benötigt hast. In der unten stehenden Tabelle sind schon einige Zeiten eingetragen, die du in der Prüfung zusätzlich einplanen solltest. Trage nun ein, wie viel Zeit du für die Teilschritte benötigt hast.

Arbeitsschritt	Zeit
– Prüfungsaufgaben durchlesen – Auswahl der Aufgabe, die du bearbeiten willst	15 Minuten
– Aufgabe analysieren	
– Textstelle analysieren	
– Stoffsammlung anlegen	
– Text ausformulieren	
– Text überprüfen und überarbeiten	
– Reinschrift anfertigen	
– 2 – 3 kurze Pausen	10 Minuten
– Puffer	15 Minuten
Summe Gesamtarbeitszeit	

Zur Erinnerung: Du hast in der Prüfung **240 Minuten** als Arbeitszeit zur Verfügung. Liegst du mit deinem aktuellen Ergebnis wesentlich über dieser Zeitspanne? Dann untersuche, bei welchen Schritten du noch viel Zeit benötigst. Übe gezielt diese Schritte! Falls du ein sehr ordentlicher Schreiber bist, kannst du eventuell auch bei der Reinschrift Zeit einsparen. Aber denke daran, dass die Darstellung deines Aufsatzes ebenfalls bewertet wird. Er sollte also insgesamt „sauber" aussehen.

Weitere produktive Schreibaufgabe

Mit der folgenden Aufgabe kannst du vor allem die **Merkmale** der verlangten **Textsorten** und das **Ausformulieren** weiter üben. Diesmal arbeitest du weitgehend ohne zusätzliche Hilfestellungen. Halte dich an die fünf Schritte. Behalte dabei unbedingt die benötigte Zeit inklusive Reinschrift im Auge:

Doch an anderen Tagen weinte sie, vermisste Paul, dem sie so gerne von seinem Kind erzählt hätte und der nicht kam. Sie schrieb in ihr Kopfkissenbuch: „Paul, bitte komm endlich."

Seite 397

Franzi schreibt nicht nur diesen einen Satz in ihr Kopfkissenbuch. Es ist seit einiger Zeit ihr Tagebuch. An diesem Abend schreibt sie wieder etwas hinein.

Schreiben Sie diesen Tagebucheintrag.

INFO Tagebuch

Bei einem solchen Tagebuch besteht die Gefahr, dass du nur aus Franzis Sicht nacherzählst, was in den letzten Tagen oder sogar während des ganzen Buchs passiert ist. Die Ereignisse in eigenen Worten zu schildern, ist zwar in Ordnung, aber für eine wirklich gute Note reicht das nicht. Überleg dir vielmehr, welche Gründe Franzi für das Tagebuchschreiben haben könnte. Könnte es für jemanden bestimmt sein, falls ihr etwas zustößt? Oder gibt es Dinge, die sie lieber nicht aufschreibt oder nur verschlüsselt aufschreibt, weil sie gefährlich werden könnten, wenn jemand sie liest? Welche Schwerpunkte könnte Franzi setzen? Was macht sie besonders unglücklich, wütend oder froh? Was versteht sie vielleicht nicht?

C Original-Prüfungsaufgaben 2015

C 1 Texte beschreiben: Schule (Heinz Erhardt)

Bearbeitungszeit: 240 Minuten

Schule

Heinz Erhardt (1909 – 1979)

Text in alter Rechtschreibung

Die Schule ist, das weiß man ja,
in erster Linie dazu da,
den Guten wie den Bösewichtern
den Lehrstoff quasi einzutrichtern;
allein – so ist's nun mal hinieden[1]:
die Geistesgaben sind verschieden.

Mit Löffeln, ja, sogar mit Gabeln
frißt *Kai* die englischen Vokabeln;
Karl-Heinz hat aber erst nach Stunden
die Wurzel aus der Vier gefunden.

Und doch! *Karl-Heinz*, als dumm verschrien,
wird Chef – und man bewundert ihn,
und *Kai*, in Uniform gezwängt,
steht an der Drehtür und empfängt
und braucht in Englisch höchstens dies:
„Good morning, Sir!" und manchmal: „Please!"

Hieraus ersieht der Dümmste klar,
daß der, der „dümmer", klüger war!

Quelle: Heinz Erhardt: Schule. Aus: Ders., Das große Heinz-Erhardt-Buch. München: Goldmann Verlag 1984

[1] hinieden: auf dieser Erde, im Diesseits

C 2 Texte beschreiben: Der Schritt zurück (Annette Rauert)

Bearbeitungszeit: 240 Minuten

Der Schritt zurück

Annette Rauert

Er stand ganz am Rand. Unter ihm die gleißende Wasseroberfläche. Wie geschmolzenes Blei sah es aus. In seinen Schläfen hämmerte es. Er hatte Angst, nackte Angst. Hinter sich hörte er die Stimme seines Trainers: „Spring!“ Das Pochen nahm zu, gleich musste es seinen Kopf sprengen. Zwischen ihm und der Wassermasse gab es nur dieses kleine schwankende Brett, zehn Meter hoch.
Leute starrten nach oben. Sie warteten. Ihre Gesichter waren feindlich. Trotzdem fühlte er sich ihnen verpflichtet. Er musste springen, damit sie ihre Sensation bekamen. Er fühlte, dass er es nicht schaffen würde. Er war noch nicht so weit. Aber er musste beweisen, dass er ein Mann war. Lieber tot sein, als sich vor diesen Gesichtern zu blamieren. Nur noch ein paar Sekunden atmen, dachte er, mehr verlange ich gar nicht. Er blickte nach unten. Warum lächelte niemand? Lauter gespannte weiße Ovale mit harten Augen. Sie wissen, dass ich es nicht kann. Es wurde ihm schlagartig klar Sie wissen, dass etwas passieren wird. Warum rief ihn niemand zurück?
Plötzlich tauchte ein neuer Gedanke in seinem Gehirn auf. Hatten so die Leute ausgesehen, die einer Hinrichtung beiwohnten? Waren ihre Augen so hart, so unbeteiligt gewesen? Ich bin doch einer von ihnen, wieso rufen sie mich nicht zurück? Sie wollen, dass ich mich selbst vernichte für sie. Sie verlangen, dass ich meine Angst bestrafe. Aber was werden sie nachhher tun? Wenn es passiert ist, will niemand etwas dafür können.
In ihm kam das Bedürfnis auf zu schreien, die Menschen da unten aus ihrer Starre zu schreien. Sie sollten nicht das Recht haben, schuldlos an seinem Unglück zu sein. Wenn sie geschrien hätten, die Opfer der Millionen Hinrichtungen, sie hätten ihnen dieses Recht genommen. Die Übelkeit in seinem Magen verstärkte sich, nicht mehr aus Angst, sondern aus Ekel vor der Feigheit der Masse da unten. Er hätte ausspucken mögen. Stumm, wie eine Herde blöder Schafe standen sie da unten und warteten. Aber wenn er jetzt sprang und sich für ihre Gier opferte, war er dann nicht auch so feig wie sie? Ein Schritt nur, ein Schritt. Er war so einsam. Hätte ihn jetzt jemand gerufen, wäre noch alles gut gegangen, aber sie schwiegen. Seine Verachtung stieg ins Unermessliche.
Er forschte in seinem Gewissen. Wenn er sprang, war irgendetwas damit erreicht? Tat er damit etwas Falsches? Etwas Richtiges? Er wusste, was er tun sollte, warum sträubte er sich dagegen? Aber war das Springen heldenhaft, hatte es einen Sinn? Ein Schritt nur! Sein Fuß schob sich langsam vor. Dann ging ein Ruck durch seine Gestalt. Er richtete sich auf und drehte sich um. Ganz bewusst. Seine Unsicherheit war von ihm

gewichen, der Druck, der auf ihm lastete, verschwand. Langsam kletterte er die Leiter hinab und schritt durch die starre Gruppe.
Zum ersten Mal in seinem Leben trug er den Kopf hoch. Er begegnete den Blicken der anderen mit kühler Gelassenheit. Keiner sprach ein Wort oder lachte gar. Er fühlte sich so stark, als hätte er gerade die wichtigste Prüfung in seinem Leben bestanden. Er spürte so etwas wie Achtung vor sich selbst. Eines Tages würde er auch springen, das wusste er plötzlich.

Quelle: Annette Rauert: Der Schritt zurück. Aus: Geschichten zum Nachdenken. Hrsg. v. Lore Graf u. a. München: Christian Kaiser Verlag und Mainz: Matthias Grünewald Verlag 1987

Der Text wurde der aktuellen Rechtschreibung angepasst.

C Original-Prüfungsaufgaben 2014

C 3 Texte beschreiben: Ein netter Kerl (Gabriele Wohmann)

Bearbeitungszeit: 240 Minuten

Ein netter Kerl

Gabriele Wohmann (1932 – 2015)

Ich habe ja so wahnsinnig gelacht, rief Nanni in einer Atempause. Genau wie du ihn beschrieben hast, entsetzlich.
Furchtbar fett für sein Alter, sagte die Mutter. Er sollte vielleicht Diät essen. Übrigens, Rita, weißt du, ob er ganz gesund ist?
Rita setzte sich gerade und hielt sich mit den Händen am Sitz fest. Sie sagte: Ach, ich glaub schon, dass er gesund ist.
Genau wie du es erzählt hast, weich wie ein Molch, wie Schlamm, rief Nanni. Und auch die Hand so weich.
Aber er hat dann doch auch wieder was Liebes, sagte Milene, doch, Rita, ich finde, er hat was Liebes, wirklich.
Na ja, sagte die Mutter, beschämt fing auch sie wieder an zu lachen; recht lieb, aber doch grässlich komisch. Du hast nicht zu viel versprochen, Rita, wahrhaftig nicht. Jetzt lachte sie laut heraus.
Auch hinten im Nacken hat er schon Wammen, wie ein alter Mann, rief Nanni. Er ist ja so fett, so weich, so weich! Sie schnaubte aus der kurzen Nase, ihr kleines Gesicht sah verquollen aus vom Lachen.
Rita hielt sich am Sitz fest. Sie drückte die Fingerkuppen fest ans Holz.
Er hat so was Insichruhendes, sagte Milene. Ich find ihn so ganz nett, Rita, wirklich, komischerweise.
Nanni stieß einen winzigen Schrei aus und warf die Hände auf den Tisch; die Messer und Gabeln auf den Tellern klirrten. Ich auch, wirklich, ich find ihn auch nett, rief sie. Könnt ihn immer ansehn und mich ekeln.
Der Vater kam zurück, schloss die Esszimmertür, brachte kühle nasse Luft mit herein. Er war ja so ängstlich, dass er seine letzte Bahn noch kriegt, sagte er. So was von ängstlich.
Er lebt mit seiner Mutter zusammen, sagte Rita. Sie platzten alle heraus, jetzt auch Milene. Das Holz unter Ritas Fingerkuppen wurde klebrig. Sie sagte: Seine Mutter ist nicht ganz gesund, soviel ich weiß. Das Lachen schwoll an, türmte sich vor ihr auf, wartete und stürzte sich dann herab, es spülte über sie weg und verbarg sie: lang genug für einen kleinen schwachen Frieden.
Als Erste brachte die Mutter es fertig, sich wieder zu fassen.
Nun aber Schluss, sagte sie, ihre Stimme zitterte, sie wischte mit einem Taschentuchklümpchen über die Augen und die Lippen. Wir können ja endlich mal von was anderem reden.
Ach, sagte Nanni, sie seufzte und rieb sich den kleinen Bauch, ach ich bin erledigt, du liebe Zeit. Wann kommt die große fette Qualle denn wieder, sag, Rita, wann denn? Sie warteten alle ab.

Er kommt von jetzt an oft, sagte Rita. Sie hielt den Kopf aufrecht. Ich habe mich verlobt mit ihm.
Am Tisch bewegte sich keiner. Rita lachte versuchsweise und dann konnte sie es mit großer Anstrengung lauter als die anderen, und sie rief: Stellt euch das doch bloß mal vor: mit ihm verlobt! Ist das nicht zum Lachen!
Sie saßen gesittet und ernst und bewegten vorsichtig Messer und Gabeln.
He, Nanni, bist du mir denn nicht dankbar, mit der Qualle hab ich mich verlobt, stell dir das doch mal vor!
Er ist ja ein netter Kerl, sagte der Vater. Also höflich ist er, das muss man ihm lassen.
Ich könnte mir denken, sagte die Mutter ernst, dass er menschlich angenehm ist, ich meine, als Hausgenosse oder so, als Familienmitglied.
Er hat keinen üblen Eindruck auf mich gemacht, sagte der Vater.
Rita sah sie alle behutsam dasitzen, sie sah gezähmte Lippen. Die roten Flecken in den Gesichtern blieben noch eine Weile. Sie senkten die Köpfe und aßen den Nachtisch.

Quelle: Gabriele Wohmann: Ein netter Kerl. Aus: Dies., Habgier. Erzählungen. Reinbek: Rowohlt Verlag 1978

Der Text wurde der aktuellen Rechtschreibung angepasst.

C 4 Texte beschreiben: Einerlei (Erich Fried)

Bearbeitungszeit: 240 Minuten

Einerlei

*Erich Fried (*1921)*

Text in alter Rechtschreibung

„Nichts was nicht neu ist“
sagt ihr:
„Das Alte langweilt“

Nun gut:
Es wurde schon einmal
gelebt
Es wurde schon einmal
geliebt
Es wurde schon einmal
gerufen
zum Aufstand

Es wurde schon einmal
gebangt um ein krankes Kind
schon einmal ein Kampf
um das Recht und die Freiheit verloren
Es wurde schon einmal
alt geworden
gestorben

Also lohnt es sich nicht mehr
für uns
zu leben zu lieben
uns aufzulehnen
zu hoffen
zu bangen
zu altern
zu sterben

Das alles ist nicht mehr neu
Das langweilt
euch Tote

Quelle: Erich Fried: Einerlei. Aus: Ders., Gedichte und Prosa in vier Bänden. Band 2. Berlin: Wagenbach Verlag 1993

Rechtschreibung und Interpunktion folgen der Textvorlage.

CHECKLISTE zur Überarbeitung eines Textes

	erfüllt	nicht erfüllt
Inhaltliches		
✐ Ist das in der Aufgabe geforderte Ziel erfüllt?	☐	☐
✐ Ist dein Text sinnvoll gegliedert und aufgebaut? Ist der „rote Faden“ erkennbar?	☐	☐
Formales		
✐ Hast du die erforderlichen Textsortenmerkmale eingehalten?	☐	☐
✐ Ist dein Text überschaubar gestaltet (Absätze)?	☐	☐
Sprachliches/Stil		
✐ Ist deine Sprache abwechslungsreich (treffende Adjektive und Verben …)?	☐	☐
✐ Sind deine Sätze flüssig verknüpft (*und, oder, obwohl, sodass …*)?	☐	☐
✐ Hast du überflüssige Wiederholungen vermieden?	☐	☐
✐ Ist deine Sprache ansprechend und angemessen, keine Umgangssprache?	☐	☐
✐ Hast du durchgehend die korrekte Zeitform angewendet?	☐	☐
Rechtschreibung/Fehlerschwerpunkte		
✐ Hast du Zweifelsfälle im Wörterbuch nachgeschlagen?	☐	☐
✐ *Das* oder *dass*? (Wenn du es durch *dieses*, *jenes* oder *welches* ersetzen kannst, wird es mit einem *s* geschrieben.)	☐	☐
✐ Hast du die Regeln der Groß- und Kleinschreibung beachtet?	☐	☐
✐ Hast du die Regeln der Getrennt- und Zusammenschreibung beachtet?	☐	☐
✐ Hast du die Regeln der Zeichensetzung beachtet?	☐	☐
Grammatik		
✐ Ist der Satzbau durchgehend korrekt?	☐	☐
✐ Hast du überall das korrekte Genus, den korrekten Kasus gebildet?	☐	☐

Glossar

Epik: Unter diesem Begriff fasst man alle Arten der erzählenden Dichtung zusammen. Es gibt viele epische Kleinformen (→ *Erzählung*, → *Fabel*, → *Kurzgeschichte*, → *Märchen, Sage, Schwank*). Zu den umfangreicheren epischen Texten gehört der Roman.

Erzählung: In der Literatur versteht man unter einer Erzählung einen kurzen erzählenden Text, der nicht eindeutig einer anderen Kurzform (→ *Fabel*, → *Märchen, Sage, Schwank*) zugeordnet werden kann.

Journalistische Textsorten:

Informierende Texte

Die **Meldung** ist die Kurzform der Nachricht. Sie enthält nur die wichtigsten Informationen (Wer? Wo? Was? Wann?). Sie steht häufig auf der ersten Seite und weist meistens auf einen ausführlichen Bericht im Innenteil der Zeitung hin.

Der **Bericht** ist die ausführliche Form der Nachricht. Er liefert eine detaillierte und sachliche Darstellung eines Sachverhalts.

Merkmale:
1. Die Überschrift (häufig mit Unterüberschrift) informiert sachlich.
2. Ein Vorspann fasst die wichtigsten Informationen (W-Fragen) zusammen.
3. Im Hauptteil erfolgt eine ausführliche Darstellung der Nachricht mit Erklärung der Zusammenhänge und Hintergründe.
4. Die Darstellung ist sachlich, wertende Äußerungen durch den Berichterstatter fehlen.
5. Aussagen von Personen werden in direkter und indirekter Rede wiedergegeben.
6. Häufig gibt es ein erklärendes Bild.

Das **Interview** ist ein Gespräch, in dem ein Journalist gezielte Fragen an eine Person stellt. Das Ziel kann darin bestehen, aktuelle Informationen über bestimmte Sachverhalte zu erhalten oder die persönliche Meinung zu einem bestimmten Problem zu erfahren.

Kommentierende Texte

Der **Kommentar** liefert eine Meinung zu einem Sachverhalt. Diese kann zustimmend oder ablehnend sein. Merkmale:
1. Häufig wird er in Verbindung mit einem Bericht oder einer Meldung geschrieben.
2. In vielen Zeitungen erscheinen die Kommentare an einer bestimmten Stelle (z. B. 2. Seite).
3. Kürzere Kommentare beziehen sich oft auf einen Artikel auf der gleichen Seite.
4. Die Autorin, der Autor wird genannt.
5. In der Regel haben Kommentare keine Bilder.

Oft haben Kommentare einen typischen Aufbau:
1. Zunächst werden die wichtigsten Informationen dargestellt, die zum Verständnis der Stellungnahme nötig sind.
2. Der Autor legt seine Meinung begründet dar.
3. Als Abschluss wird meist ein Wunsch oder ein Ausblick formuliert.

Karikatur: Eine Zeichnung, die durch Über- oder Untertreibungen menschliche Schwächen oder Missstände kritisiert und lächerlich macht.

Kurzgeschichte: Es handelt sich um einen kürzeren erzählenden Text. Die folgenden Merkmale sind zwar typisch für Kurzgeschichten, aber nicht immer treffen alle Kriterien in gleicher Weise zu.

Merkmale:
1. Die Handlung setzt unvermittelt ein. Es fehlen Angaben zu Ort, Zeit und Personen der Erzählung.
2. Gegenstand der Kurzgeschichte sind Alltagspersonen in Alltagssituationen.
3. Die Hauptperson ist einem Problem oder einer kritischen Situation ausgesetzt.
4. Oft nimmt die Handlung eine unerwartete Wendung.
5. Der Schluss ist offen. Der Leser soll über den Fortgang der Handlung selbst nachdenken.
6. Die Darstellung der Handlung ist kurz gefasst und auf das Wesentliche beschränkt.

Lyrik: Lyrik ist Dichtung in Versform (Gedichte).

Als **Vers** bezeichnet man die einzelne Zeile eines Gedichtes. Ein besonderes Stilmittel ist dabei das **Enjambement**. Beim ihm fällt das Ende des Satzes (der Sinneinheit) nicht mit dem Ende des Verses zusammen, sodass man beim Vortragen die Stimme nicht absinken lassen darf.

Im Gedicht drückt das → *lyrische Ich* seine Gefühle, seine Stimmungen, aber auch seine Erlebnisse, Einstellungen und Gedanken aus.

Viele Gedichte sind in **Strophen** gegliedert. Mindestens zwei Verszeilen werden in einer Strophe zusammengefasst. Oft beginnt mit einer Strophe ein neuer Gedanke. Es gibt Gedichte, die zwar einem bestimmten Rhythmus folgen, aber nicht am Wort- und Versende gereimt sind

Durch **Reime** erhalten Gedichte eine bestimmte Klangwirkung. Durch den Gleichklang der Reimwörter (z. B. *küssen – müssen; Fassaden – baden*) werden oft zwei oder mehr Verszeilen miteinander verbunden.

Drei Reimformen werden besonders oft verwendet:

Paarreim	**umarmender Reim**	**Kreuzreim**
a Sonne	a Sonne	a Sonne
a Wonne	b Eis	b Eis
b Eis	b heiß	a Wonne
b heiß	a Wonne	b heiß

Unter dem **Metrum** eines Gedichtes versteht man die Folge von betonten und unbetonten Silben in den Wörtern eines Verses:

x x́ x x́ x x́ x (= Jambus)
Es war, als hätt der Himmel …

x́ x x́ x x́ x x́ x (= Trochäus)
Als ich schläfrig heut erwachte …

x́ x x x́ x x x́ x x x́ x
Wär ich die Luft, um die Flügel zu schlagen …
(= Daktylus)

x x x́ x x x́ x x x́ x x x́ x x x́
Das Gesicht und die Seele betrachtet mir wohl im Gedicht!
(= Anapäst)

Lyrisches Ich: Das lyrische Ich ist die oder der Sprechende im Gedicht. Das lyrische Ich kann, muss aber nicht die Einstellung oder Stimmung der Dichterin/des Dichters wiedergeben.

Merkmale erzählender Texte: Wenn man einen Erzähltext beschreiben will, können u. a. folgende Merkmale untersucht werden:

1. **Erzählform:**
   - **Ich-Form:** Der Erzähler tritt als erlebende und erzählende Figur in der Handlung auf.
   - **Er/Sie-Form:** Der Erzähler vermittelt die Geschichte, tritt selbst aber zurück.

   Erzählerwissen:
   - **umfassend:** Der Erzähler steht über dem Geschehen und leitet den Leser durch Kommentare, Vorausdeutungen oder Bewertungen durch die Geschichte. Er weiß mehr als die Figuren.
   - **begrenzt:** Es wird aus der Sicht einer Person erzählt. Der Erzähler bleibt der Sichtweise dieser Figur verbunden. Er weiß nicht mehr oder sogar weniger als die Figur.

2. **Zeitgestaltung:**
   Zeitsprung: Zwischen zwei Handlungsschritten wird etwas ausgelassen, um nur das für den Fortgang der Handlung Entscheidende zu erzählen.
   Rückblende: Ereignisse, die zeitlich vor dem bisher Erzählten stattgefunden haben, werden erst im Nachhinein erzählt.
   Vorausblende: Ein Handlungsschritt wird vorweggenommen.
   Zeitdehnung: Die Erzählzeit ist länger als die erzählte Zeit.
   Zeitraffung: Die erzählte Zeit ist länger als die Erzählzeit.

3. **Redeformen:** Der Erzähler kann unterschiedliche Redeformen verwenden.
   Erzählbericht: Die Geschichte wird nur vom Erzähler vermittelt.
   Figurenrede: Figuren kommen selbst zu Wort.
   Direkte Rede: In wörtlicher Rede werden Äußerungen und Gedanken wiedergegeben: *Jan war aufgebracht: „Was wissen Sie schon, was geschehen ist!“*
   Indirekte Rede: Äußerungen werden vom Erzähler wiedergegeben, zumeist unter Verwendung des → *Konjunktivs: Vollkommen unbeherrscht machte er allen um ihn Stehenden Vorwürfe, dass schließlich niemand gekommen sei, ihm zu helfen, und er daher ganz allein auf sich selbst gestellt gewesen sei.*
   Erlebte Rede: Der Erzähler gibt die Gedanken und Gefühle in der 3. Person und meistens im Präteritum wieder: *Als alle den Raum verlassen hatten, war Jan sehr niedergeschlagen. War es nicht auch sein Fehler, dass es so weit gekommen war? War er nicht einfach zu stolz gewesen?*
   Innerer Monolog: Die Gedanken und Gefühle werden in der Ich-Form dargestellt, häufig im Präsens: *Jan nahm sein Handy und suchte die Nummer von Marion. Ich werde ihr alles erklären. Ich werde sie nicht um Verzeihung bitten, denn mein Verhalten kann man nicht entschuldigen.*

4. **Satzbau:** Man unterscheidet folgende Möglichkeiten des Satzbaus:
   - **Satzreihe (Parataxe):** Es werden nur Hauptsätze aneinandergereiht. Häufig sind sie kurz: *Jan schwieg. Sein Puls raste. Blut schoss ihm in den Kopf.*
   - **Satzgefüge (Hypotaxe):** Darunter versteht man den Verbund von Haupt- und Nebensätzen: *Als er die Tür öffnete* (Nebensatz), *blies ihm ein kalter Wind entgegen* (Hauptsatz), *der schon vor geraumer Zeit begonnen hatte zu wehen und sich nun zu einem Sturm entwickelte* (Relativsatz).
   - **Unvollständige Sätze (Ellipse):** → *Sprachliche Mittel*

   Die Wirkung dieser Satzformen kann sehr unterschiedlich sein und kann nur aus dem Zusammenhang des Textes erschlossen werden.

5. **Sprachliche Mittel:** → *Sprachliche Mittel*

Rückblick: Vor allem in der → *Epik* (Erzählung, Roman) gibt es solche Einschübe, die vor der Zeit der eigentlichen Handlung spielen. Sie dienen dazu, die jetzige Situation oder das Handeln einer Figur zu erklären.

Sprachliche Mittel: Nahezu in allen Texten werden gezielt sprachliche Mittel eingesetzt, um bestimmte Wirkungen zu erzielen (siehe Übersicht Seite 120).

Übersicht: Textsorten der produktiven Schreibaufgabe

Textsorte	Dialog	innerer Monolog	persönlicher Brief
Perspektive – Adressat	Ich (abwechselnd) – Du/Sie	Ich – Ich	Ich – Du/Sie (Empfänger)
Aufbau und Inhalt	Anlass, Ausgangslage Diskussion des Problems oder der Situation, Lösungssuche Abschluss, weiteres Vorgehen, Lösung? --- Haltung und Einstellung der Figuren verdeutlichen Figuren sollen aufeinander eingehen, sich mit dem Gegenüber auseinandersetzen; sie haben abwechselnde und meist ausgewogene Redeanteile	Problem- bzw. Ausgangslage widersprüchliches Hin- und Herspringen der Gedanken Entschluss, Ergebnis, Einsicht --- Gedankengang ausführlich und für Leser verständlich darstellen vorausgegangene Ereignisse reflektieren; zukünftige Ereignisse und/oder Konsequenzen antizipieren	Anlass/Grund des Briefes Anliegen ausformulieren Abschluss, Bitte, Ausblick --- auf die Sicht des Empfängers eingehen Fragen stellen, Vergangenes hinterfragen, erklären Gedankenaustausch
Form	Sprecher am Zeilenanfang (Abkürzung möglich) nennen: A: ... M: ... keine Redezeichen verwenden Einbau von Regieanweisungen möglich	keine formalen Besonderheiten	Ort und Datum angeben Anrede: Sehr geehrte(r), Liebe(r), Grußformel: *In ewiger Freundschaft, Dein dich liebender ...,* Höflichkeitsform, Großschreibung
Sprache	Sprachstil den Figuren entsprechend Fragen zu vergangenen Ereignissen oder zur Meinung stellen direkte Ansprache des Gegenüber	unvollständige Sätze möglich, Satzbau oft kurz und reihend Interjektionen: *Ach, Ah, ...;* rhetorische Fragen, Fragen an sich selbst Sprachstil der Figur entsprechend, oft emotionsbetont	Empfänger direkt ansprechen Sprachstil je nach Figur und Empfänger formal, umgangssprachlich ... vollständiger Satzbau

Textsorte	Rede	Tagebucheintrag
Perspektive – Adressat	Ich – Sie/Euch (Publikum)	Ich – Ich
Aufbau und Inhalt	Begrüßung der Zuhörer Anlass der Rede Appell, Ausblick, Bitte, Dank, Erörterung, Vortrag, Zusammenfassung Verabschiedung und Dank an das Publikum --- Bezug nehmen auf Ereignisse/Verhalten rhetorische Mittel einsetzen, z. B. Fragen, Überleitungen, Vergleiche, Zusammenfassung	Ausgangslage, Grund des Schreibens sich schreibend mit Thema, Problem oder Situation auseinandersetzen (nicht: nacherzählen) Beschluss, Ergebnis, Lösung?, Pläne? --- nach Lösungen für ein Problem oder Ausweg aus der Problemlage suchen sich über eigenes Verhalten und Empfinden klar werden; über andere Figuren nachdenken
Form	Begrüßung, direkte Anrede: *Meine sehr verehrten ...,* *Liebe Freunde,*	Datum möglich, Anrede möglich: *Liebes Tagebuch,* *Liebe Kitty,*
Sprache	Schriftsprache (vollständiger Satzbau, treffender und klarer Ausdruck) Sprachstil je nach Anlass und Publikum, z. B. auffordernd, erörternd, informativ, sachlich, witzig, eventuell provozierend ... Zuhörer immer wieder direkt ansprechen; Absicht des Sprechers muss deutlich werden	Sprachstil der Figur entsprechend, oft emotional nur an sich selbst gerichtet meist vollständige Sätze nicht ganz so sprunghaft wie innerer Monolog, in sich geordneter durch das Aufschreiben

Sprachliche Mittel	Erläuterung	Beispiel	Mögliche Wirkung
Alliteration, die	Wiederholung von Anfangslauten bei aufeinderfolgenden Wörtern	Milch macht müde Männer munter.	emotionale Verstärkung des gewünschten Eindrucks
Anapher, die	Wiederholung derselben Wortgruppe an Satz-/Versanfängen	Worte sind verletzend. Worte sind unersetzlich.	Eindringlichkeit; Rhythmisierung
Antithese, die	Gegenüberstellung zweier Wörter oder Satzteile, die sich im Sinn widersprechen	Heiß ist die Liebe, kalt ist der Schnee. Himmel und Hölle	Hervorhebung, Betonung des Gegensatzes
Ellipse, die	unvollständiger Satz, der aber sinngemäß leicht zu ergänzen ist	Feuer! Je früher der Abschied, desto kürzer die Qual.	der wichtigste Aspekt soll hervorgehoben werden
Enjambement, das	Satz- und Sinnzusammenhang reicht über das Versende (ggf. auch Strophenende) hinaus	Über allen Gipfeln / Ist Ruh	Vermeidung von Eintönigkeit, Verbindung (und oft Hervorhebung) von Versende und -anfang
Euphemismus, der	Beschönigung	vollschlank statt dick eingeschlafen statt gestorben	abgemilderte Negativbotschaft, taktisches Verhalten
Hyperbel, die	starke Unter- oder Übertreibung	Es ist zum Haareausraufen! ein Meer von Tränen	Dramatisierung; starke Veranschaulichung
Inversion, die	Umstellung, vertauschte Reihenfolge	Der Glocken Klang (statt: der Klang der Glocken)	Betonung des vorangestellten Wortes
Ironie, die	Äußerung, die durchblicken lässt, dass das Gegenteil gemeint ist	Das hast du ja ganz toll hinbekommen! Wer keine Gabel hat, isst mit den Fingern.	Herabsetzung; kritische Anmerkung; Stellungnahme
Klimax, die	Steigerung; meist dreigliedrig	Er kam, sah und siegte.	Dramatisierung
Lautmalerei, die	sprachliche Nachahmung von Geräuschen, Lauten durch ähnlich klingende Worte	Das feuer knastert und knistert.	Veranschaulichung
Metapher, die	verkürzter Vergleich, Verwendung eines Wortes in übertragener Bedeutung	Geldwäsche Glühbirne Wasserhahn	Veranschaulichung
Neologismus, der	Wortneuschöpfung	Kaufrausch Berufsjugendlicher	Hervorhebung
Paradoxon, das	Zusammenstellung von Wörtern mit scheinbarem Widerspruch	Bittersüß Vor lauter Individualismus tragen sie eine Uniform.	starker Anreiz zum Nachdenken
Parallelismus, der	Wiederholung gleicher Satzstrukturen	Ein Blitz leuchtete, der Donner folgte, ein Gewitter setzte ein.	Dramatisierung, Intensivierung
Parenthese, die	Einschub, Schaltsatz	Ich möchte dir – ich fasse mich kurz – von den Ereignissen erzählen.	nähere Erläuterung; Unterbrechung des Rede- oder Gedankenflusses
Personifikation, die	Vermenschlichung; Gegenstände oder Tiere erhalten die Eigenschaften oder Fähigkeiten von Menschen	Die Sonne lacht. Die Smileys haben uns fest im Griff. Mutter Natur	lebendige und anschauliche Darstellung
rhetorische Frage, die	Scheinbare Frage, deren Antwort jeder kennt; Leser und Zuhörer müssen zustimmen, da ihr Einverständnis vorausgesetzt wird	Gibt es den idealen Menschen? Wer ist schon perfekt? Wer glaubt denn das noch?	Mobilisierung einer bestätigenden Reaktion des Lesers
Symbol, das	Sache oder Handlung, die etwas anderes bedeutet oder auf etwas anderes verweist	Rose → Liebe Ring → Vollkommenheit	
Vergleich, der	Verknüpfung zweier Begriffe mit *wie*	Der Kämpfer ist stark wie ein Löwe.	anschauliche Darstellung
Wiederholung, die	mehrfaches Auftreten identischer Wörter, Satzteile oder ganzer Sätze	Singet leise, leise, leise.	erhöhte Verstärkung eines gewünschten Eindrucks, Gefühls